W0061052

Agentin des Wandels

Cornelia Edding

Agentin des Wandels

Der Kampf um Veränderung im Unternehmen

Gerling Akademie Verlag

Die Deutsche Bibliothek – CIP Einheitsaufnahme
Edding, Cornelia:
Agentin des Wandels : der Kampf um Veränderung im Unternehmen /
Cornelia Edding. – München : Gerling-Akad.-Verl., 2000
ISBN 3-932425-25-1

2. Auflage 2001
Copyright © 2000, Gerling Akademie Verlag GmbH,
Prinzregentenstraße 11, D-80538 München.
Alle Rechte, insbesondere das Recht der Vervielfältigung
und Verbreitung, vorbehalten
Umschlaggestaltung: Claus Seitz, München
Titelabbildung: Pablo Picasso: »Katze mit Vogel«, 1939
© Succession Picasso/VG Bild-Kunst, Bonn 1999
© Photo RMN
Satz: Fotosatz Reinhard Amann, Aichstetten
Druck und Bindung: Friedrich Pustet GmbH, Regensburg
ISBN 3-932425-25-1

www.gerling-academy-press.com

Dieses Buch ist Susanne Lahusen zugeeignet, von deren Offenheit, Geduld und Mut es lebt.

Inhalt

Einleitung

In diesem Buch werden zwei Geschichten erzählt: die Geschichte eines Veränderungsvorhabens in einem Unternehmen und die Geschichte einer Frau, die von ihrem Vorstand den Auftrag bekam, dieses Vorhaben in die Tat umzusetzen. Ein weitreichendes Projekt: Verändern sollen sich Denken und Handeln der Mitarbeiter sowie Abläufe, Prozeduren, Routinen und Regeln im Unternehmen. Die Stelle, von der aus der Veränderungsprozeß gesteuert werden soll, ist eine Stabsstelle ohne formale Macht. Die beauftragte Person hat keine Erfahrung im Change Management. Die Laufzeit des Projektes ist auf fünf Jahre veranschlagt. Das Buch beschreibt Ereignisse in diesem Zeitraum.

Organisationen müssen sich verändern, wenn sie überleben wollen. Ihr Wandel, geplant, gesteuert und durch ein engagiertes Management vorangetrieben, gehört zum Alltag vieler Arbeitnehmer. Unterschiedliche Theorien der Reorganisation, wechselnde Schlagwörter und Trends finden ihren Weg in die Chefetagen. Jeder neue Ansatz präsentiert sich als »the one best way« – obwohl gerade die Vorstellung, daß es die eine ideale Methode gäbe, einer vergangenen Zeit angehört. Dem Außenstehenden erscheint es so, als seien große und kleine Umwälzungen in Wirtschaftsunternehmen, aber auch in Non-Profit-Organisationen an der Tagesordnung und auch relativ einfach durchzuführen. Es geht scheinbar nur darum, den Entschluß zu fassen und die richtige Beraterfirma zu engagieren.

Von dem, was nach dem Entschluß intern wirklich geschieht, erfahren wir wenig. Die Lehrbücher sind normativ und erläutern uns, was zu geschehen hätte. Die Mitteilungen des Unternehmens nach Abschluß des Projekts stellen Ergeb-

nisse dar und neigen außerdem zur Verklärung. Die Umsetzung eines Vorhabens in den betrieblichen Alltag ist damit nur
ansatzweise beschrieben.

Wer das Schicksal eines Veränderungsprojektes über längere
Zeit verfolgt, sieht das Thema und seine Protagonisten in ein
Netz von Einflüssen gestellt. Da wird geschoben und gedrängt,
blockiert und gezogen. Gute Absichten oder schlechte Laune,
persönliche Interessen, unüberwindliche Abneigungen, Idea-
lismus oder Magenverstimmung werden zum Motor für das
Verhalten einzelner. Große und kleine Ereignisse werfen das
Vorhaben aus der Bahn. Das Kräftefeld, in dem der Veränderer
sein Projekt vorantreibt, wandelt sich von Tag zu Tag. Die
eigenen Kräfte sind auch nicht immer gleich. Das ganze Geschehen heißt »Prozeß«, und seine Qualität ist »komplex«.

Wie funktioniert ein Veränderungsprozeß im einzelnen –
wer tut wann was, wie sehen die Vorgehensschritte aus? Was
kommt zuerst und was danach, und was tut der Change Agent,
wenn der erste Schritt nicht gelingt?

Wann muß er beharren und wo flexibel sein? Wann muß er
Überzeugungsarbeit leisten und wo andere machen lassen?
Ziehen alle mit, und kommt er gut voran – oder wird er behindert, blockiert, abgedrängt? Was unternimmt er gegen Widerständler, wie findet er Unterstützer? Was tut er, wenn wichtige
Personen hinzukommen oder weggehen, wie verhält er sich
gegenüber erklärten Feinden? Wie legt er die Projektarbeit an –
wer macht mit, wie arbeitet die Projektgruppe, mit welchem
Erfolg?

Die Arbeit, die ein Change Agent zu bewältigen hat – sein
Change Management –, ist in Wirklichkeit weder überwiegend
abstrakt noch überwiegend intellektuell. Sein Alltag ist sinnlich
und emotional: Die Atmosphäre einer Sitzung, der Geruch der
Vorstandsetage, die Aufregung über einen neuen Gedanken,
Selbstzweifel, Erschöpfung und Begeisterung über den Erfolg
gemeinsamer Arbeit gehören zur Realität. Die Gefühle und
Erlebnisse machen das, was geplant und umgesetzt wird, leben-
dig – und steuern es natürlich auch.

Zur Wirklichkeit eines Veränderungsvorhabens gehört auch
die Spannung. Wie weit wird der Change Agent kommen? Erreicht die Projektgruppe ihr Ziel? Werden die Ideen umge-

setzt? Gelingt es, im Unternehmen etwas zu bewegen, oder wird die Anstrengung versanden – wie so viele? Ist der Change Agent erfolgreich? Ändert sich wirklich etwas? Und schließlich: Wie sieht der Lernprozeß des Change Agent aus, wie seine persönliche Entwicklung? Denn wir hoffen doch, daß er in diesem Prozeß dazulernt.

Diesen Facettenreichtum einzufangen und zu vermitteln ist die Absicht des vorliegenden Buches. In seinem Mittelpunkt steht eine Frau, die Agentin des Wandels, mit der Veränderungsaufgabe betraut.

Fünf Jahre lang haben die Protagonistin und die Autorin immer wieder miteinander gesprochen: über die Entwicklung des Veränderungskonzeptes, über die einzelnen Projekte und deren Schicksal, darüber, wie sich die Rolle des Change Agent verändert und klärt. Manchmal haben sie sich auch nur gemeinsam über den Verlauf einer Sitzung ereifert.

Diese Gespräche haben sie aufgezeichnet. Sie sind die Grundlage des Buches. In ihnen ist das festgehalten, was in der Regel verlorengeht: der Alltag der Veränderungsarbeit. Begegnungen, Streitigkeiten, Entscheidungen, die im Rückblick eine Entwicklungslinie markieren; Gedanken, die sich als wichtige Vorläufer anderer Gedanken erweisen; Einzelschritte, die in der Zusammenschau zu einer veränderten Strategie werden; Grenzziehungen, die, über die Zeit betrachtet, eine Rolle klären.

Die Hauptfigur erscheint in der Geschichte unter verschiedenen Namen. Sie heißt »unsere Heldin« – und das ist sie wirklich –, denn ihre Aufgabe ist schwer. Sie ist »die Change Agentin«, denn das Verändern ist ihr Auftrag. Sie heißt auch »Agentin des Wandels« – etwaige Konnotationen sind durchaus beabsichtigt, denn oft erkundet unsere Heldin unauffällig die Lage und spinnt listig ihre Fäden. Manchmal wird sie einfach Referentin für Chancengleichheit genannt – denn so heißt ihr Amt. Im täglichen Umgang ist sie Frau P.

Die Nähe zu den Ereignissen wechselt mit den Ebenen der Erzählung: Unmittelbar in heitere, aufschlußreiche oder auch kränkende Situationen hinein führt uns die Heldin, wenn sie selbst erzählt, was ihr zustößt und wie sie darüber denkt.

Aus der Position der teilnehmenden – und teilnahmsvollen – Beobachterin berichtet die Autorin über die schrittweise Ent-

wicklung des Veränderungskonzepts und die Umsetzungsver-
suche, über Erfolge und Mißlichkeiten, über Promotoren und
Widersacher. Sie denkt darüber nach, wie die Ereignisse wohl
zu verstehen sind. Den Rahmen dafür liefern die Erfahrungen
der Autorin als externe Beraterin von Veränderungsprojekten.
Auf einer dritten Ebene schließlich werden die Erlebnisse
unserer Heldin und die Entwicklung ihrer Tätigkeit in ihrer
Firma daraufhin untersucht, was sie für interne Change Agents
und externe Berater allgemein bedeuten und was sich daraus
für die Veränderungsarbeit lernen läßt.

Jedes Geschehen – auch dieser Veränderungsprozeß – verläuft in der Zeit. Die Erzählung der Geschichte folgt daher
einer Zeitachse, die nicht von Kapitel zu Kapitel sichtbar wird,
aber immer wieder auftaucht. Gegenstand der Geschichte ist
ein Entwicklungsprozeß in einem System. Alles ist mit allem
verbunden und wirkt aufeinander.

Die Zeitachse wird daher unterbrochen von einzelnen Kapi-
teln, die Überlegungen und Ereignisse zusammenfassen und
unter einen thematischen Fokus stellen.

I
Vor dem Anfang

1. Die zukünftige Agentin des Wandels erzählt

»Der Concierge des finnischen Hotels drückte mir eine Telefonnotiz in die Hand, als ich von einem lebhaften Kongreßtag müde und zufrieden zurückkehrte und mich auf ein entspanntes Abendessen im Kreise meiner Kollegen freute. ›Rufen Sie bitte umgehend Herrn T. an...‹

Mir war klar, daß es um eine Zu- oder Absage ging. Ich hatte mich bei dem Unternehmen, bei dem ich seit über 20 Jahren arbeitete, um die neu geschaffene Position der Referentin für Chancengleichheit beworben. Die eilige Nachricht vom Personalvorstand deutete fast auf eine Zusage hin – dabei hatte ich mir zu Beginn meiner Bewerbung kaum eine Chance ausgerechnet. Und eine Zusage war es denn auch: ›Wir freuen uns, Ihnen diese schwierige und anspruchsvolle Aufgabe übertragen zu können – wir alle werden Sie nach besten Kräften unterstützen.‹

Die Kollegen und Kolleginnen staunten und fragten: ›Was mußt du da eigentlich tun?‹ Wenn ich ehrlich war, fragte ich mich das auch; ein Gefühl der Angst vor der eigenen Courage beschlich mich, das sich mit der Vorfreude auf die neue Aufgabe und den Stolz über das ›Ausgewähltsein‹ vermischte. Als ich spät im Bett lag, überschlugen sich die Gedanken, und ich versuchte, Klarheit darüber zu gewinnen, wie alles gekommen war, wo ich jetzt in meinem Leben stand und wie ich meinen Auftrag würde gestalten und erfüllen können.

Vor über 20 Jahren war ich in einer sehr schwierigen persönlichen Situation nach gescheiterter Partnerschaft mit zwei kleinen Söhnen aus dem Ausland zurückgekommen und brauchte dringend Arbeit. Mein Studium hatte ich nicht abgeschlossen, hatte nie damit gerechnet, allein für die Familie zuständig zu sein, brachte als berufliche Qualifikation nicht viel mehr als in-

ternationale Büroerfahrungen mit. So war ich froh und dankbar, als Sekretärin bei dem großen und renommierten Unternehmen eingestellt zu werden. Allerdings hatte ich auch den
Willen zu lernen, und *learning on the job* ließ mich im Laufe der
Jahre und parallel zum Älter- und Selbständigerwerden meiner
Söhne in anspruchsvollere Aufgaben hineinwachsen; viele Jahre
war ich Referentin in der Öffentlichkeitsarbeit und entwickelte
mich von dort in eine noch selbständigere Aufgabe im internationalen Kongreßwesen. Diese Aufgabe war mit Verantwortung
für viel Geld und mit häufigen Auslandsreisen verbunden, etwas wie ein Traumjob für eine Frau ohne spezielle Berufsausbil-
dung. Und ich gestehe gern, daß ich die Situationen mit Stolz
genoß, in denen ich auf überseeischen Flügen häufig als einzige
Frau im Firmenauftrag zwischen all den Managern reiste. Trotz
dieser spannenden Aufgabe, die mir viel Anerkennung brachte
und bei der mir meine Vielsprachigkeit gute bis freundschaft-
liche Beziehungen weltweit unter Kollegen und Kolleginnen
ermöglichte, hatte ich mich auf die Stellenausschreibung der
Referentin für Chancengleichheit beworben. Warum?
Mit fünfzig Jahren sah ich hier eine Chance, mich mit einem
Thema auseinanderzusetzen, das sehr viel mit mir zu tun hatte.
Im Unternehmen war ich zwar frauenpolitisch nie aktiv gewesen und von daher für manche ein unbeschriebenes Blatt, aber
im Privatleben wurde ich in den vielen Jahren als alleinerzie-
hende Mutter auf mehreren Ebenen damit konfrontiert, daß
Frauen- und Männerleben aus vielfältigen Gründen unterschiedlich verlaufen. Daher gehörten Frauen und Frauenkreise
seit vielen Jahren eng zu meinem Leben.
Für die Stelle hatten sich 20 Frauen aus dem Unternehmen beworben — externe Bewerbungen waren ausgeschlossen. Aus
dem breit gefächerten Spektrum der Bewerberinnen — von der
Sekretärin bis zur Abteilungsleiterin — war nach einem mehr-
stufigen Ausleseverfahren die Wahl auf mich gefallen.
Ich fühlte mich voller Elan, war sicher, alle von meiner Lei-
stungsfähigkeit überzeugen zu können, und war getragen von
dem Glauben daran, daß mein Unternehmen sich im Sinne
gleicher Chancen für Männer und Frauen verändern wollte.
Interesse an diesem gesellschaftspolitischen Thema und den
Willen zur Mitarbeit setzte ich bei vielen Menschen und Bereichen voraus und traute mir allemal zu, dieses zu wecken, wo es
nicht vorhanden sein sollte.«

2. Die Ausgangslage

Bevor wir unsere Heldin zu ihrem Amtsantritt begleiten, betrachten wir die Rahmenbedingungen ihrer zukünftigen Tätigkeit.

Jeder, der eine Veränderungsaufgabe übernimmt, trifft auf Bedingungen, die – jenseits persönlicher Tüchtigkeit und individuellen Engagements – das eigene Arbeitsschicksal mitbestimmen. Wenn der Change Agent eingestellt wird, dann ist die Positionierung der Stelle von Bedeutung: Wo ist sie im Gefüge der Organisation angesiedelt? Welchem Bereich ist sie zugeordnet? Wo liegt sie innerhalb der Hierarchie? Gibt es Weisungsbefugnisse – formale Macht? Welches sind die wichtigsten Rollenpartner des Change Agent? Wem muß sie zuarbeiten, wer arbeitet ihr zu, wer sind ihre Kunden und ihre Auftraggeber, wie ist die Stelle in die Ablauforganisation und die formale Kommunikation eingebunden? Wie lautet der Arbeitsauftrag, d.h. die allgemeine Zielbestimmung für die Tätigkeit?

Ein unbestimmt gehaltener Rahmen eröffnet viele Möglichkeiten und sichert wenig Rechte. Ein präziser Rahmen markiert klare Ansprüche, setzt aber auch klare Grenzen.

Auswahlverfahren und Auswahlentscheidung sind von Bedeutung – in ihnen zeigen sich die Erwartungen an die Stelleninhaberin. Geäußerte Erwartungen, aber auch unbenannte, vielleicht sogar unbewußte Wünsche an ihre Adresse werden deutlich. Diese Erwartungen konkretisieren den formalen Rahmen, sie verstärken ihn, klären ihn oder zeigen Widersprüche auf.

Und schließlich ist auch die Vorgeschichte wichtig. Denn die Schaffung und die Besetzung der Position des Change Agent markieren den Endpunkt eines organisationsinternen Prozesses. Das, was als Neuanfang erscheint, ist zugleich auch das Resultat einer Entscheidungsfindung. Diesen Prozeß nachzuzeichnen heißt, das Kräftespiel verdeutlichen, das in die Entscheidung für diese Stelle mündete. Auch wenn die Entscheidung gefallen ist, sind damit die unterschiedlichen Interessen, die Fraktionen, die Unterstützer und die Skeptiker nicht verschwunden – sie sind nur erst einmal still.

Orte der Handlung

Unsere Geschichte spielt in einer deutschen Großstadt und dort in einem produzierenden Unternehmen, das wir Chemie AG nennen wollen. Das Unternehmen hat etwa 20000 Beschäftigte im In- und Ausland. Es ist ein Unternehmen mit Tradition, wirtschaftlich erfolgreich und im Selbstverständnis flexibel und veränderungsorientiert.

Die neu geschaffene Stelle mit dem Veränderungsauftrag ist im Unternehmensbereich Personal- und Sozialwesen angesiedelt. In einem großen Unternehmen ist das ein wichtiger und umfassender Bereich. Hier wird nicht produziert, sondern verwaltet. Die Menschen, die in der Firma arbeiten, werden dort betreut. In der Verwaltung würde man sagen: Der Personalbereich hat Querschnittsaufgaben – in einem Unternehmen spricht man davon, daß eine Dienstleistung für die anderen Bereiche erbracht wird. Diese Dienstleistung ist umfänglich und komplex. Die Personalabteilung – wie es oft lässig heißt, obwohl sie häufig mehrere Abteilungen umfaßt – hat jeden Mitarbeiter und jede Mitarbeiterin registriert. Sie betreut sie alle hinsichtlich Bezahlung und Urlaub, Krankheit und Rente, Beförderung und Kündigung. Sie ist zuständig für Personalbeschaffung und Personalentwicklung, d. h. für die Versorgung der Firma mit den Kompetenzen, die dort gebraucht werden. Dazu muß der Bedarf geplant, und es müssen diejenigen Menschen engagiert werden, die der Betrieb benötigt. Dies geschieht über Stellenausschreibung, Auswahl und Einstellung. Es geschieht aber auch durch die Entwicklung des vorhandenen Personals mit Hilfe geeigneter Qualifizierungsmaßnahmen. Und es geschieht durch die Beratung einzelner Mitarbeiter hinsichtlich einer möglichen Laufbahn innerhalb der Firma.

Die Zentrale Weiterbildung gehört häufig ebenfalls zum Personalbereich. Hier wird der Weiterbildungsbedarf erfaßt und in geeignete Maßnahmen umgesetzt. Die Weiterbildungsveranstaltungen werden entweder intern angeboten oder auch extern eingekauft.

Weitere Aufgabenfelder des Bereichs sind: die Betreuung der Lehrlinge, die Nachwuchsförderung, die Führungskräfteentwicklung. Kurz gesagt: die Versorgung des Unternehmens mit der Ressource »Mensch« und die laufende Betreuung, Wartung und Ergänzung dieser Ressource.

Es gibt innerhalb des Vorstands eine eigene Zuständigkeit für das Personal- und Sozialwesen – das heißt, ein Mitglied des Vorstands ist zugleich oberster Vorgesetzter aller in diesem Bereich Beschäftigten.

In diesem Bereich soll unsere Heldin tätig werden. Sie soll etwas tun – was, ist völlig offen –, damit in Zukunft die Frauen vom Personalbereich besser oder zumindest anders berücksichtigt werden als bisher. Damit das geschehen kann, wird ein neues Referat geschaffen. Es heißt »Referat Chancengleichheit«. Das Referat ist als Stabsstelle, also ohne Weisungsbefugnis, direkt unter dem Fachbereichsleiter Personalwesen außerhalb der Abteilungen angesiedelt. Durch diese Verortung soll das Referat die Möglichkeit haben, alle für die Personalbewirtschaftung zuständigen Bereiche, Abteilungen und Referate mit Informationen, Konzepten, Impulsen und Ideen hinsichtlich der »Frauenfrage« zu versorgen. Diese Impulse, so die Vorstellung, fließen in die Fachfunktionen der Bereiche ein und sorgen dafür, daß dort überall der Frauengesichtspunkt (was immer dies bedeutet) implementiert und in personalwirtschaftlichen Entscheidungen und Abläufen berücksichtigt wird. Wenn das gelingt, nimmt die gesamte Personalpolitik des Unternehmens den Aspekt der Chancengleichheit, der besonderen Förderung von Frauen auf und setzt ihn um. Durch die Agentin des Wandels angeregt und mit ihren Ideen ausgestattet, soll der ganze Personalbereich in Zukunft immer das Thema »Frauen« mit berücksichtigen.

Die Stelle ist nicht in eine Abteilung eingebunden. Daher muß die Stelleninhaberin wenig Rücksichten nehmen, kaum Konkurrenzen und Loyalitäten beachten. Sie ist allein dem direkten Vorgesetzten verantwortlich. Dieser Vorgesetzte ist – formal gesehen – der Fachbereichsleiter Personal. Da diese Stelle aber zur Zeit unbesetzt ist und vom Vorstand Personal kommissarisch geleitet wird, ist dieser Vorstand faktisch der direkte Vorgesetzte unserer Heldin.

Die organisatorische Positionierung der Stelle soll darauf hinweisen, daß das Referat nicht als »Elite-Einrichtung« gemeint ist: Es hängt nicht direkt am Vorstand. Andererseits ist es

hoch genug in der Hierarchie angesiedelt, um in der Unterneh-
mensöffentlichkeit und außerhalb des Unternehmens ein aus-
reichendes »Standing« zu haben.

Die Stelleninhaberin soll vom hohen Status ihres Vorgesetzten profitieren, aber keine formale Macht haben.

Die von der Chemie AG gewählte Struktur setzt auf die
frühzeitige Einbindung der Fachbereiche. Die Stelleninhaberin
ist berechtigt, in unterschiedlichsten Bereichen Anstöße zu geben, diese Anstöße am Leben zu halten, öffentlich zu machen,
zu verteidigen, ihnen Notwendigkeit und Dringlichkeit zu
verschaffen.

Um dies zu erleichtern, hat sie Zugang zu sämtlichen Perso-
nalentwicklungs- und -strukturdaten, sie hat Mitwirkungs-
rechte bei der Personalauswahl und der Personalentwicklung
und ein Teilnahmerecht am »Potential Assessment«, mehrtägi-
gen Veranstaltungen, in denen das Führungspotential von Mitarbeitern und manchmal auch von Mitarbeiterinnen eingeschätzt wird. Sie sind das Nadelöhr auf dem Weg nach oben.

Die Agentin des Wandels soll Ideen und Konzepte entwik-
keln. Diese werden dann »vor Ort« von denen, die damit arbeiten, konkretisiert und umgesetzt.

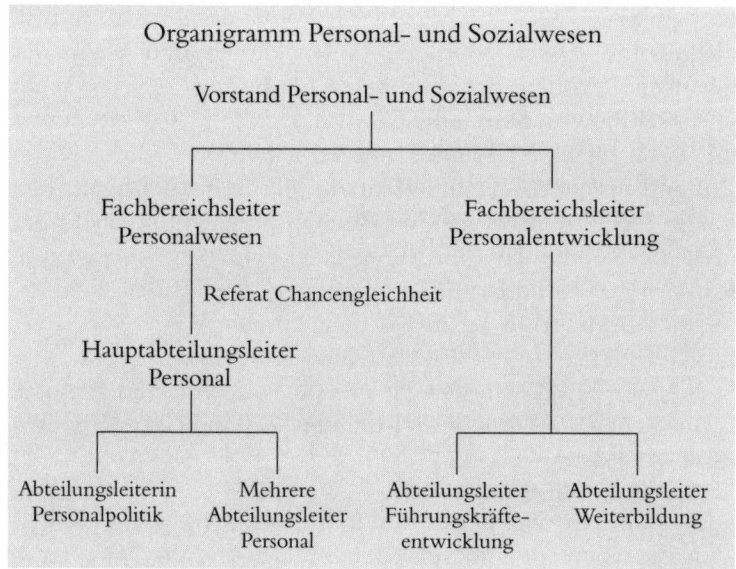

Organigramm Personal- und Sozialwesen

Vorstand Personal- und Sozialwesen

Fachbereichsleiter   Fachbereichsleiter
Personalwesen   Personalentwicklung

Referat Chancengleichheit

Hauptabteilungsleiter
Personal

Abteilungsleiterin   Mehrere   Abteilungsleiter   Abteilungsleiter
Personalpolitik   Abteilungsleiter   Führungskräfte-   Weiterbildung
                     Personal   entwicklung

Wir sehen, wo die Stelle des Change Agent im Gefüge der Organisation angesiedelt ist. Dadurch erfahren wir etwas über eine wichtige Annahme, die dem ganzen Projekt zugrunde liegt. Diese Annahme lautet:»Wenn wir in unserem Unternehmen Chancengleichheit für Männer und Frauen herstellen wollen, dann ist der Ort, von dem aus das zu geschehen hat, das Personalwesen. Wenn der Personalbereich sich ändert, wird sich die Situation der Frauen verbessern.«

Möglicherweise hat niemand so genau darüber nachgedacht – es ist durchaus möglich, daß die Entscheider sich einfach bei anderen Firmen informiert haben.[1]

Je nachdem, wo das Veränderungsreferat in der Organisation verortet ist, braucht es unterschiedliche Voraussetzungen, um funktionieren zu können.

Auch die von der Chemie AG gewählte Struktur benötigt einige Voraussetzungen, um eine Chance auf Erfolg zu haben:

– Die Fachleute in den Personalbereichen sind an der Thematik interessiert und bereit, mit dem Change Agent zu kooperieren, auch wenn es zusätzlich Arbeit bereitet. Sie sind dankbar, wenn die Amtsinhaberin ihnen Schwachstellen aufzeigt, sie mit Ideen und Anregungen versorgt, als Wächterin und Mahnerin beim Prozeß der Konzeptentwicklung auftritt.
Die gewählte Form unterstellt Kooperation.
– Ob es sich um Qualität, Umweltschutz oder Chancengleichheit handelt: In einem arbeitsteilig organisierten Unternehmen sind die Menschen gewohnt, daß die Arbeit geteilt wird und daß die Person, die die Zuständigkeit für ein Thema bekommt, dieses Thema auch abarbeitet. Die Zuständigkeit dafür, Chancengleichheit zu verwirklichen, hat jetzt ihren Ort und ihr Gesicht.
Da unsere Heldin aber weder Einstellungsgespräche führt noch Stellenanzeigen formuliert, keine Laufbahnberatung anbietet und auch die Personalpolitik nicht formuliert, kann sie die Verantwortung nicht übernehmen.
Das Vorhaben kann nur funktionieren, wenn sie sich konsequent abgrenzt und verweigert und wenn die Verantwor-

tung für die Veränderung bei den zuständigen Fachleuten im Personalwesen bleibt.
- Die Agentin des Wandels ist allein, und der Bereich Personalwesen ist groß. Sie kann nicht überall sein und die Arbeit im gesamten Bereich unter dem Gesichtspunkt ihres Auftrages kontrollieren. Sie kann nichts anordnen. Sie ist darauf angewiesen, andere zu gewinnen. Nur wenn diese überzeugt sind, daß auch sie von gleichen Chancen profitieren, werden sie bereit sein, sich dieses Themas anzunehmen. Die für das Veränderungsvorhaben gewählte Struktur setzt erfolgreichen internen Verkauf voraus.

Damit zeichnen sich für die Agentin des Wandels vor ihrem ersten Arbeitstag schon einige Aufgabenfelder ab, die mit Ideenfindung und Konzeptentwicklung wenig zu tun haben:

- Sie muß sich um kooperative Beziehungen zu den »Abnehmerbereichen« bemühen;
- ein wichtiger Teil ihrer Tätigkeit wird der Verkauf ihrer eigenen Sache sein;
- sie muß aufpassen, daß die Verantwortung für die Chancengleichheit nicht allein bei ihr gesehen wird und daß sie diese Verantwortung nicht übernimmt.

Beziehungen zu anderen gestalten, Konzepte erfolgreich verkaufen und sich gegenüber falschen Zuschreibungen verweigern, sind weder einseitige noch einmalige Akte, sondern langfristige Interaktionsprozesse. Sie entwickeln sich zwischen Personen und sind vielfältigen Schicksalen unterworfen.

Rollenpartner, Kunden und Auftraggeber

Durch die Verortung der Stelle sind ihr die wichtigsten Partner vorgegeben.
Da ist zunächst der *Vorstand Personal- und Sozialwesen*. Im Rahmen seiner Vorstandstätigkeit ist er die oberste Instanz für alle Fragen und Themen des Personal- und Sozialwesens. Er ist der *Fürst*, der aus der Distanz die Geschicke bestimmt.

Mit ihm hat unsere Heldin gleich in mehrfacher Hinsicht zu tun: Er ist ihr wichtigster Auftraggeber, denn in seinem Auftrag soll schließlich die Chancengleichheit im Unternehmen vorangetrieben werden. Er hat letztendlich die Einrichtung ihrer Stelle beschlossen und verwirklicht. Er ist als oberste Führungsperson auch ihr Rettungsanker, an den sie sich wendet, wenn sie nicht weiterkommt. Und – eine Besonderheit, deren Bedeutung sich erst allmählich zeigt –: Er ist für die nächsten Jahre auch ihr direkter Vorgesetzter, da er kommissarisch die unbesetzte Stelle des Fachbereichsleiters Personal mit betreut. Dieser ist das Referat Chancengleichheit als Stabsstelle zugeordnet.

Die *Fachbereichsleiter Personalwesen* und *Personalentwicklung* sind zwei weitere mächtige *Weichensteller*, die ihr den Zugang zu den Arbeitsfeldern Allgemeines Personalwesen und Personalentwicklung erschließen.

Über den Fachbereichsleiter Personalwesen könnten Impulse der Agentin des Wandels in alle Themen der Personalarbeit einfließen – wenn die Stelle besetzt wäre. Es wird drei Jahre dauern, bis der jetzige Hauptabteilungsleiter Personal zum Fachbereichsleiter aufsteigt und damit ihr Vorgesetzter wird. Aber schon in seinem jetzigen Aufgabenbereich ist er direkter Ansprechpartner von Frau P.

Der Fachbereichsleiter Personalentwicklung eröffnet ihr den Zugang zu den wichtigen Feldern Weiterbildung und Personalentwicklung – vor allem Führungskräfteentwicklung.

Beinahe ihre direkten Kollegen sind die *drei Abteilungsleiter: Personalpolitik, Führungskräfteentwicklung* und *Weiterbildung*. Sie leiten Bereiche, in die ihre Anregungen und Initiativen einfließen sollen. Mit diesen drei Personen wird sie bei der Entwicklung und Umsetzung von Maßnahmen ganz direkt zusammenarbeiten. Sie geht davon aus, daß diese *Türhüter* ihr Projekt unterstützen werden.

Die *Abteilungsleiterin Personalpolitik* ist eine wichtige Partnerin. Sämtliche personalpolitischen Grundsätze könnten hier auf frauenspezifische Interessen hin abgeklopft und erweitert werden. Der *Abteilungsleiter Führungskräfteentwicklung* kann bei der Auswahl und Förderung von Führungskräften das Ziel »Mehr

Frauen in die Führung« verfolgen. Der *Abteilungsleiter Weiterbildung* kann dafür sorgen, daß Weiterbildungsangebote des Unternehmens frauenspezifisch ausgerichtet werden.

Diese drei Türhüter eröffnen oder verschließen ihr den Zugang zu den Referenten und Sachbearbeitern, die in ihrer Alltagsarbeit Impulse des Referats Chancengleichheit umsetzen müßten. Unsere Heldin weiß natürlich nicht, was diese Kooperationspartner im einzelnen von ihr erwarten. Das wird sich in der konkreten Zusammenarbeit zeigen.

Die Stelle des Change Agent ist das Ergebnis eines längeren Entscheidungsprozesses; Vorgeschichte wie Inhalt ihrer Arbeit führen dazu, daß es außer den formalen Auftraggebern noch viele andere Gruppen und Personen gibt, die sich als Auftraggeber oder als Kunden verstehen, deren Erwartungen aber zunächst unbekannt sind: Was wird der Betriebsrat von der Stelle erwarten? Und was die vielen ganz unterschiedlichen Frauen in der Firma – Arbeiterinnen, Abteilungsleiterinnen, die Frauenbewegten, die diese Stelle mit erkämpft haben? Diejenigen, die sich benachteiligt und schlecht behandelt fühlen? Sie alle haben bislang unbekannte und unbenannte Vorstellungen, wie die neue Stelle auszufüllen sei und wie die Agentin des Wandels ihre Arbeit auszuführen habe.

Einmal eingestellt, erhält sie ein Büro auf dem Flur der Personalabteilung und eine Ganztagskraft als Assistentin. Sie hat das Recht, aber nicht die Pflicht, an allen Besprechungen des Personalbereichs teilzunehmen. Regelmäßige Treffen sind: die sogenannte *Freitagsrunde der Personaler*, ein größeres Treffen des ganzen Bereichs. Außerdem nimmt sie teil an der *Kleinen Führungsrunde*. Zu dieser gehören außer ihr nur der Hauptabteilungsleiter Personalwesen und seine Abteilungsleiter. Die *Mittwochsrunde* ist ein Gremium des Vorstands zu wechselnden Fragestellungen mit wechselnden Gesprächspartnern. Die Fachbereichsleiter sind immer dabei. Hier nimmt sie ebenfalls auf eigenen Wunsch oder auf Veranlassung des Vorstands themenbezogen teil. Dies sind Rechte, keine Pflichten – was sie tut und mit wem sie spricht, ist ihre Sache. Zu allen wichtigen Daten und Themen des Personalbereichs soll sie Zugang haben.

Zielsetzung und Auftrag

Die Stelle ist zunächst für fünf Jahre ausgeschrieben. Der Auftrag ist folgendermaßen umrissen:
- Entwicklung von Konzepten zur Verwirklichung der beruflichen Chancengleichheit;
- Entwicklung von Maßnahmen zur Umsetzung dieser Konzepte;
- Beratung der Personalabteilungen in Fragen der beruflichen Gleichstellung;
- Beratung von Fachvorgesetzten zum gleichen Thema;
- Information innerhalb und außerhalb des Unternehmens zum Thema Gleichstellung.

Es gehört ausdrücklich nicht zu den Aufgaben, personelle Einzelfälle zu betreuen. Diese sollen wie bisher an die zuständigen Stellen weitergeleitet werden.

Der Vorstand gibt bekannt, daß er die Chancengleichheit von Männern und Frauen unterstütze; er teilt mit, daß eine lange interne Diskussion jetzt zur Einrichtung der neuen Stelle geführt habe. Er schildert die Aufgaben dieser Stelle und informiert über die Besetzung.

3. Berufung und Auswahl

Wenn Berater oder Veränderer sich um einen neuen Auftrag bewerben, sehen sie in die Gesichter der Auswahlrunde und versuchen, die Versammelten zu beeindrucken und für sich zu gewinnen. Das wichtige Geschehen scheint sich zwischen den direkt Beteiligten abzuspielen. Nicht sichtbar und durch persönliche Anstrengung des Bewerbers kaum zu erreichen sind andere Faktoren: Da ist zum einen die Vorgeschichte. Damit ein Unternehmen sich dafür entscheidet, eine Thematik oder ein Problem anzugehen, muß schon allerlei passieren. Es ist oft ein langer Prozeß, bis eine Entscheidung fällt. Probleme und Themen werden aktuell, erscheinen ganz dringlich – und nehmen wieder ab in ihrer Bedeutung und ihrer Sichtbarkeit. Jedes Thema hat Fürsprecher und Widersacher, und die Entscheidung, es anzugehen – und gar noch mit interner oder externer Hilfe –, markiert oft das Ende eines langen Ringens.

Unsichtbar für den Bewerber oder die Bewerberin ist auch die Auseinandersetzung über Auswahlprozedur und beteiligte Personen. Die Entscheidung für ihn oder gegen sie schließlich wird von unausgesprochenen Erwartungen, innerbetrieblichen Parteikämpfen und undeklarierten Interessen mindestens genauso bestimmt wie von der überzeugenden Persönlichkeit des Beraters.

Vorgeschichte

Etwa drei Jahre vor meiner Berufung hatte die Frauengruppe des Betriebsrates dem Vorstand den Entwurf einer Betriebsvereinbarung »Frauenförderung« vorgelegt. Dieser Entwurf wurde abgeschmettert.

Dennoch entstand daraus eine kleine Unruhe, und es tauchte die Frage auf: Sind die Frauen in unserer Firma überhaupt benachteiligt?

Der Vorstand beschloß, zu diesem Thema eine Projektgruppe einzuberufen. Es entstand der Arbeitskreis »Chancengleichheit«. Die Unternehmensfunktion Personal hat ihn besetzt; es waren viele wichtige Gruppierungen vertreten: der Betriebsrat, der Sprecherausschuß, es gab eine Vertretung der leitenden Angestellten, es waren Abteilungsleiter eingeladen, Männer und Frauen ...

Zur Stützung und Beratung der Projektgruppe wurde ein Beirat berufen, bestehend aus sechs Bereichsleitern. Diese Projektgruppe hat ein Jahr lang gearbeitet, in Untergruppen zu verschiedenen Themen. Dort wurden Daten gesammelt, die Ergebnisse wurden präsentiert. Die Projektgruppe hat die Verabschiedung einer Betriebsvereinbarung zum Thema »Familienpause« forciert. Als das gelungen war, haben sie auf die Einrichtung dieser Stelle gedrängt, die die angegangenen Themen weiter vorantreiben sollte.

Diese Gruppe hat dazu ein Konzept entwickelt. Nicht alles ist durchgekommen, immerhin aber gab es den Beschluß, das »Referat Chancengleichheit« als Stabsstelle einzurichten und es hoch aufzuhängen.

Als die Entscheidung gefallen war, wurde die Stelle unterneh-
mensintern ausgeschrieben und besetzt.

Personelle Entscheidungen sind ein wichtiges Steuerungs-
instrument. Mit welcher Person eine Stelle besetzt wird, erlaubt Rückschlüsse auf die Absichten der Entscheider: Was
verspricht der zukünftige Stelleninhaber durch seine Qualifikation, seine Qualitäten und seine Person? Wie wird er seine
Aufgabe wahrnehmen und seinen Platz ausfüllen? Was verspricht er nicht zu tun? Die Entscheider illustrieren durch die
Person, die sie auswählen, auch, wie sie den Auftrag, den sie erteilen, verstanden wissen wollen.

Personelle Entscheidungen erfolgen im Unternehmen nach
bestimmten Regeln, in einer bestimmten Prozedur. Sie eröffnen
außerdem ein Feld für mikropolitische Bemühungen: Die fest-
gelegten Regeln und Schritte der Auswahlprozedur bestimmen
den »Korridor«, innerhalb dessen die beteiligten Akteure im
Sinne ihrer Interessen und Vorlieben Einfluß nehmen können.[2]

An der Auswahlprozedur – schriftliche Bewerbung, Grup-
pengespräch, Assessment Center – waren Vorstand, Betriebsrat
und Vertreterinnen der AG Chancengleichheit beteiligt. Um
die ausgeschriebene Stelle bewarben sich 20 Personen, von denen nach dem ersten Gespräch noch vier übrigblieben. Vor
dem eintägigen Assessment Center, als feststand, wer die vier
Übriggebliebenen waren, ahnte die zukünftige Stelleninhaberin zum ersten Mal, daß die Wahl vielleicht auf sie fallen
könnte. Die drei Mitbewerberinnen erschienen ihr aus unterschiedlichen Gründen weniger geeignet – die eine war durch
langjährige Betriebsratsarbeit als kämpferisch festgelegt, eine
andere hätte aufgrund ihrer hohen hierarchischen Position
keine Akzeptanz bei den Arbeiterinnen gehabt.

»Bis nach Mitternacht haben sie dann zusammengesessen und
alles gepunktet. Ich glaube, ich lag ziemlich gleich mit zwei
anderen, mit der einen wohl tatsächlich genau gleich. Aber sie
haben dann mich genommen. Es war eine rein politische Entscheidung.«

Was bedeutet »eine rein politische Entscheidung«? Es bedeutet,
daß sachliche Gründe für die Entscheidung nicht ausschlagge-

bend waren. Sachliche Gründe für die Besetzung des Referats könnten sein: Erfahrung im Change Management; Erfahrungen in der Formulierung, Verfolgung und Umsetzung frauenpolitischer Ziele. »Rein politisch« bedeutet in diesem Fall auch, daß die Beteiligten sich auf sie einigen konnten. Die ausgewählte Kandidatin ist durch und durch eine Frau des Unternehmens, seit 22 Jahren in der Firma, ohne eine festgelegte Position in Frauenfragen. Es ist daher zu hoffen, daß sie die Werte und Normen der Firma in sich trägt, daß sie ihnen entspricht. Es ist zu hoffen, daß sie keine Unruhe stiften wird, daß sie nicht aggressiv-kämpferisch sein wird, wie die eine Mitbewerberin; es ist zu hoffen, daß sie von allen Gruppierungen akzeptiert wird.

Unsere Heldin – so steht zu vermuten – wird fleißig sein und tüchtig arbeiten. Sie wird sich nicht herumzanken; sie wird weder Vorstand noch Betriebsrat angreifen und mit überzogenen Forderungen auf die Nerven fallen; sie wird sich belehren lassen und im Zweifelsfall die Schuld bei sich selbst suchen; sie wird ihre Erfolge nicht für sich beanspruchen, sondern sie gern anderen zur Verfügung stellen . . .

Die zukünftige Referentin entspricht in Auftreten und Erscheinung einem eher konservativen Frauenbild. Der Vorstand muß sich nicht davor grausen, mit ihr zu tun zu haben. Er braucht nicht zu befürchten, nörgelnd oder aggressiv angegriffen zu werden; die Sorge, sich ein hysterisches Frauenzimmer auf die Schwelle zu setzen, ist unnötig. Auch die befürchtete »Megäre« steht ihm nicht ins Haus. Im Gegenteil, sie ist ruhig, warmherzig, wortgewandt, präsentabel, aber nicht auffällig – sie könnte auch eine Vorstandsgattin sein.

Unbezahlbar ist ihre Glaubwürdigkeit, eine interpersonelle Tugend, die nicht herstellbar ist, denn ein sichtbar um Glaubwürdigkeit bemühter Mensch mindert diese. Sie bemüht sich nicht und muß sich nicht bemühen. Der Vorstand kann davon ausgehen, daß sie die Firma in der Außendarstellung gut vertritt.

Daß sie in der Hauptsache die Aufgabe haben wird, einen Prozeß im Personalwesen anzustoßen und zu gestalten, der die Personalpolitik des Unternehmens verändern soll, tritt etwas in den Hintergrund.

Unsere Heldin freut sich, daß sie die Stelle bekommen hat. Wie es wohl erfolgreichen Bewerbern in der Regel geht, sieht sie den Auswahlprozeß als einen persönlichen Erfolg. Über die Gemengelage der Interessen und Befürchtungen, die sie als ganz besonders geeignet erscheinen ließen, macht sie sich nicht viele Gedanken. Sie weiß zwar noch nicht, wie sie ihre Aufgabe anpacken soll, aber der Auftrag selbst ist ihr klar. Eine weitere Präzisierung erscheint weder ihr noch dem Auftraggeber notwendig. Die eine Seite hat für das Thema eine Zuständigkeit geschaffen und den Auftrag dorthin weitergereicht. Die andere – die Stelleninhaberin – weiß, was ihre Aufgabe ist, und unterstellt, daß sie sich mit ihrem Auftraggeber darin einig ist.

Aufträge an Change Agents sind immer vielschichtig und vieldeutig. Sie sind vielschichtig in dem Sinne, daß sie teilweise besprochen und offengelegt sind, teilweise aber auch nicht. Nur einige Erwartungen werden deklariert, andere bleiben im dunkeln – häufig solche, die davon handeln, was nicht geschehen soll. »Zusatzaufträge« werden dem Change Agent in die Tasche gesteckt, die aber aus Gründen der Opportunität, der guten Sitten oder der Imagepflege unbenannt bleiben. Im Laufe der Arbeit macht der Veränderer Bekanntschaft mit der Verschiedenartigkeit der Erwartungen. Er merkt, ob sie miteinander zu versöhnen sind und ob sie zu den eigenen Absichten passen.

In unserem Beispiel läßt sich eine grundsätzliche Differenz in der Auffassung schon jetzt vermuten: Die Agentin des Wandels war zwar bisher nicht öffentlich frauenpolitisch engagiert, aber sie hat dennoch einen persönlichen Zugang zum Thema:

»Meine Sache ist die Gerechtigkeit – das ist für mich ein ganz zentraler Wert. Wenn dagegen verstoßen wird, das kann ich nicht ertragen. So ist es auch bei den Frauen – ich finde es unglaublich, wenn sie benachteiligt werden. Für die Gerechtigkeit bin ich bereit zu kämpfen.«

Der Daseinszweck eines Unternehmens dagegen ist das Geldverdienen – unter Bedingungen, die für dieses Geldverdienen optimal sind, die von der Belegschaft und den Aktionären akzeptiert werden, die den geltenden Gesetzen entsprechen und die gesellschaftlich nicht geächtet sind. Das Unternehmen ist nicht dazu da, bestimmte Werte wie Gerechtigkeit zu verwirklichen. Es wird dies nur tun, soweit dies sinnvoll und notwendig ist, um seine übergeordneten Ziele zu erreichen. Unsere Heldin wird erfahren, daß diese Differenz von Bedeutung ist.

II
Kraftfeld, Schuldscheine und Ressourcen

Die Entscheidung ist gefallen, die Kandidatin ist ausgewählt, der Auftrag liegt vor, die Arbeit kann beginnen.

Während unsere Heldin noch dabei ist, ihr neues Büro zu beziehen, bilden sich »hinter ihrem Rücken« bereits spezifische Konstellationen von Freunden und Feinden ihres Veränderungsauftrags.

Denn jeder, der mit einer Veränderungsaufgabe betraut ist, findet, bezogen auf das Vorhaben und seine Funktion in der Organisation, ein Kraftfeld vor. In ihm bildet sich die spezielle Mischung aus Befürwortern, Widersachern und Gleichgültigen ab, die die Startposition des Projektes kennzeichnet. Der Change Agent sollte es kennen und berücksichtigen. Untersuchen wir also, wer in dieses Kräftefeld gehört und was wir über deren Haltung zu der beabsichtigten Veränderung wissen.

Der Vorstand Personal begrüßt das Projekt zunächst, denn sein Name ist damit verbunden, daher hat er ein Interesse am Erfolg. Allerdings hat er sicher nie überlegt, was die Umsetzung des Anspruchs wohl praktisch bedeuten könnte. Darüber möchte er auch nicht nachdenken, denn das ist Aufgabe unserer Heldin. Sein Dafür-Sein besitzt daher im Konfliktfall fraglichen Wert. Mit einiger Gewißheit läßt sich nur annehmen, daß er auf vorzeigbare Erfolge dringen wird, um sein Engagement zu legitimieren.

Die neu ernannte Amtsinhaberin dagegen ist überzeugt: Der Vorstand will die Chancengleichheit.

Der Betriebsrat, eine weitere wichtige Größe im Kräftefeld, hält die Einrichtung des Amtes für unnötig. Es gibt eine Betriebsratsfrau, die auch frauenpolitisch engagiert ist. Diese war ihre schärfste, schließlich unterlegene Konkurrentin. Wie sie sich mit der Niederlage einrichtet und ob sich zwischen den beiden eine gute Zusammenarbeit entwickelt, bleibt abzuwarten.

Die beiden Fachbereichsleiter Personalwesen und Personalentwicklung sind ihre wichtigsten Weichensteller. Wenn sie ihr Vorhaben unterstützen, bekommt sie Zugang zu ihrem Arbeitsfeld, dem Personalwesen. Über den Fachbereichsleiter Personalentwicklung ist gar nichts bekannt, und die Stelle des zweiten Weichenstellers ist vakant. Um so wichtiger dürfte es sein, wie sich der Fachbereichsleiter Personalentwicklung zu dem Veränderungsvorhaben stellt. Die Abteilungsleiterin Personalpolitik unterstützt Frau P. in der Sache und als Person. Sie steht selbst vor der Aufgabe, ihre Familienrolle mit den Anforderungen an eine Führungskraft zu verbinden, und hat daher einen persönlichen Zugang zum Thema. Den Abteilungsleiter Führungskräfteentwicklung kennt sie flüchtig und stuft ihn zunächst einmal als nicht unterstützend ein. Der Leiter der Zentralen Weiterbildung scheint ihr desinteressiert. Die einzelnen Referatsleiter und Sachbearbeiter, bei denen die Umsetzung personalpolitischer Veränderungen in die Praxis liegen wird, schätzt sie als abwartend bis gleichgültig ein.

Der Vorstand, die Abteilungsleiterin Personalpolitik und engagierte Frauen, die sich für die Einrichtung des Referats ausgesprochen haben, sind zu Beginn ihrer Amtszeit die positiven Kräfte. Viele Unbekannte sind im Spiel.

Eine Bewerbung braucht Unterstützer, um erfolgreich zu sein. Mit ihrer Unterstützung verbinden die Befürworter Erwartungen an die Stelleninhaberin. Diese Erwartungen werden nur zum Teil formuliert. Manche sind den Unterstützern selbst nicht klar. Die Befürwortung erfolgt also auf Vorschuß. Die erfolgreiche Bewerberin muß Erwartungen erfüllen, die sie zum Teil nicht kennt. Erweist sie sich als Enttäuschung, werden Schuldscheine präsentiert.

Die Agentin des Wandels kennt natürlich nur die veröffentlichten Erwartungen und wird sich wundern, wenn im Laufe der Zeit die Ansprüche deutlicher werden.

Der Vorstand hofft, daß sie nicht zuviel Unruhe ins Unternehmen bringt, denn sonst hätte er sich für die andere Bewerberin stark gemacht, die noch im Rennen war. Er erwartet verbindlichen Umgangston und keine kämpferisch-aggressiven

Töne. Er möchte keine großen Erschütterungen. Denn Vor-
ständen ist grundsätzlich daran gelegen, Beunruhigung der Belegschaft zu vermeiden.

Also hat er eine Frau ausgewählt, die dem Unternehmen seit
langen Jahren angehört. Er kann von ihr erwarten, daß sie die
Unternehmenskultur verinnerlicht hat, und davon ausgehen,
daß sie ihre Veränderungsaufgabe entsprechend den Normen
und Werten des Unternehmens ausfüllen wird.

Es wurde eine Person benannt, die die Firma stets erfolgreich zu vertreten wußte, sowohl auf dem Parkett internationaler Kongresse als auch im Besucherdienst. Der gelingende
Verkauf des Projektes nach außen ist dem Vorstand möglicherweise wichtiger als Erfahrung auf dem Feld der Chancengleichheit. Denn sonst hätte er sich nicht für eine Bewerberin
entschieden, die keine frauenpolitischen Erfahrungen hat.

Mit unsichtbarer Tinte auf die Ernennungsurkunde geschrieben

»Liebe Mitarbeiterin, ich erwarte von Ihnen, daß Sie mir in
Ihrem Amt nicht das Leben schwermachen mit großen Vorhaben und kämpferischen Reden – bloß keine Emanzentöne und
keine Umwälzungen. Dafür erwarte ich aber von Ihnen eine
exzellente Darstellung dieses wichtigen Vorhabens nach außen
und den erfolgreichen Verkauf des Projekts, für das ich mich
schließlich aus dem Fenster gelehnt habe, an Presse und Öffentlichkeit. Vergessen Sie bitte auch nie, daß Sie für mich arbeiten
und nicht für die Arbeitnehmerseite. Dann hätten wir ja gleich
die andere nehmen können. Ich erwarte Tüchtigkeit, Fried-
lichkeit und vor allem: Loyalität. Deshalb habe ich Sie unterstützt und gegen Ihre starke Mitbewerberin durchgesetzt. Ich
bin sicher, Sie werden mich nicht enttäuschen.
            Mit freundlichen Grüßen, der Vorstand Personal.«

Die Frauen, die ihre Bewerbung befürwortet haben, erwarten
natürlich, daß ihre Probleme angegangen werden – sowohl die
übergreifenden Themen als auch die vielen Einzelfragen, die
diese oder jene Frau beschäftigen. Sie erwarten, daß die Referentin für Chancengleichheit ihre Interessen vertritt und daß

sie den Mächtigen Zugeständnisse abringt. Im Zweifelsfall bezeichnet jede Frau ihr aktuelles Interesse als das Interesse von Frauen überhaupt. Und unter Zugeständnissen verstehen viele: bessere Bezahlung, leichteren Aufstieg, bessere Arbeitsbedingungen – also Handfestes.

Zum Glück für die Agentin des Wandels verfügt sie über etliche Ressourcen: sowohl persönliche als auch materielle und soziale.

Sie ist eine berufs- und lebenserfahrene Frau. Sie kennt sich in der Firma gut aus. Eine besondere Stärke liegt in ihrer Fähigkeit zu freundlichem Kontakt. Sie ist tüchtig und kniet sich in Aufgaben hinein. Sie engagiert sich für Gerechtigkeit. Sie ist gewohnt, selbständig zu arbeiten. In ihrer letzten Funktion als verantwortliche Organisatorin internationaler Kongresse hat sie gelernt, große und komplizierte Vorhaben systematisch abzuwickeln; sie bewegt sich souverän in vielen Sprachen auf glattem Parkett. Auf Unvorhergesehenes reagiert sie gelassen und besonnen; den erfolgreichen Umgang mit wichtigen und eitlen Mitmenschen ist sie gewohnt. Jahrelang war sie im Besucherdienst des Unternehmens tätig. Daher ist sie darin geübt, ihre Firma Dritten gegenüber darzustellen und auch auf schwierige und unangenehme Fragen taktvolle Antworten zu finden. Sie gewinnt andere durch warmherzige Zuwendung.

Eine besondere Stärke liegt in ihrer Fähigkeit, auf ihre Mitmenschen einzugehen. Sie hört zu und versteht es, sich einzufühlen. Daher wenden sich Menschen mit persönlichen Nöten und Problemen gern an sie. Es gelingt ihr oft, ihre »Kunden« zufriedenzustellen – und es fällt ihr schwer, mit der Unzufriedenheit anderer zu leben. Sie sagt lieber »ja« als »nein«; sie sucht und findet das Verbindende zwischen Menschen – Streit, Konflikte und kämpferische Durchsetzung sind ihr unangenehm.

Im engeren Sinne frauenpolitisch engagiert war sie nicht. Sie kennt aber aus ihrer eigenen Biografie die Probleme der Verbindung von Familie und Beruf – insbesondere aus der Perspektive einer alleinerziehenden Mutter. An viele Themen, die in der Frauenszene diskutiert werden, ist sie durch ein enges Netz von Freundinnen angekoppelt.

Sie findet es selbstverständlich, die Folgen ihrer Arbeit auszuwerten und daraus Schlüsse zu ziehen. Sie kann Kritik und

Ratschläge annehmen, ohne beleidigt zu sein. Und sie hat einen langen Atem.

Ihre sozialen Ressourcen sind umfangreich. Natürlich verfügt sie über ein weitgespanntes Netz von Beziehungen im Unternehmen – wie zu erwarten, wenn eine sympathische, kontaktfrohe Person viele Jahre an verschiedenen Stellen innerhalb eines Apparates tätig ist. Ihre Beziehungen reichen von den Vorzimmern der Mächtigen bis zu den Mächtigen selbst; ihre Verbindungen finden sich eher in den nicht-produktiven Bereichen, und dort von der Sachbearbeiterin aufwärts. Im Bereich der Unternehmensfunktion Personal allerdings kennt sie kaum jemanden, die zukünftigen Abnehmer ihrer Ideen und Anregungen, die Personalabteilungen, denen sie zu- und mit denen sie zusammenarbeiten soll, sind ihr fast unbekannt. Spezielle Bezüge zur politischen Frauenszene innerhalb und außerhalb des Unternehmens hat sie nicht, dafür aber Freunde und Bekannte in den unterschiedlichsten Gegenden der Welt und in vielen verschiedenen Berufen. Vielleicht kann sie den einen oder die andere irgendwann einmal für ihr Veränderungsprojekt einspannen.

Eine wichtige Ressource fehlt, sie hat keinen richtigen Vorgesetzten. Der Vorstand hat viel zu tun. Er wird daher schwer erreichbar sein und wenig Zeit für sie haben. Wertvoll ist die Bekanntschaft mit einigen Beratern und Trainerinnen, die als Externe mit der Firma zusammenarbeiten. In ihnen hat sie Fachleute ihres Vertrauens, mit denen sie sich beraten kann und die sie gezielt unterstützen könnten.

Lebenspartner und Söhne sind nicht nur wichtig als Versorger, Tröster und Diskussionspartner. Ihr Lebenspartner leistet Übersetzungshilfe, wenn es gilt, die Interessenlage und die Machtspiele des Managements zu verstehen. Und die Söhne sind Experten darin, ihr die Welt aus Männersicht zu erklären.

Die materielle Ausstattung ihres Amtes ist nicht üppig, aber auch nicht ganz schlecht: Sie verfügt über ein eigenes Budget, aus dem sie Veranstaltungen, Broschüren, Reisen oder Trainerinnen finanzieren kann, ein Büro im Revier des Bereichs Personal und eine Stelle für Sachbearbeitung und Schreibarbeit. Ihr Vertrag geht über fünf Jahre – ein Zeitraum, in dem sich einiges ausrichten läßt.

Wie steht es schließlich mit den kulturellen Ressourcen, mit den Werten und Überzeugungen innerhalb und außerhalb des Unternehmens, die für ihre Arbeit wichtig sind? Das Unternehmen sieht sich als modern und innovativ an. Veränderungsbereitschaft und Veränderungsfähigkeit stehen hoch im Kurs. Es paßt nicht zum Selbstbild der Firma, daß Mitarbeiterinnen geringere Chancen haben sollten als Männer. Schon lange vor der Einrichtung ihres Amtes hat die Firma sich mit einem Betriebskindergarten und einer Betriebsvereinbarung zur Wiedereinstellung nach einer Familienphase um die berufstätigen Mütter unter den Mitarbeiterinnen bemüht.

Rings um das Unternehmen weht zur Zeit ein für ihr Vorhaben günstiger Wind: Gesamtgesellschaftlich ist die Frauenförderung ein akzeptiertes Ziel. In einigen Unternehmen gibt es bereits eine hauptberufliche Frauenbeauftragte. Über diese – und natürlich damit auch über das Unternehmen – steht viel und oft Gutes in der Zeitung. Die Frauenszene der Stadt ist sehr aktiv. Die Firma und ihre Produkte sind gerade bei Frauen nicht unumstritten. Was die Chemie AG daher intern für Frauen tut, wird genau beobachtet, rasch zur Kenntnis genommen und kritisch diskutiert. Und wenn sie etwas Gutes tut – um so besser.

Außerdem wird in einigen Personalbereichen – und auch in der Frauenszene – gerade heftig diskutiert. Angestoßen durch einige Veröffentlichungen, sind zur Zeit Thesen über die besonderen Fähigkeiten von Frauen, über den zu erwartenden Fachkräftemangel und über die Notwendigkeit, das ungenutzte Potential von Frauen im Rahmen von Personalentwicklung stärker zu nutzen, im Gespräch.

Insgesamt keine schlechten Voraussetzungen: ein Unternehmen, das sich veränderungsbereit nennt und das in der Vergangenheit einiges zur leichteren Vereinbarkeit von Familie und Beruf getan hat; eine Zeit, in der das Thema Chancengleichheit an vielen Orten positiv diskutiert wird; konkurrierende Unternehmen, für die sich die Einrichtung einer entsprechenden Stelle als PR-Erfolg erwiesen hat; eine aktive Frauenszene und damit Kundinnen, die das Vorhaben begrüßen – und möglicherweise Verknappung von Ressourcen, die die bessere Förderung von Frauen als klug erscheinen läßt – das

Klima innerhalb und außerhalb des Unternehmens erscheint dem Vorhaben günstig, Frauenförderung liegt im Trend.

Ein Change Agent, lernbereit, offen und kontaktfähig, ausgestattet mit den weiblichen Tugenden Takt und Einfühlungsvermögen – ein Mensch, mit dem jeder gern zu tun hat; mit leichten Defiziten im Bereich der kämpferischen Selbstbehauptung. Als Change Manager noch nicht erprobt und frauenpolitisch nicht versiert.

Die Erwartungen an sie sind noch uneindeutig, das Kraftfeld läßt verschiedene Entwicklungen zu. Wir werden sehen, wie es ihr ergeht.

III
Das erste Jahr

1. Die Agentin des Wandels
schwimmt und fischt

Wir alle sind in Situationen des Neuanfangs nicht nur neugierig und tatendurstig, sondern auch ängstlich und unsicher. Wir suchen nach Möglichkeiten, uns sicher zu machen, damit wir uns besser fühlen.

Auch unsere Heldin muß sich orientieren. In die Freude über den Erfolg ihrer Bewerbung und in die Begeisterung für die neue Aufgabe mischt sich auch die Sorge: Wie kann sie ihr Veränderungsvorhaben angehen? Wie kann sie ihre sehr allgemein gefaßte Aufgabe in konkrete Ziele, Konzepte und Vorhaben übersetzen?

Sie muß sich im ganzen Unternehmen bekannt machen und ihre Aufgabe erläutern. Ohne selbst eine klare Vorstellung von ihrer Tätigkeit zu haben, muß sie ihren Gesprächspartnern erklären, wofür sie da ist, was man von ihr erwarten kann und was nicht; ebenso: was sie von den anderen erwartet. Also macht sie sich ans Werk. Sie stellt sich vor und wird vorgestellt. Sie tritt in einer Betriebsversammlung auf und präsentiert sich dort mit ihrer Aufgabe. Betriebsrat und Personalwesen haben sie dazu eingeladen, und sie nimmt gerne an.

Sie sucht ihre wichtigsten Kooperationspartner auf – ihre »Türöffner« – und spricht mit ihnen:
- mit dem Leiter der Zentralen Weiterbildung und mit einigen seiner Mitarbeiter; an ihn will sie sich mit einer ersten Idee wenden. Sie möchte nämlich ein Seminar anbieten zum Thema »Meine berufliche Laufbahn« – zunächst nur für Frauen, später auch für Männer. Diese Veranstaltung möchte sie nutzen, um sich über die Situation der Frauen und ihre beruflichen Entwicklungsmöglichkeiten zu informieren – gewissermaßen als Teil einer Bestandsaufnahme. So

ein Seminar kann sie nicht allein veranstalten, dazu braucht sie die Abteilung Weiterbildung.

– Sie trifft sich mit Mitarbeitern der Abteilung »Personalpolitik«; die Abteilungsleiterin ist im Familienurlaub, sie hat gerade ein Kind bekommen. Von ihr erhofft sich unsere Heldin Verständnis und Unterstützung.

– Sie spricht mit dem Abteilungsleiter Führungskräfteentwicklung. Die Referentin für Chancengleichheit würde gern einmal im sogenannten »Potential Assessment« hospitieren. In diesen Treffen sieht sie ein Nadelöhr für den Führungskräftenachwuchs, ob männlich oder weiblich. Sie möchte sich ein Bild davon machen, was dort geschieht. Möglicherweise ist dieses Gremium ein geeigneter Ansatzpunkt, mehr Frauen in die Führung zu bekommen. Der zuständige Abteilungsleiter hat anscheinend nichts dagegen.

– Sie spricht auch mit dem Leiter der Zentralen Ausbildung und mit etlichen Mitarbeitern dieser Abteilung. Die Situation der weiblichen Auszubildenden in der Firma ist offensichtlich recht gut.

Mit all diesen Gesprächen verbindet sie verschiedene Vorhaben: Sie möchte sich bekannt machen, und sie möchte die Männer kennenlernen, die die Hauptabnehmer ihrer Ideen und Konzepte sein werden. Gleichzeitig sucht sie nach Informationen über die Situation der Frauen aus der Perspektive der verschiedenen Funktionsträger. Denn sie hat kein konkretes Projekt übernommen, sondern ein Thema. Sie muß jetzt überlegen, wie sie sich diesem Thema nähert, wie sie es konkretisiert und in Einzelvorhaben zerlegt. Dazu braucht sie Ideen, sie braucht aber vor allem Informationen und Daten über den Bedarf. In welchen Bereichen, die dem Personalwesen zugänglich sind, liegt die Chancengleichheit überhaupt im argen? Wie sieht der Mißstand genau aus? Gibt es Daten, die das Problem aufzeigen? Sie sucht Ansatzpunkte, Ideen und Informationen. Sie geht mit einem großen Schleppnetz durch ihre Gespräche und schaut sich die Ergebnisse an. Und sie prüft ihre eigenen Ideen vor dem Hintergrund der Informationen, die sie von ihren Gesprächspartnern bekommt.

Veränderungsaufträge an externe und interne Berater und

Change Agents bewegen sich zwischen zwei Polen: Der eine
Pol ist durch eine vage Idee und ein völlig offenes Thema markiert. Entschieden ist nur, daß etwas geschehen soll. Das andere
Extrem besteht in einem vorgegebenen Lösungskonzept, das
der Berater nur noch umzusetzen hat.

Dazwischen gibt es viele Varianten. Berater und Change
Agents klagen häufig darüber, daß sie von ihrem Auftraggeber
eine Problemdefinition schon geliefert bekommen, Lösungen
gleich dazu. Ihnen bleiben nur die »Handlangerdienste«, diese
Lösungen irgendwie im Unternehmen umzusetzen. Die Problemdefinition kann irreführend, die Diagnose kann falsch
sein, und die Lösungen kratzen vielleicht nur an der Ober-
fläche des Problems.

Der Auftrag unserer Heldin ist vage: Es gibt ein Thema, aber
gibt es überhaupt ein Problem? Es gibt Vokabeln wie Information, Konzeptentwicklung, Lösungen umsetzen..., aber was
heißt das nun konkret? Sie schwimmt und sucht nach Halt und
Struktur.

Halt sucht sie vor allem beim Vorstand Personal. Und Struktur sucht sie bei ihren ersten Vorhaben und Ideen: Bei dem Se-
minargedanken und bei der Idee, die Aufstiegschancen von
weiblichen Führungskräften zu verbessern. Sie versucht, Sicherheit zu gewinnen über die Definition von Ansatzpunkten
und über Maßnahmen zur Verbesserung der Chancengleichheit. Das Thema »Veränderungsmanagement« oder die Frage:
»Wie verändert sich eine Organisation, und wie kann ich diesen Prozeß anstoßen und gestalten?« beschäftigt sie nicht, denn
ihr Vorgehen erscheint ihr klar. Schwierigkeiten sieht sie nur
auf inhaltlicher Ebene. Das Management von Veränderung als
spezielle Tätigkeit, im Rahmen derer sie ihr Vorgehen plant
und umsetzt, hat sie noch nicht entdeckt.

Aber auch ein unhinterfragtes Konzept ist ein Konzept. Diesem folgend, sucht sie das Gespräch mit den Vorgesetzten, die
alle Männer sind. Sie hat vor, mit allen Bereichsleitern zu sprechen, mit den Hauptabteilungsleitern, mit den Abteilungsleitern. Sie merkt, sie braucht Sponsoren für ihre Ideen. Sie
braucht mächtige Sponsoren. Sie will nicht nur mit Frauen
für Frauen arbeiten, sondern sie möchte die mächtigen Männer dafür gewinnen, ihr Thema zu unterstützen. Außerdem

möchte sie diese Gespräche zur Sondierung nutzen: Wie viele
Frauen arbeiten überhaupt in diesem Bereich? Welche Positionen haben sie inne? Was haben sie für Entwicklungschancen?
Wie ist es um die Chancengleichheit bestellt? Doch die Vorgesetzten erweisen sich als eine schwierige Zielgruppe: offen für
Gespräche, immer freundlich, immer entgegenkommend und
immer unverbindlich.

Zielgruppe Vorgesetzte

Keiner von den Männern, mit denen ich bisher gesprochen
habe, ist daran interessiert, daß sich für Frauen etwas verbessert.
Keiner. Von diesen Männern kommt entweder nichts, oder es
kommen Stopper. Natürlich gibt es vage Bekundungen: – ja,
politisch sehr wichtig, Frauen müssen auch ans Unternehmen
gebunden werden ... wir leben in einer Demokratie usw. ...
Viele erzählen gern von irgendwelchen Einzelfällen: Wie das
bei ihrer Sekretärin war und daß ihre Frau eine Schwester hat,
und bei der war es folgendermaßen ... Diese Männer sind nicht
betroffen. Und die Nichtbetroffenen sind uninteressiert. Sie
sind sogar eher noch Nutznießer vieler Benachteiligungen. Für
sie ist es bequemer so, wie es ist. Eine gerechte Teilhabe an allen
Lebensbereichen finden sie nicht wichtig. Da würde sich für sie
ja unter Umständen etwas verändern – und das ist bedrohlich.
Ich spreche mit ihnen erst allgemein über meine Funktion, so
wie ich sie sehe, und frage sie dann, wie es in ihrem Bereich um
die Frauen bestellt ist, ob sie irgendwo Probleme sehen. Dabei
zeigt sich immer wieder: Es sieht niemand ein Problem, nirgendwo. Alle finden es selbstverständlich, daß Frauen überall
sein können, aber sie sind nirgends.
Meine Gesprächspartner sind charmant, sie scherzen, und sie
geben sich wohlwollend. Dieses scherzende Darüberhinweg-
gehen halte ich kaum noch aus – aber ich will sie ja eigentlich
gewinnen und nicht verschrecken durch ironische Bemerkun-
gen ...

Nach drei Monaten legt sie ein erstes Rohkonzept vor. Neben
einigen kleineren Maßnahmen will sie sich zunächst auf die
Planung und Durchführung eines Seminars konzentrieren,
dem sie den Titel »Meine berufliche Laufbahn« gegeben hat.

Dieses Seminar soll Frauen angeboten werden, jeweils für
eine bestimmte Berufsgruppe. Sie möchte diese Seminare
diagnostisch nutzen und als Keimzelle für Initiativgruppen. Es
soll dazu dienen, Entwicklungsbarrieren zu ermitteln und die
Frauen darin zu ermutigen, in selbst gesteuerten Gruppen notwendige Maßnahmen zur Veränderung zu erarbeiten. Nach
einer Pilotphase soll dieses Seminar auch interessierten Männern offenstehen.

Nach wie vor sieht sie die Personalabteilung im Zentrum des
geplanten Veränderungsprozesses: Hier kann das Umdenken
beginnen und ins Unternehmen getragen werden. Denn hier
sind alle Schlüsselfelder eingebunden: Einstellungsverfahren,
Aus- und Weiterbildung, Beförderung und Einnahme von
Führungspositionen, Unterstützung der Vereinbarkeit von Familie und Beruf etc. Diese Vorlage wird vom Vorstand akzeptiert.

Für den Change Agent ist das ein wichtiger Schritt: je vager
der Auftrag, um so wichtiger die Konkretisierung gemeinsam
mit dem Auftraggeber. Wenn sie ihre Vorhaben rückkoppelt
und dafür sorgt, daß der Auftraggeber dazu Stellung nimmt,
dann schwimmt sie nicht ohne jeden Anker, sondern ist beim
Vorstand mit umgrenzten Themen und Vorhaben angebunden.
Sie braucht die Rückendeckung des Vorstands und muß bei
Kritik darauf hinweisen können, daß er informiert und eingebunden war.

Die Agentin des Wandels lädt zu einer Pressekonferenz. Das
Medienecho ist stark und positiv; als Folge davon erhält sie
viele und zunehmend mehr Aufforderungen, außerhalb der
Firma in allen nur möglichen Gruppen und Vereinigungen
über ihre Arbeit zu sprechen – mit der sie ja noch sehr am Anfang steht. Aber einen wichtigen Teil ihrer Aufgabe hat sie nun
erfolgreich begonnen: die positive Darstellung ihres Unternehmens nach außen.

Sie hat darum gebeten, sich auch beim Oberen Führungs-
kreis und beim Sprecherausschuß der Leitenden Angestellten
vorstellen zu können – zwei hochrangigen Führungsgremien,
deren Unterstützung sie sich versichern möchte. Eine Einladung erfolgt nicht.

Zusammen mit der Abteilung »Öffentlichkeit« entwickelt sie

ihr erstes internes Kommunikationskonzept: Welche Medien und Gremien kann sie nutzen, um mit ihren Themen ins Unternehmen hineinzugehen? Sie bekommt einen festen Platz in der Werkszeitung, fast eine Kolumne, mit einem speziellen, eigens für sie entworfenen Signet. Sie spricht sich mit der »frauenbewegten« Frau im Betriebsrat ab: Sie wollen sich gegenseitig informieren und unterstützen, sich über Entwicklungen und Planungen schon im Vorfeld unterrichten – eine ganz wichtige Bundesgenossin, findet sie.

Unsere Heldin beschreibt diese erste Phase ihrer Tätigkeit als ein freundliches, sachliches Sich-gegenseitig-Informieren und Sich-Bekanntmachen. Zusammenstöße gibt es nicht, ab und an einen kleinen Dissens – aber auch der hat die Form eines ruhigen Gesprächs. Nur ihre Zielgruppe »vorgesetzte Männer« macht ihr Sorgen. Da lauert etwas.

Nach einem halben Jahr befürchtet sie, nun sei wohl diese friedliche, reibungsarme Phase zu Ende. Sie hat einige konkrete Ideen im Kopf, einige Themen, die sie angehen will – und da, so vermutet sie, wird es Hindernisse geben. Sie hat recht.

2. Ein Grundkonflikt wird deutlich

Es gibt viele gute Einfälle, aus denen nie etwas wird. Auch wenn die Ideen schon zu Vorhaben, die Vorhaben zu Entscheidungen, die Entscheidungen zu Maßnahmen geworden sind – und selbst wenn diese Maßnahmen bereits umgesetzt wurden – zu jedem Zeitpunkt kann die Neuerung eines raschen Todes sterben oder unauffällig in fatales Siechtum übergehen. Die Resistenz des Apparates gegen Veränderung ist erheblich, auch ohne daß irgendein Widerständler dingfest gemacht werden kann. Es ist daher eine zentrale Frage des Change Management, wie eine Neuerung so entwickelt und plaziert werden kann, daß sie nachhaltig im System verankert ist.

Dazu gibt es zwischen der Referentin für Chancengleichheit und den ihr vorgesetzten Herren sehr unterschiedliche Auffassungen.

Unsere Heldin sieht ihre Rolle folgendermaßen: Sie erfährt

durch Gespräche und Befragung von Problembereichen. Sie
prüft und entscheidet, ob es sich um ein für ihr Thema wichtiges Problem handelt. Ist das der Fall, entwickelt sie erste Ideen
zu diesem Thema.

Dann gibt sie beides, Thema und ihre Ideen dazu, an die
Fachfunktionen des Personalwesens weiter. Denn dort sitzt der
notwendige Sachverstand. Dort sollte dann ihrer Meinung
nach zu dem Thema eine Projektgruppe eingerichtet werden.
Diese bekäme dann den Auftrag, die Idee oder die Skizze auszuarbeiten, die damit zusammenhängenden offenen Fragen zu
klären und daraus ein präsentationsfähiges Vorhaben zu machen. Wenn das Konzept entscheidungsreif ist, wird es den
Entscheidern – also den Personen, die als Vorgesetzte in dem
betreffenden Bereich zu bestimmen haben – zur Diskussion
und Entscheidung vorgestellt. Diese müssen dann beschließen,
ob das Vorhaben so umgesetzt werden kann, ob es modifiziert
werden muß oder ob es der Projektgruppe zur Klärung offener
Punkte zurückgegeben werden soll.

Seit sie genauere Vorstellungen von den Themen hat, die sie
anpacken möchte, macht sie die Erfahrung, daß sie niemanden
für deren Ausarbeitung findet. Sie kann ja nicht aus eigener Initiative eine Projektgruppe zusammenstellen und die Mitarbeiter anderer während der Arbeitszeit aus den verschiedenen Bereichen abziehen. Sie kann dies nur im Einverständnis und mit
Unterstützung der Vorgesetzten.

Ein besonders Betroffener ist der Leiter Personalwesen. Er
müßte aus seinem Bereich Leute in eine solche Projektgruppe
abstellen. Leider sieht er die Aufgabe der Agentin des Wandels ganz anders: Seiner Meinung nach soll sie selbst nicht
nur die Ideen entwickeln, sondern die Konzepte ausarbeiten,
das Vorgehen klären und sich Antworten auf die offenen Fragen beschaffen – also Themen bis zur Entscheidungsreife vorbereiten.

Wenn sie so arbeiten sollte, meint sie, bräuchte sie einen
ganzen Mitarbeiterstab. Sie selbst, allein mit einer Assistentin,
könne im Jahr nur einige wenige und sehr kleine Projekte bis
zu diesem Entwicklungsstadium vorantreiben. So könne sie
das Spektrum ihrer Themen nie abdecken. Sie habe zudem
eine viel politischere Aufgabe, sie müsse die Firma zum Thema

Chancengleichheit auch nach außen vertreten. Das, was er als ihre Aufgabe sehe, sei eher die einer Personalreferentin, die sich bestimmte Themen vornimmt – z. B. neue Formen der Teilzeitarbeit – und dazu eine Vorlage macht.

Der Leiter Personalwesen ist keineswegs einverstanden. Für eine Beteiligung an »Frauenprojekten« fehle die Kapazität. Die Referentin für Chancengleichheit schätzt die Lage anders ein: Offensichtlich ärgert es ihn, daß sie möglicherweise Arbeit an seinen Bereich verteilt. Er hatte sich wohl vorgestellt, es wäre umgekehrt. Aber diese Gedanken nützen ihr nichts, der Leiter Personalwesen bleibt bei seiner Auffassung. Sie können sich nicht einigen – also muß der Vorstand entscheiden.

Unsere Heldin sieht dieser Entscheidung ängstlich und angespannt entgegen, denn sie spürt: Wenn da nicht in ihrem Sinne entschieden wird, muß sie völlig neue Wege suchen. Schon jetzt merkt sie das Desinteresse und die eigene Machtlosigkeit: Wenn sie ihre Themen zu Projekten machen will, braucht sie andere Personen dazu. Diese sind nicht bereit, von sich aus Arbeitszeit zu opfern, können dies wohl zum Teil auch nicht eigenmächtig tun. Wenn der Vorstand ihr also nicht gestattet, eigene Projekte aufzulegen und zu deren Bearbeitung die Unterstützung der Fachabteilungen anzufordern, ist sie völlig lahmgelegt. Freiwillige wird sie nicht finden. Sie hat das Thema schon bei früherer Gelegenheit einmal beim Vorstand angesprochen und ist auf wenig Verständnis gestoßen. Der Vorstand mag den Vorgesetzten nicht gern hineinreden und kann gar nicht erkennen, warum Frau P. nicht eigene Projekte machen soll:

»Ach wissen Sie«, meint er, »bei anderen Leuten klingelt ja auch mal das Telefon. Da gehen Sie einfach ein paar Tage nicht dran und setzen sich mal richtig hin. Das mache ich auch. Das ist doch keine Geheimwissenschaft, die Personalarbeit – da knien Sie sich mal richtig rein, und dann geht das schon.«

Er hat gar nicht verstanden, daß es nicht zuletzt auch darum geht, die Fachfunktionen einzubeziehen, damit sie an der Projektentwicklung beteiligt sind und das Ergebnis unterstützen.

Nun ist der Konflikt zwischen ihr und dem Leiter Personal-

wesen schon seit zwei Monaten klar, und es ist noch immer zu
keiner Diskussion und zu keiner Klärung gekommen. Zweimal
ist sie mit diesem Thema wieder aus der Tagesordnung der
Mittwochsrunde – der Besprechung beim Vorstand – herausge-
fallen, das erste Mal hätte sie noch eine Viertelstunde gehabt,
und die wollte sie nicht. Das zweite Mal gab es etwas Dring-
licheres. Nun steht der dritte Termin an.

Es geht ihr schlecht.

Eine persönliche Krise

Bei manchen Themen sehe ich: Ich habe jetzt alles analysiert;
die Situation ist klar, nun möchte ich gern etwas anfangen, aber
es fühlt sich keiner außer mir in der Pflicht. Keiner ist wirklich
engagiert, nur in Worten, da sind sie tüchtig. Ständig muß ich
nachhaken und hinterhersein und bitten – und am Ende passiert
trotzdem nichts. Das dauert und dauert, es ist schrecklich.
Gleichzeitig bekomme ich nämlich sehr viel Druck von Leuten,
die sagen: Na, sind Sie schon weiter, haben Sie schon was gemacht? Sie sollten doch mal dies und das tun. Haben Sie sich
denn schon einen Beirat gesucht? Was, noch nicht mal das? Was
machen Sie eigentlich die ganze Zeit?
Ich werde dabei noch verrückt, denn ich bin mit so viel Elan an
alle möglichen Themen herangegangen, und jetzt stecke ich
fest und bekomme obendrein noch gute Ermahnungen. Ich
renne gegen Gummiwände. Der Bereichsleiter hat neulich
auch schon gesagt: Das war ja alles ganz nett, Sie mußten sich ja
auch informieren, aber wann fangen Sie denn nun mal an zu arbeiten? Nachts kann ich schon nicht mehr schlafen. In meinem
Kopf tickert es immer weiter und weiter, wie eine große Walze
wälzen sich die ganzen Themen herum. In meinem Kopf wird
es mehr und mehr – und nichts kann abfließen.

Diesmal kommt sie in der Vorstandsrunde zum Zuge. Sie hat
eine Stunde Zeit. Rückblickend findet sie den Verlauf entsetz-
lich, das Ergebnis gerade noch erträglich. Obwohl sie gut vorbereitet und eisern entschlossen war, den Konflikt vorzutragen
und auf einer Klärung zu beharren, entgleitet ihr schon nach
kurzer Zeit die Kontrolle über das Gespräch, und sie sieht sich
nicht in der Lage, auf der Behandlung ihres Themas zu behar-

ren. Die Diskussion nimmt einen ganz anderen Verlauf, als sie es sich vorgestellt hat. Es kommt zu keiner Auseinandersetzung über den Rollenkonflikt, geschweige denn zu dessen Klärung. Die Situation wird vielmehr umdefiniert: Frau P. habe ein Problem: Sie mache zu vielerlei, sie könne keine Prioritäten setzen, und sie beherrsche nicht das für die Leitung von Projekten notwendige Handwerkszeug. Sie wird aus der Sitzung entlassen mit der Aufgabe, sich die notwendigen Kenntnisse in Projektmanagement anzueignen und in zwei Monaten eine Liste von drei Projekten vorzulegen, die sie durchführen will. Der Vorstand wird über diese dann entscheiden.

Sie wird also die Rolle der Projektleiterin übernehmen. Sie wird die Projekte nicht nur vorbereiten, sondern auch steuern und die Fortschritte und Erfolge überwachen. Andere, Fachleute, arbeiten mit, aber es werden ihre Projekte sein, Projekte des Referats Chancengleichheit.

Die Agentin des Wandels strebt nun einen Mittelweg an: Sie wird Projekte beschreiben, priorisieren, in der Mittwochsrunde beim Vorstand vorstellen und absegnen lassen. Dann kann sie die geborgte Macht nutzen und die Vorgesetzten anders ansprechen: »Der Vorstand möchte, daß dieses jetzt bearbeitet wird. Dazu brauche ich von Ihnen jemanden, den Sie in folgendem zeitlichen Umfang dafür abstellen.«

Auf diese Weise, so hofft sie, kommt sie in der Frage der Mitarbeit anderer einen großen Schritt weiter.

3. Ownership und Energie

Es ist schade, daß ihr das Klärungsgespräch entglitten ist – und ärgerlich, daß sie hauptsächlich mit Überlastung und fehlender Fachlichkeit argumentiert hat.

Sie hätte auch ein anderes Argument ins Feld führen können – die Ownership, das heißt, die Aneignung eines Veränderungsvorhabens durch die Betroffenen. Nur wenn diese die innere Zuständigkeit übernehmen, hat die Veränderung eine Chance zu gelingen.

Viele, vielleicht die meisten Veränderungsprojekte, fallen der Abstoßungstendenz des Systems zum Opfer. Es gelingt nicht, sie so mit den bestehenden Routinen und mit den handelnden Menschen zu verknüpfen, daß sie angenommen werden.

Für alle Change Agents ist daher eine zentrale Frage: Was
können sie tun, damit das System die Ownership für ein Projekt übernimmt? Anders ausgedrückt: damit die Menschen, die
mit der Veränderung leben müssen und sie in ihre Arbeit integrieren sollen, sich das Vorhaben zu eigen machen. Ideal wäre
es, wenn sie das Projekt zu dem ihren erklärten. Der Change
Agent, der ständig darüber wacht, daß die Ownership bei den
Betroffenen bleibt und nicht an ihn übergeht, gerät leicht in
Schwierigkeiten. Denn das bedeutet: Er muß sich verweigern –
während er doch gern zeigen möchte, wie tüchtig er ist und
wie er sich einsetzt.

Unsere Heldin läuft Gefahr, für ihre Projekte allein Verantwortung zu tragen. Es sind Projekte ihres Referats, nicht solche
des Personalwesens, der Führungskräfteentwicklung oder der
Weiterbildung. Wenn es ihre Projekte sind, muß sie sie betreiben – die anderen, deren Arbeit eigentlich davon betroffen ist,
können zuschauen und abwarten.

Voraussetzung dafür, die Einbindung der Betroffenen zu
verlangen, ist ein Konzept von Veränderung, in dem die Frage
der Ownership auftaucht und von Bedeutung ist. Da unsere
Heldin so ein Konzept zur Zeit nicht hat, kann sie dieses Argument auch nicht benutzen.

Eng verknüpft mit dem Thema Ownership ist das Thema
Energie: Jede Veränderung bedarf der Energie, um das Beharrungsvermögen des Apparates und die Trägheit der Menschen
zu überwinden. Und für jeden Change Agent ist eine wichtige
Frage: Woher bekommt mein Veränderungsvorhaben Energie?
Energie ist eine knappe Ware. Immer wieder gibt es Situationen, in denen die mit dem Veränderungsmanagement Beauftragten plötzlich entdecken, daß er oder sie aktiver als alle
anderen Beteiligten ist. Spätestens dann sollten die Alarmglokken läuten: Wahrscheinlich wird aus dieser Aktivität nichts
weiter herauskommen als die Erschöpfung des Change Agent.

Die Energie bei denen, die an einem Projekt arbeiten, kann
verschiedene Quellen haben. In unserem Fall könnten z. B. die
Mitarbeiter des Personalwesens selbst davon überzeugt sein,

daß sie ihre Methoden und Verfahren am Kriterium der Chancengleichheit überprüfen und möglicherweise modifizieren müßten. Es könnte ihnen wichtig sein, die Ressource Frau besser zu nutzen.

Das Engagement für ein Thema kann eine Energiequelle sein. Diese Energiequelle, die die Agentin des Wandels speist, hat sie auch bei den anderen Mitarbeitern vorausgesetzt – sie war gar nicht drauf gefaßt, daß es anders sein könnte.

Eine weitere Energiequelle ist persönlicher Nutzen: Prestige, Statusgewinn, Karrierevorteile, »Incentives«. Ein Vorstandsprojekt hat hohe Priorität und hohes Prestige – es ist eine Ehre, daran mitzuwirken. Persönliche Sichtbarkeit ist garantiert. Von einem Projekt unseres Change Agent kann keiner profitieren, es hat einen niedrigen Status; Erfolg oder Mißerfolg sind von geringem Interesse und für die Karriereentwicklung der Beteiligten folgenlos.

Der Vorstand wird ihre Projekte absegnen – so ist es vereinbart. Unsere Heldin hofft, daß davon ein kleiner Energieschub für ihre Vorhaben ausgeht, daß sie damit ein wenig zu Vorstandsprojekten werden.

4. Die ersten Projekte nehmen Gestalt an

Nach zwei Monaten legt sie ein gegenüber dem ersten Papier erweitertes und präzisiertes Grundkonzept ihrer Arbeit vor, das auch die gewünschten Aussagen über geplante Projekte enthält. Folgende Themen will sie angehen:

1. Laufbahnentwicklung für Sekretärinnen
Die Sekretärinnen, eine große Gruppe im Unternehmen, haben keine Entwicklungsmöglichkeiten. Trotz zum Teil sehr anspruchsvoller Arbeit und verantwortungsvoller Tätigkeit gibt es keine Laufbahn für sie. Die Bezahlung macht zwar einige tätigkeitsbezogene Unterschiede, richtet sich jedoch hauptsächlich nach der Position des Chefs. Eine Projektgruppe soll sich dieser Problematik annehmen.

2. Frauenarbeitskreise
Seit einigen Monaten bietet die Agentin des Wandels für unterschiedliche Berufsgruppen ein Seminar mit dem Titel »Meine
berufliche Laufbahn« an. Unter anderem aus diesen Seminaren
sind einige Fraueninitiativen hervorgegangen. Diese Arbeitsgruppen tagen bisher in ihrer Freizeit. Es gibt aber im Unternehmen sogenannte »Verbesserungsarbeitskreise« (VAK), die in
der Arbeitszeit tagen. Warum dieser Unterschied? Frau P.
möchte zu zwei definierten Themen für eine begrenzte Zeit
Arbeitsgruppen einrichten und will erreichen, daß diese im
Rahmen der Arbeitszeit tagen können.

3. Entwicklung von Industriekauffrauen zu
    Personalsachbearbeiterinnen bzw. Referentinnen
Die meisten der im Unternehmen ausgebildeten Industriekauffrauen wandern nach Abschluß ihrer Lehre ab. Sie können in
der Firma nur in den Vertrieb übernommen werden, und dort
gibt es starke Vorbehalte gegen Frauen. Um die ausgebildeten
Kräfte nicht zu verlieren, soll die Entwicklung zur Personal-
sachbearbeiterin angeboten werden. Dazu bedarf es der Entwicklung und Umsetzung eines entsprechenden Konzepts.

Alle Vorhaben sind heikel: Es ist schon lange bei Personalabteilung und Betriebsrat bekannt, daß die Situation der Sekreta-
riate sehr unbefriedigend und auch ungerecht ist. Dennoch
hatte bisher keiner eine gute Idee, wie sie sich angehen läßt.
Insbesondere die Frage der Bezahlung ist ganz knifflig und –
wie immer, wenn es um Geld geht – schwierig zu lösen, ohne
Konflikte und Proteste hervorzurufen.
    Schon bei ihren ersten Überlegungen wurde der Referentin
für Chancengleichheit bedeutet, dieses schwierige Thema
doch lieber außen vor zu lassen. Sie kann und möchte aber die
vielen Aufforderungen, in diesem Feld etwas zu unternehmen, nicht ignorieren. An den Seminaren »Meine berufliche
Laufbahn« haben einige Male reine Sekretärinnengruppen teilgenommen. Es sind Initiativgruppen entstanden, die gern weiterarbeiten wollen und die auch klar und deutlich ihre Wünsche und Probleme formuliert haben.
    Das Thema Frauenarbeitskreise begleitet Frau P. schon seit

einigen Monaten. Sie hat auf verschiedenen Wegen versucht zu erreichen, daß die Frauenarbeitskreise den Verbesserungsarbeitskreisen, den sogenannten VAKs, gleichgestellt werden. Diese dürfen nämlich durchaus im Rahmen der Arbeitszeit tagen. Aber bisher ist sie keinen Schritt weitergekommen.

Auch die Unterstützung einer Abteilungsleiterin, die noch einmal mit dem Zuständigen in der Zentralen Weiterbildung gesprochen hat, führte nicht zum Erfolg: Da könne jede Gruppe kommen und ihre Angelegenheiten während der Dienstzeit diskutieren. Das ginge auf gar keinen Fall. Die Agentin des Wandels meint: Warum sollen die Frauen Themen, die mit ihrer betrieblichen Situation und ihrer Benachteiligung zu tun haben, in der Freizeit besprechen? Wie verhält sich das zu dem Vorstandsbeschluß, die Frauen in der Firma zu fördern?

Sie versucht nun, dem Vorschlag des Vorstands zu entsprechen und sich umschriebene, zeitlich und thematisch präzisierte Frauenarbeitskreise als Projekte absegnen zu lassen.

Der Vorstand nimmt das Papier zur Kenntnis. Das Sekretärinnenprojekt wird genehmigt, damit kann sie beginnen. Für die Frauenarbeitskreise hat sie noch keine umschriebenen Themen, da kann also vorerst nichts abgesegnet werden. Das Projekt »Industriekauffrauen« entfällt ganz. Die Firma wird in Zukunft in diesem Beruf nicht mehr ausbilden.

5. »Quick Wins« sind keine Schande

Als erste Vorhaben hat sich unsere Heldin ganz schöne Brocken herausgesucht – und sie kann nicht behaupten, keiner hätte sie gewarnt. Sie wußte, daß die Problematik der Sekretärinnen schon lange bekannt war und daß sich niemand damit befaßt hat, weil eine Lösung sich nicht abzeichnete und das Thema allgemein als schwierig galt.

Auch das Projekt »Frauengruppen in der Arbeitszeit« birgt Konfliktpotential. Denn natürlich ruft die Frage »Freizeit oder Arbeitszeit?« viele Neider auf den Plan.

Sie hat sich also nichts vorgenommen, was einfach zu werden verspricht. Sie nimmt ihr Amt ernst und möchte etwas bewirken. Sie will keine Spielzeugprojekte machen und keine

Kosmetik betreiben. Sie will Fragen mit wirklicher Bedeutung aufgreifen. Und das Schicksal der Sekretärinnen im Unternehmen ist so eine bedeutungsvolle Frage.

Außerdem hat sie selbst als Sekretärin vor über 20 Jahren im Hause angefangen und als eine der wenigen den Aufstieg geschafft. Sie hat erfahren, wie schwer das war und wie sich das Fehlen jeglicher geregelter Entwicklungsmöglichkeit auswirkt. Die Sekretärinnen haben sie sicher darin bestärkt. Das Seminar »Meine berufliche Laufbahn«, aus dem die Idee und die Initiative hervorgegangen sind, ist bisher ihr wichtigstes diagnostisches Instrument. Über die Teilnehmerinnen an dieser Veranstaltung erfährt sie Vertieftes und Genaues über deren Situation und deren Probleme. Und nun hat sie eben Genaueres über die Lage der Sekretärinnen erfahren, weil für diese Berufsgruppe zwei solcher Seminare durchgeführt wurden.

Sie hätte auch einen anderen Weg gehen können. Gerade neu eingestellte Change Agents stehen – wie sie auch – vor dem Problem: Woher bekommen sie Erfolge, denn diese brauchen sie ziemlich dringend. Veränderer brauchen Einfluß, sitzen aber auf machtlosen Positionen. Jeder Erfolg, den sie vorweisen können, der ihnen eine gute Presse verschafft, festigt und stärkt ihre Position. Jeder Erfolg erhöht ihr Prestige; damit werden auch ihre Projekte und Vorhaben attraktiver für Leute, die gern profitieren wollen. Jeder Erfolg erhöht ihren Einfluß, denn offenbar machen sie etwas richtig.

Auch diejenigen, die den Veränderer ernannt haben, brauchen seine Erfolge. Sie haben sich für ihn und seine Position stark gemacht und möchten ihrerseits etwas zum Vorzeigen haben, einen Erfolg, so daß sie sagen können: Seht her, mein Engagement in dieser Sache war wichtig, meine Entscheidung war richtig, wir haben die richtige Person ausgewählt, es gibt Erfolge zu vermelden.

Wenn der Vorstand unsere Heldin fragt: Haben Sie schon etwas erreicht, können wir der Presse schon etwas mitteilen? – und das fragt er sie ziemlich oft in der ersten Zeit – dann präsentiert er einen Schuldschein. Darauf steht: Ich habe mich für dich eingesetzt und dich ausgewählt, nun versorge du mich auch mit Erfolgen, so daß ich mein Engagement rechtfertigen kann und nicht dastehe als jemand, der in eine Pleite investiert hat.

Es gibt also ein beidseitiges Interesse an raschen Erfolgsmeldungen. Der Auftraggeber möchte seine Entscheidung gerechtfertigt sehen, und der Change Agent möchte seine Position stärken.

Agenten der Veränderung können sich daher überlegen, ob sie nicht zu Beginn ihrer Tätigkeit ganz gezielt nach Quick Wins Ausschau halten und diese anpacken. Solche »schnellen Siege« sind kleine Vorhaben und Projekte, die nicht sehr wichtig sind, die eine gute Chance haben, zu gelingen, und die Stoff hergeben für Erfolgsmeldungen. Solche kleinen Vorhaben gibt es fast überall, man muß nur nach ihnen suchen und darf sich nicht zu fein sein. Mit ihrem Seminar »Meine berufliche Laufbahn« hat unser Change Agent so ein Anfangsprojekt gefunden und verwirklicht.

6. Einige Überzeugungen erweisen sich als Irrtum

Erster Irrtum:
Organisationen verändern sich, indem man die Menschen für eine Idee begeistert.

Darüber, wie Organisationen sich eigentlich verändern, hat sich unsere Heldin nie Gedanken gemacht. Nach ihren ersten Erfahrungen kann sie ihren Ansatz überhaupt erst erkennen: Sie hat erwartet, daß sie in das Unternehmen hineingeht und alle von der Idee der Chancengleichheit begeistert. Und alle würden sich begeistern lassen, ihre Ideen aufnehmen, würden eigene entwickeln und umsetzen. Aber es kommt ganz anders. Die meisten lassen sich nicht begeistern – und sie glaubt, das läge an ihr. Sie hat es wohl nicht richtig angefangen. Aber auch die, die sich begeistern lassen, ändern nichts. Es tut sich überhaupt nichts.

Zweiter Irrtum:
Auftraggeber und Change Agent sind sich einig über ihre Rolle.

Erwartungen, Überzeugungen und Werte können so selbstverständlich sein, daß wir gar nichts über sie wissen. Wir merken erst, daß wir sie haben, wenn es anders kommt als erwartet. So geht es der Referentin für Chancengleichheit mit ihrer Rolle – und vielleicht ihrem Auftraggeber auch.

Über die Art und Weise, wie die neue Stelle auszufüllen sei, gab es im Vorfeld weder Gespräche noch Verständigung. Der Vorstand hat sich keine Gedanken darüber gemacht, und unsere Heldin hat geglaubt, sie sei sich mit dem Vorstand einig.

Sie ging davon aus: Ihr Rollenverständnis ist auch das der anderen. Erst als die erste Projektgruppe eingerichtet werden soll und sie dazu Mitarbeit aus den verschiedenen Personalbereichen braucht, d.h. anderen Arbeitskapazität – wenn auch nur temporär – wegnehmen will, merken diese: das wollen wir nicht, und setzen sich zur Wehr. Die Agentin des Wandels fühlt sich zur Wirkungslosigkeit verdammt. Sie sitzt allein auf vorgeschobenem Posten und kann nur in das Unternehmen hineinwirken über andere Abteilungen. Die Klärung in der Mittwochsrunde ist nicht gelungen. Sind die Vorgesetzten naiv? Haben sie sich keine Gedanken gemacht? Oder wollen sie sie behindern? Ist ihnen das Veränderungsprojekt egal? Haben sie Angst, sie könne Unruhe stiften? Wollen sie überhaupt Veränderungen, die den Namen verdienen?

Dritter Irrtum:
Alle arbeiten an der Chancengleichheit.

Frau P. ist davon ausgegangen, daß das Veränderungsprojekt eine gemeinsame Sache ist, die sie anregt und besonders betreut. Nun stellt sie fest, daß alle – Mitarbeiter, Vorgesetzte, Frauen und Männer – die Veränderung an sie delegiert haben: Sie allein ist dafür zuständig, daß im Unternehmen Chancengleichheit verwirklicht wird. Von allen Seiten bekommt sie Aufträge in die Tasche gesteckt: Hier müsse etwas geschehen, und dort müsse sie mal schauen; da müsse sie ganz anders herangehen; diese Gruppe hätte es wirklich besonders schwer. Nein, nicht dieses, sondern jenes Thema liege nun wirklich auf der Hand. Guter Rat ist billig – sie bekommt ihn allerorten. Unterstützung dagegen ist knapp; Arbeitszeit und Arbeitskraft will keiner für das gute Vorhaben opfern. Sie ist zuständig, und sie wird dafür verantwortlich gemacht, wenn sich nichts tut. Der Veränderungsschwung, auf dessen Welle sie zu reiten hoffte,

hat sich offenbar mit der Einrichtung ihrer Stelle und deren
Besetzung erschöpft. Dieses Projekt ist erfolgreich zu Ende gebracht. Erleichtert sinken die Beteiligten in ihre Sessel und
kehren zur Alltagsarbeit zurück. Die Chancengleichheit ist
jetzt in dafür zuständigen, hoffentlich guten Händen, und alle
anderen sind davon befreit.

Vorhaben und Projektthemen des ersten Jahres

- Seminar »Meine berufliche Laufbahn« für verschiedene Berufsgruppen, langfristig für Männer und Frauen, kurzfristig
  nur für Frauen zur Bestandsaufnahme
- Problemfeld Sekretariat – hochqualifizierte Frauen ohne
  Laufbahn, ohne berufliche Entwicklungsperspektive
- Karikaturenausstellung zum Thema »Männer und Frauen«
  wird vorbereitet.
- Wege suchen, wie Frauen aus dem gewerblich-technischen
  Bereich zur Teilnahme an Weiterbildungen ermuntert werden können. Idee: Frauenstammtisch für Arbeiterinnen, um
  deren Interessen und Bedarf kennenzulernen und Berüh-
  rungsängste abzubauen.
- Entwicklungsperspektiven für die Chemielaborantinnen er-
  arbeiten.
- Beteiligung von Frauen an der Auswahl zukünftiger Füh-
  rungskräfte (Potential Assessment).
- Vernetzung der Abteilungsleiterinnen. Ein Jour fixe wird ge-
  gründet.
- Vorstandsbeschluß auf Antrag der Agentin des Wandels: In
  allen Veröffentlichungen werden Männer und Frauen erwähnt (Sprachregelung).
- Das Projekt »Mehr Frauen in die Führung!« wird genehmigt.
- Es beginnt die Vervollständigung der geschlechtsspezifischen
  Daten des Unternehmens.

IV
Zuerst verändert sich
die Agentin des Wandels

Das erste Jahr war fruchtbar – nicht unbedingt für das Veränderungsvorhaben, aber für die Agentin des Wandels. Sie mußte
viel lernen – und sie hat viel gelernt. Die Lernerfolge der Organisation zum Thema »Chancengleichheit« mögen noch gering
sein – aber die Lernerfolge unserer Heldin zum Thema
»Change Management« sind erheblich.

1. Eine neue Aufgabe – auf vertraute
Weise angegangen

Die Arbeitsgruppe Chancengleichheit hat festgestellt: Es gibt
Ungleichbehandlung von Männern und Frauen im Unternehmen. Eine Stelle ist geschaffen und besetzt. Nun ist jemand da,
der das Unternehmen verändern, der dafür sorgen soll, daß die
Gleichbehandlung von Männern und Frauen allerorten verwirklicht wird. An Unterstützung mangelt es nicht: Der Vorstand hat bekanntgegeben, daß die Frauen gefördert werden
sollen. Das ganze Unternehmen begrüßt die Einrichtung und
Besetzung der Stelle. Warum geht es denn nun nicht voran?
Das wird die Agentin des Wandels auch immer gefragt. Sie
gerät durch solche Fragen unter Druck. Sie fühlt sich verantwortlich für dieses Thema und seine erfolgreiche Behandlung,
und sie findet auch, es könne schneller gehen. Sie hat sich entschlossen und energisch in ihre Arbeit gestürzt und stellt erst
allmählich fest, daß diese ihr neue Kompetenzen und Konzepte
abverlangt.

Jeder, der eine neue Aufgabe übernimmt, tut dies nicht als
unbeschriebenes Blatt, sondern ist durch die berufliche Erfahrung geprägt. Aus früheren Tätigkeiten wenden wir Wahrneh-
mungsmuster, Vorgehens- und Verhaltensweisen auf neue Ar-

beiten an. Wir haben Gewohnheiten entwickelt, die sich auf die Bedingungen unserer Arbeit beziehen. Wir haben auch gelernt, was wir tun müssen, damit wir Erfolg und Anerkennung ernten. Und obwohl wir wissen, daß eine neue Aufgabe neue Anforderungen mit sich bringt, können wir offenbar nicht umhin, alte Muster, die sich bewährt haben und die uns persönlich liegen, auf die veränderte Situation zu übertragen.

Unsere Heldin war bisher beruflich sehr erfolgreich, und sie überträgt – da sie weiterhin erfolgreich sein möchte – die erprobten Verhaltensweisen, die Muster der Problemlösung und ihr Vorgehen von der alten auf die neue Tätigkeit.

Bisher hat sie die Beteiligung ihrer Firma an internationalen Kongressen organisiert. Sie war zuständig für die Planung, die Durchführung und die Abrechnung dieser Veranstaltungen. Sie ist um die Welt gereist, um an exotischen und malerischen Plätzen große Tagungen vorzubereiten; sie hat mit Menschen aus aller Herren Länder in fünf Sprachen gesprochen; sie war verantwortlich für einen pannenlosen und erfolgreichen Ablauf; sie war zuständig für die Versorgung und Bewirtung wichtiger, eitler und anspruchsvoller Gäste und für eine wissenschaftlich einwandfreie, kommerziell erfolgreiche Selbstdarstellung des Unternehmens. Und sie hat ihre Sache gut gemacht.

Bedingungen dieser Arbeit waren:

– Allen Beteiligten lag das Gelingen der Veranstaltung am Herzen.
– Frau P. hat eine für die Firma wichtige Dienstleistung erbracht. Denn auf internationalen Fachkongressen zeigt sich das Unternehmen seinen Kunden.
– Die Arbeit vollzog sich in einer klaren Struktur. Zielvorgabe und Umsetzungsschritte waren präzise benannt.
– Sorgfältige Planung war gefragt und eine möglichst perfekte Umsetzung; außerdem die Fähigkeit, in Krisen und bei Pannen den Kopf nicht zu verlieren.
– Freundliche, gut gelaunte Versorgung war gefordert und die Bereitschaft, auf alle nur denkbaren Stimmungen und Wünsche wichtiger Gäste und Redner einzugehen.

Frau P. sagt von sich selbst, daß strukturiertes Vorgehen, sorgfältige Planung und reibungslose Umsetzung ihr persönlich
sehr liegen. Sie hat Perfektionsansprüche und liebt eine Aufgabe, in der sie diese Ansprüche befriedigen kann. Es fiel ihr
leicht, auf andere Menschen einzugehen und sie zu versorgen.
Sie ist eine wunderbare Gastgeberin. Sie ist es auch gewohnt,
Ansprechpartnerin für alle Wünsche und Probleme zu sein. Es
gehörte zu ihrer Aufgabe, die Wünsche möglichst zu erfüllen
und für alle Probleme eine Lösung zu finden. Dafür fühlte sie
sich zuständig und verantwortlich.

Sie war es gewohnt, daß sie mit ihrer Arbeit Erfolg hatte und
daß sie reichlich Lob und Anerkennung ernten konnte.

Selbstverständlich hat sie ihre neue Aufgabe mit der Überzeugung übernommen, daß diese Bedingungen – Selbstver-
ständlichkeiten – auch dort gelten würden.

Sie stellt fest: Jetzt ist es anders.

– Den Beteiligten ist es gleichgültig, ob ihre Vorhaben zum
  Erfolg führen oder nicht.
– Ihre Arbeit wird als unwichtig betrachtet.
– Es gibt keine Struktur und keine Schritte, ja nicht einmal
  eine klare Aufgabe – es sei denn, sie definiert sie selbst.
– Sorgfältige Planung nützt ihr nichts – und an perfekte Umsetzung ist gar nicht zu denken; irgendeine Umsetzung wäre
  schon ein großer Fortschritt.
– Ihre Neigung, alle gut zu versorgen und auf die Wünsche
  vieler erfolgreich einzugehen, ist jetzt hinderlich: Wenn sie
  in dem Feld unterschiedlicher Interessen versucht, es allen
  recht zu machen, wird sie verrückt und kommt außerdem
  keinen Schritt vorwärts.

2. Change Management bedarf besonderer Kompetenzen

Das wichtigste Lernergebnis des ersten Jahres besteht in einer
Entdeckung: Change Management ist anders als Kongreßorganisation. Nicht nur die Inhalte ihrer Aufgabe haben gewechselt, sondern auch die Wege zum Erfolg. Sie muß lernen – und

sie muß verlernen. Sie erkennt, Change Management hat besondere Kompetenzen zur Voraussetzung. Sie verfügt darüber noch nicht, aber sie sieht, daß sie notwendig sind.

Ihr Ziel hat sie klar vor Augen: Sie möchte das Bewußtsein der Menschen verändern, in ihren Köpfen ein neues, ein ständig arbeitendes Prüfmuster installieren. Bei allen Entscheidungen, Regelungen, Vorschlägen, Planungen sollen sie sich fragen: Haben wir auch daran gedacht, daß in diesem Unternehmen Frauen und Männer arbeiten und daß wir darauf achten müssen, daß auch die Frauen gleichermaßen zum Zuge kommen?

Dieses veränderte Bewußtsein hätte weitreichende Folgen: Die Beteiligten würden merken, daß viele innerbetriebliche Abläufe und Regelungen, Beurteilungsverfahren und Entscheidungswege verändert werden müssen, damit Frauen gleiche Chancen bekommen.

So weit, so gut. Aber wie kann sie sich diesem Ziel nähern? Als strukturiert arbeitender Mensch hat sie sich *Vorgehensschritte* überlegt. Zunächst einmal betreibt sie *Bestandsaufnahmen*. Sie streckt ihre Fühler in viele Bereiche der Firma aus. Sie führt lange Gespräche, sie bekommt Dinge erzählt von Frauen, die sich hilfesuchend an sie wenden. Sie spricht mit den Teilnehmerinnen an der Veranstaltung »Meine berufliche Laufbahn«. Sie sortiert, verdichtet und bündelt all diese Informationen, Hinweise und Anregungen und entwickelt im Ansatz *Gedanken zu Verbesserungsmöglichkeiten*. Bis hierher läuft es gut. Aber dann wird es schwierig. Denn die Übergabe ihrer Gedanken an andere klappt nicht. Sie wollte vorbereitete Themen an Schlüsselstellen im Bereich der Personalbewirtschaftung weitergeben. Das, dachte sie, sei ihre Aufgabe. Aber sie hat sich geirrt: Da stehen keine Leute mit ausgestreckten Händen, um ihre Ideen aufzunehmen und dann damit weiterzuarbeiten.

Sie muß mehr darüber nachdenken, wie Veränderung eigentlich funktioniert und was sie dazu beitragen könnte. Denn das hat sie bisher nicht getan.

Sie sieht eine unerwartete Aufgabe auf sich zukommen: *Sie muß Politik machen.*

In diesem ersten Jahr war sie ganz besonders davon überrascht, daß sie sich mit ihrem Auftrag in einem Feld unterschiedlicher und widerstreitender Interessen bewegt. Sie hat vermutet, sie und ihr Vorhaben seien von breiten Mehrheiten getragen – aber so ist es nicht. Sie muß kämpfen, sie muß sich behaupten, sie muß trickreiche Wege kennen und gehen, wenn sie in ihren Projekten einen Schritt weiterkommen will.

In den hochkarätig besetzten Gremien »säuft sie häufig ab«, wie sie es nennt: Ihr Thema kommt gar nicht auf die Tagesordnung oder nur für zehn Minuten; sie kann ihre Linie nicht halten, sie wird mundtot gemacht; das Thema wird ihr aus der Hand genommen; sie wird in die Defensive gedrängt. Sie macht unangenehme Erfahrungen mit Methoden, die Verantwortung immer dem Gegenüber aufbürden:

> »Da gibt es ganz gemeine Dinge, die ich bisher so nicht gekannt habe. Geschickte Mechanismen, wie man alles von sich abwehrt, und das geht so: Man sagt sofort dem anderen alles das, was er noch nicht gemacht hat oder was unbedingt dran wäre. Also: Ja, haben Sie sich das denn noch nicht angesehen? Oder: Das ist doch das allererste, was Sie klarkriegen müssen! Haben Sie denn jetzt die Übersicht? Nein? Na, da müssen Sie mal endlich die Daten rausholen! Das muß völlig klar sein – und dann, wenn Sie diese grundsätzlichen Sachen haben – ach, die haben Sie noch nicht? Na, das müssen Sie aber als allererstes machen – sonst können Sie alles andere vergessen. – Ja, so geht das!«

Es eröffnet sich vor ihr eine weite Arena – die Firma, ihr Kampfplatz, ihr Wahlbezirk, wo sie ganz auf sich gestellt die Kräfteverhältnisse zugunsten ihres Themas beeinflussen will.

Mit ihrer Berufung ist ein langer unternehmensinterner Entscheidungsprozeß zum Abschluß gekommen. Es ist beinahe so, als sei der Beginn ihrer Amtszeit nicht der Anfang, sondern das Ende eines Veränderungsprozesses. Das Interesse, das einmal an ihrer Aufgabe bestand, ist verschwunden. Die Agentin des Wandels sieht, daß sie dieses Interesse wieder wecken muß, wenn sie weiterkommen will.

Sie muß lernen, Unruhe zu stiften und sich zu streiten. Bisher war

ihre Arbeit erfolgreich, wenn es ihr gelang, alle zufriedenzustellen und Konflikte und Ärger soweit wie möglich zu vermeiden. Jetzt soll sie Konflikte suchen, ja schüren!

Wie kann sie Konflikte schüren, wenn keiner sich streiten
will? Jeder finassiert und taktiert, weicht aus und wehrt ab.
Druck kann sie nicht ausüben. Sie hat keine Macht; Vorteile
kann sie nicht versprechen, Nachteile nicht androhen. Aber
nach diesem ersten Jahr ist sie sich sicher: *Wenn sich etwas bewegen soll, braucht sie Druck,* woher auch immer. Sie kann nicht nur
auf Überzeugung setzen.

Am liebsten hätte sie den Druck von oben, vom Vorstand –
er hat sich schließlich exponiert und ihr Amt geschaffen. Nun
kann er es nicht zu einem völligen Mißerfolg werden lassen.
Sie will den Druck top down, vom Vorstand und von den Bereichsleitern. Die sollen verkünden, daß ihr Thema wichtig sei
und unterstützt werden müsse. Sie sollen das nicht nur einmal
tun, sondern immer wieder.

Die frühzeitige Beteiligung anderer war ihr schon immer wichtig. Nicht nur, weil sie allein die Arbeit nicht schaffen kann,
sondern weil die Einbindung derjenigen, die mit den Veränderungen arbeiten sollen, die Erfolgschancen des Vorhabens
erhöhen.

Die Beteiligungsstrategie, so wie sie sie bisher praktiziert
hat, bringt ihr allerdings ganz unerwartete Schwierigkeiten ein.

»Wenn ich mein Vorhaben acht verschiedenen Stellen vorab er-
läutere, dann kriege ich 28 Vorsichtsmaßregeln. Das Projekt
wird nicht unterstützt durch zusätzliches Wissen, sondern wird
eher aufgerieben und zerfällt. Ich mache es mir viel schwerer,
wenn ich es so oft abfrage und mitreflektieren lasse. Dann
fange ich an zu überlegen: Kann ich diesem auf die Füße treten,
und jener arbeitet auch schon daran, und da ist einer, der ist
vielleicht auch nicht glücklich darüber. Am Ende bin ich entmutigt, das Ganze erscheint mir wie ein unüberwindlicher
Berg, und gewonnen habe ich durch die ganze Prozedur auch
niemanden.«

Von außen erschien ihr das Personalwesen immer wie ein ge-
schlossener Block. Nun, da sie mit den Empfindlichkeiten und

Eitelkeiten Bekanntschaft macht, merkt sie, daß dieser Bereich gar nicht geschlossen ist; die internen Machtkämpfe und Rivalitäten, der Ehrgeiz von Einzelpersonen und die Konkurrenz der Abteilungen machen ihr die Arbeit schwer. Sie weiß nicht, wie sich dazu verhalten – nur soviel wird ihr klar: die Beteiligungsstrategie droht, sie lahmzulegen.

Denn tatsächlich engagieren sich die Angesprochenen nicht an der Entwicklung des Vorhabens, sondern an dessen Verhinderung. Der Grundsatz, möglichst viele anzusprechen, an Vorüberlegungen zu beteiligen, ihre Meinung abzufragen, erweist sich als außerordentlich hinderlich. Denn die Angesprochenen werden vor allem als Bedenkenträger aktiv, tatsächlich mitarbeiten tun sie nicht. Beteiligung auf diese Art ist nichts weiter als eine Verhinderungsstrategie. Unsere Heldin ist nicht für den *Umgang mit Widerständen* gerüstet. Sie hat sie nicht erwartet. Nun muß sie erst einmal lernen, sie wahrzunehmen, und sie muß Kompetenzen entwickeln, trotz dieser Widerstände weiterzukommen.

3. Rollenklärung

Für Change Agents scheint Rollenklärung ein wichtiges Thema. »Klären Sie erst mal Ihre Rolle!« ist ein Ratschlag, der oft zu hören ist. Leichter gesagt als getan, denn allein läßt sich eine Rolle nicht klären. Man braucht andere dazu. Eine klassische Definition lautet, die Rolle sei die Gesamtheit der Erwartungen, die sich an den Inhaber oder die Inhaberin einer Position richtet, in unserem Fall an den Change Agent. Allerdings können die Erwartungen der verschiedenen Gruppen unterschiedlich sein, manchmal auch widersprüchlich. Dann muß der Rolleninhaber sich überlegen, was er macht und wie er damit umgeht.

Er kann sich in so einem Rollenkonflikt zum Beispiel für eine Seite entscheiden und die anderen frustrieren. Oder er kann versuchen, es allen recht zu machen. Das ist sehr anstrengend und ein oft erfolgloser Versuch. Er kann auch den Erwartungen der anderen sein Selbstverständnis entgegensetzen. Wenn er eine eigene Position hat und weiß, welche Erwartungen er erfüllen will und welche nicht, dann kann er daran gehen, seine Rollenpartner in seinem Sinne zu »erziehen«. Rollenklärung ist der Prozeß, in dem verschiedene Beteiligte versuchen, sich auf ein gemeinsames Rollenverständnis zu einigen.

Die Agentin des Wandels hat mit sehr unterschiedlichen Erwartungen an ihre Rolle zu tun. Viele Frauen erwarten, daß sie als deren Interessenvertreterin beim Vorstand auftritt. Aber das sieht sie nicht als ihre Aufgabe an. Die Kollegen und Kolleginnen aus dem Personalwesen erwarten von ihr, daß sie ihre Arbeit erledigt, aber ihnen keine Zusatzarbeit einbrockt. Damit ist unsere Heldin gar nicht einverstanden. Der Vorstand erwartet von ihr, daß sie vorzeigbare Erfolge schafft, die sich außenpolitisch verwerten lassen. Das findet sie legitim, und sie will es versuchen. Und alle, alle sehen sie in ihrem Amt als jemanden, dem man dringend gute Ratschläge geben darf und soll. Jeder hat Ideen, jeder weiß es besser, jeder zeigt ihr Probleme auf, die sie noch nicht angepackt hat, jeder darf ihr deutlich machen, daß sie falsch vorgeht ... Das findet sie unerträglich und nicht akzeptabel. Immer öfter nimmt sie sich vor, sich das zu verbitten. Aber sie tut es nur selten, denn sie ist nicht gern unfreundlich.

In einem zentralen Punkt ist ihre Rolle nach wie vor umstritten:

Sind die Projekte, die sie sich ausdenkt und vorarbeitet, ihre Projekte? Ist sie für die Betreuung, die Leitung und die Abwicklung zuständig? Oder sind es Projekte, die in den verschiedenen Funktionen des Personalwesens angebunden sind, die dort bearbeitet und umgesetzt werden?

Im Vorfeld des Treffens, von dem bereits die Rede war und auf dem endlich eine Klärung erfolgen sollte, stellt sie sich vor, wie sie allen die Meinung sagen würde.

Showdown

Ich werde denen sagen: Jetzt möchte ich von Ihnen allen, daß Sie von oben nach unten und auch noch quer verkünden: »Dies ist die Referentin für Chancengleichheit, ihre Aufgabe ist es,

Themen vorzubereiten und anzudenken. Und Ihre Aufgabe, meine Herren, ist es, die Ausarbeitung und die Umsetzung zu übernehmen. Und wenn Frau P. zu Ihnen kommt und sagt: ›Wer kann mir da zur Verfügung stehen und mir weiterhelfen,‹ dann benennen Sie bitte eine Person.« Das sollen die Chefs erst einmal gesagt bekommen und kapieren. Und dann sollen sie das so ihren Leuten sagen. Denn wenn ich an jemanden herantrete und die Vorgesetzten sehen gar nicht ein, wieso und warum ihre Leute da mitmachen sollen – wie sollen das die Mitarbeiter einsehen. Dann gehe ich zu denen, und die fragen bei ihrem Chef nach: »Ist das in Ordnung, wenn ich an diesem Projekt jede Woche ein paar Stunden arbeite?« Und der sagt dann: »Die spinnt wohl, das soll die allein machen« – dann komme ich nicht weiter.

Wie wir wissen, ist es zu einer wirklich pointierten Auseinandersetzung nicht gekommen, denn unerwartet sah sie sich selbst als Zielscheibe von Angriffen und Vorwürfen: Sie könne nicht priorisieren, und sie verstehe nichts von Projektmanagement – es sei also ihre Schuld, daß sie zuviel zu tun hätte und nicht weiterkäme.

Durch diese Anwürfe gerät sie in die Defensive und verliert den Faden. Von Selbstzweifeln ohnehin geplagt, trifft dieser Angriff sie ganz ungeschützt. Vielleicht, so fragt sie sich in bester Frauentradition – vielleicht hat sie selbst daran schuld, daß nichts vorangeht; vielleicht genügt sie nicht, vielleicht ist sie nicht die richtige Person für diese Aufgabe.

Im Gespräch kann sie ihre Klärung fordernde Haltung nicht länger bewahren. Innerlich mit dem persönlichen Nicht-Genügen beschäftigt, entgleitet ihr – wenn auch nur vorübergehend – ihr Standpunkt. Es kommt zu keiner Klärung ihrer Rolle. Sie kann die Mitarbeit des Personalwesens nicht anfordern, sondern muß sie stets erbitten und erflehen.

Bis zum Ende ihrer Amtszeit wird es nicht ein einziges Projekt des Personalwesens zum Thema Chancengleichheit geben. Und erst in den letzten Jahren gelingt es ihr, in anderen Bereichen eigene Themen so zu plazieren, daß sie nicht mehr ihre Projekte sind.

4. Erfolglosigkeit
ist gewöhnungsbedürftig

In der neuen Tätigkeit sind Erfolgskriterien nicht definiert. Unsere Heldin hat selbst bisher keine Position entwickelt, von der aus sich entscheiden ließe, was ein wichtiges Projekt und welches unwichtig ist; wann sie eine Teilaufgabe erfolgreich bewältigt hat und wann nicht. Auch bei ihren Auftraggebern und ihren Abnehmerinnen gibt es nur Partikularinteressen und keine Verständigung darüber, wann die Agentin des Wandels denn erfolgreich war.

Es ist daher für sie hilfreich – auch wenn sie sich darüber ärgert –, daß der Vorstand auf einer Präsentation ihrer Vorhaben bestanden hat, darauf, daß sie Prioritäten setzt und darauf, diese Vorhaben entweder abzusegnen oder auch nicht. Denn für beschriebene und eingegrenzte Projekte lassen sich auch klare Ziele, Unterziele und Erfolgskriterien definieren.

Die Change Agentin ist nicht nur erfolglos, sondern auch isoliert. Bisher war sie Angehörige einer Abteilung, eingebunden in einen Kreis von Kolleginnen und Kollegen, unter denen es natürlich auch Spannungen gab. Aber es gab auch Kontakt, Gespräch, gegenseitige Unterstützung und Beratung – und wenn von »außen« Anwürfe kamen, hielt man zusammen. Jetzt arbeitet sie allein. Sie gehört nirgends hin und nirgends dazu. Sie sitzt in den Gremien, aber immer nur als Gast oder bestenfalls als Außenseiterin. Sich an diesen Zustand zu gewöhnen ist fürwahr eine Aufgabe! Natürlich gelingt es ihr nicht.

Aber nach etlichen Krisen und Einbrüchen ringt sie sich zu einer Erkenntnis durch: Es ist nicht ihre Schuld! Sie hat weder ihre Isolation zu verantworten noch den Mangel an Erfolg. Sie muß sich nicht jeden Vorwurf als persönliches Versagen anrechnen. In dieser Haltung wird sie hin und wieder schwankend, aber sie fühlt sich doch erleichtert um die Last der alleinigen Verantwortung und nicht mehr so verzweifelt.

V
Veränderungsprojekt Laufbahnentwicklung

Das Seminar »Meine berufliche Laufbahn« ist ein Quick Win für die Agentin des Wandels. Es wurde im ersten Jahr ihrer Amtszeit entwickelt und kam gut an. Sie hatte damit rasch »etwas zu bieten«. Sie konnte dem Vorstand auf seine drängende Frage »Tut sich schon etwas, gibt es Erfolge ...?« berichten: »Ich führe viermal im Jahr ein Seminar zum Thema Laufbahnentwicklung mit unterschiedlichen Berufsgruppen durch, und das wird sehr gut angenommen.« Und schließlich eignet sich das Seminar auch als wichtige Informationsquelle. Frau P. hat dort die Möglichkeit, Daten zu sammeln und die Situation der Frauen besser zu verstehen. Im Rahmen der Veranstaltung schildern und diskutieren die Teilnehmerinnen ihre berufliche Lage im Detail und erlauben ihr so viele Einblicke.

Aus einem der Seminare geht eine engagierte, aktive Gruppe von Sekretärinnen hervor. Diese Frauen wollen unbedingt weiterarbeiten. Sie sind die Initiatorinnen und die Projektmitarbeiterinnen des Projektes »Laufbahnentwicklung im Sekretariat«.

Unsere Heldin hat das Vorhaben in einer Vorstandsrunde präsentiert; es wurde akzeptiert und abgesegnet. Damit ist es ein offizielles Projekt des Referats Chancengleichheit – das erste.

Sekretärin ist ein weiblicher Beruf – er wird zu fast 100% von Frauen ausgeübt. In einem großen Unternehmen sind diese Frauen hochqualifiziert, vergleichsweise schlecht bezahlt und ohne Laufbahn. Ihre Arbeit hat sich vom »Fräulein, bitte zum Diktat« wegentwickelt zum Umgang mit moderner Datenverarbeitung und zum Office-Management mit komplexen Organisationsaufgaben. Alle Büroberufe haben in den vergangenen zehn Jahren eine Revolution durchgemacht. Nur einige Merkmale sind geblieben: Es gibt nach wie vor keine Laufbahn, keine irgendwie planbare und geplante berufliche Entwicklung. Die Bezahlung hat nicht Schritt gehalten mit dem Steigen der Anforderungen, und am wichtigsten für die berufliche Perspektive einer Sekretärin ist immer noch ihr Chef: Steigt er auf, steigt sie mit; wird er zurückgestuft, fällt auch sie. Wenn diese Frauen »nicht vorankommen«, liegt es also nicht an ihrer mangelnden Qualifikation.

In der Chemie AG existiert eine Vereinbarung zwischen Personalwesen und Betriebsrat, die tarifliche Eingruppierung von Sekretärinnen zu überarbeiten. Diese Eingruppierung ist schon seit Jahrzehnten ein Problem, sie ist unbefriedigend gelöst. Da die Tätigkeit sehr vielfältig ist – die einzelne Sekretärin muß ein breites Spektrum von Aktivitäten abdecken, und die Stellen unterscheiden sich sehr in ihren Leistungsanforderungen –, erweist sich die korrekte Zuordnung des einzelnen Arbeitsplatzes zu der entsprechenden Tarifgruppe als kompliziert. Schon seit langer Zeit besteht der Plan, die Tätigkeitsbeschreibungen der Sekretärinnen zu sichten mit dem Ziel, Richtbeispiele zu erarbeiten, die dann zwischen den verschiedenen Tarifen und Tarifgruppen differenzieren helfen. Aber da das eine schwierige und undankbare Aufgabe ist, will keiner sie anpacken. Das Thema »Sekretärinnen« wird immer wieder aufgeschoben.

Die Agentin des Wandels hält das Problem für schwierig, aber auch für eine Herausforderung. Hier sind sie und ihr Amt mit neuen Ideen und neuen Initiativen gefragt.

Für die Betroffenen lauten die wichtigsten Fragen: Wie können wir uns weiterentwickeln – in die Breite, so daß wir noch vielseitiger werden, aber auch nach oben, zum Beispiel zu Chef-Assistentinnen? Wer kann uns innerhalb der Firma in diesen Fragen beraten?

Es gibt natürlich Weiterbildungsangebote, es gibt Zeit- und Informationsmanagement, Grundlagen des Arbeitsrechts und eine Einführung in die Betriebswirtschaft – alles interessant und wichtig. Aber wie sollen die Frauen ihre Qualifizierung anlegen, damit sie für ihre berufliche Entwicklung profitieren? Die Agentin des Wandels denkt an Laufbahnberatung für Sekretärinnen zum Thema »gezielte Weiterbildung innerhalb und außerhalb der Firma«.

Eine andere Perspektive ist die eines möglichen Aufstiegs. Bisher gibt es so eine Möglichkeit nicht. Wenn die Frauen sich qualifizieren und sich dann Chef-Assistentin oder so ähnlich nennen, dann gibt es eine so bezeichnete Stelle in der Chemie AG nicht. Sie könnten also trotz Qualifikation keine passende Stelle finden – und vor allem: Sie könnten nicht entsprechend honoriert werden. Denn einerseits werden die Tarifgruppen nach Tätigkeitsmerkmalen zugeordnet. Andererseits sind die Sekretärinnen zusätzlich an die hierarchische Ebene des Vorgesetzten angebunden. Diese Koppelung steht nicht zur Diskussion, wurde Frau P. gleich bedeutet, als sie vorsichtig einen entsprechenden Gedanken äußerte. »Das ist ein betrieblicher Meilenstein« sagte man ihr, »daran wird nicht gerüttelt.«

Es muß aber eine Perspektive geben für diese Frauen, eine Möglichkeit, außerhalb oder neben dieser Zuordnung zur Vorgesetztenposition sich in Bezeichnung, Inhalt und Vergütung nach oben zu entwickeln.

Beispiele, an denen man sich orientieren könnte, sind vorhanden: Die Chemie AG hat soeben im Führungskräftebereich eine sogenannte Fachstruktur eingerichtet. Bisher war beruflicher Aufstieg immer damit verbunden, Führungsverantwortung zu übernehmen. Je höher der Aufstieg, desto mehr Führungsaufgaben. Diese Struktur ist ergänzt worden: Hochqualifizierte Fachkräfte haben jetzt die Möglichkeit, als solche aufzusteigen; sie bleiben Fachleute ohne Führungsverantwortung, sind aber der hierarchischen Ebene im Range gleichgestellt.

Warum soll es eine ähnliche Perspektive »neben« der formalen Hierarchie nicht auch für Sekretärinnen geben? Diese Vorstellung löst im Personalwesen erhebliche Unruhe aus: Um Himmels willen, da können ja ganz neue Probleme auftauchen, wenn wir so etwas machen; plötzlich wollen das ganz viele Frauen – man stelle sich das nur vor! Wie entscheiden wir dann, wer das in Anspruch nehmen darf und wer nicht? Das wird ja alles schrecklich kompliziert – und am Ende lösen wir nur wieder neue Frustrationen aus.

Die Agentin des Wandels bleibt dran: Natürlich kann sich herausstellen, daß es nicht geht – aber das müßte erst bewiesen werden. Die ausschließliche Koppelung der beruflichen Perspektive an die Vorgesetzten ist diskriminierend und nicht chancengleich – außerdem sachlich nicht gerechtfertigt.

Nach einigen internen Diskussionen steckt sie dann doch zurück. Die Projektgruppe wird weder über Entkoppelung der Sekretärin von ihrem Vorgesetzten nachdenken noch über die Einführung einer Fachstruktur im Sekretariatsbereich, sondern sie wird das Thema einer internen Zeitagentur für hochqualifizierte Sekretärinnen prüfen, das sich aus dem Seminar »Meine berufliche Laufbahn« entwickelt hatte.

Hier, wie bei allen Weiterbildungsthemen, sind die Widerstände geringer, und eine engagierte Frauengruppe steht bereit, zu diesem Thema zu arbeiten.

Zunächst aber ist noch eine Grundsatzfrage zu klären: Tagt die Projektgruppe in der Arbeitszeit oder in der Freizeit?

Folgende Möglichkeit bietet sich an: Es gibt im Unternehmen sogenannte Verbesserungsarbeitskreise (VAKs), die sich mit dem Thema möglicher Verbesserungen in verschiedenen Bereichen befassen. Dies geschieht – abgesichert durch eine entsprechende Betriebsvereinbarung – während der Arbeitszeit. Läßt sich diese Vereinbarung nicht auf Frauenarbeitskreise ausdehnen? Nein, das geht nicht, wird ihr mitgeteilt, da würde der Betriebsrat nie zustimmen, das gibt nur Probleme. Was nun? Sie schreibt einen Brief an den Personalvorstand: Die Firma muß Farbe bekennen – wie ernst meint sie es mit der Frauenfrage? Sind Frauenthemen Privatsache? Die Antwort: Das ist eine schwierige Thematik ... Allgemeine Frauenthemen dürfen es nicht sein, da kann ja jede Gruppierung mit Sonderwünschen kommen. Aber wenn es um definierte, begrenzte Projekte geht, da müßte sich doch was machen lassen. Besprechen Sie das mit der Abteilungsleiterin Personalpolitik. Die ist rasch gewonnen und wendet sich ihrerseits noch einmal an den für die Verbesserungsarbeitskreise Zuständigen. Die VAKs sind in der Zentralen Weiterbildung angesiedelt. Dort beißt sie bei dem betreffenden Herrn auf Granit: Wieso haben die Frauen überhaupt Probleme? Und wenn sie tatsächlich Probleme haben, dann kommt ohnehin nur Frust heraus, denn Ergebnisse wird es nicht geben. Der Frust könnte dann die VAKs »anstecken«, sie in ihrer Arbeit beeinträchtigen. Nein, das möchte er nicht. Die Abteilungsleiterin ist verärgert: »Ihren Job würde ich schon nach vier Wochen an den Nagel hängen!« läßt sie unsere Heldin wissen und schreibt einen bösen Brief an den Personalvorstand. Sie versucht, ihn mit dem Hinweis auf gute Öffentlichkeitswirkung zu ködern: »Unser Unternehmen richtet nicht nur eine Stelle ein, sondern fördert auch die Entstehung vieler kleiner Kreise zu frauenspezifischen betrieblichen Fragestellungen.« »Wissen Sie was«, sagt sie zu Frau P., »wir nennen die Arbeitskreise Frau-AKs, wenn es schon nicht VAKs sein sollen.«

Eine Einladung zum Abendessen

Der Leiter der Zentralen Weiterbildung (bei ihm sind die Verbesserungsarbeitskreise angesiedelt) rief mich neulich an: »Wissen Sie, wir veranstalten ein Abendessen mit neu ernannten und alten Vorgesetzten. Leute vom Sprecherausschuß (der leitenden Angestellten) sind auch dabei – dazu wollte ich Sie herzlich einladen!« Ich sagte: »Ja das ist eine gute Idee, daß ich mit meinem Amt da auftrete.« »Wir haben gar nicht vor, etwas Besonderes zu machen«, meinte er daraufhin, »wir wollen nur zeigen: Frauen sitzen bei uns mit am Tisch!« Daraufhin entstand eine kleine Pause. Er merkte dann wohl selbst, daß das ein bißchen seltsam klang, denn er fügte hinzu: »Und sie reden auch mit!« Wieder Pause. Schließlich sagte er: »Und sie haben auch was zu sagen.« Natürlich bin ich hingegangen.

Nach dem ganzen Aufwand kommt folgendes heraus: Es wird keine generelle Regelung geben. Wenn Projektgruppen zu definierten Vorhaben entstehen, dann muß von Fall zu Fall entschieden werden, ob diese Gruppe während der Arbeitszeit tagen kann, und die Zustimmung der betroffenen Vorgesetzten muß eingeholt werden.

Die Projektgruppe beginnt ihre Arbeit. Sie will die Möglichkeit einer internen Zeitagentur prüfen und eventuell zu einem Konzept ausarbeiten. Gedacht ist an eine interne Stelle, die bei Urlaub, Krankheit etc. Aushilfen im Sekretariatsbereich vermittelt, statt sie von extern teuer einzukaufen. So eine Einrichtung könnte Kosten sparen. Interessierte Sekretärinnen könnten sich durch die Übernahme unterschiedlicher Aufgaben auf Zeit qualifizieren.

Das Projekt wird vom Vorstand akzeptiert. Die Frauen dürfen sich während der Arbeitszeit zu diesem Thema treffen.

Zunächst werden die potentiellen Nutzer befragt – diese zeigen reges Interesse. Eine Umfrage bei den Sekretärinnen ergibt, daß besonders die Mitarbeiterinnen in den reinen Textverarbeitungssekretariaten sehr unzufrieden sind. Ihre Bereitschaft, sich zu qualifizieren und sich als Aushilfe auf verschiedenen Arbeitsplätzen zu erproben, ist groß.

Nach einigen Treffen der Projektgruppe liegt das Konzept für eine »Interne Zeitagentur« in einem ersten Entwurf vor. Bei der Ausarbeitung ist die Gruppe allerdings auf eine ganze Reihe Fragen gestoßen, die zu beantworten ihr die fachliche Kompetenz fehlt.

Daher möchten die Frauen ihr Konzept auf einem kleinen Workshop den Fachverantwortlichen präsentieren. Diese sollen die offenen Fragen klären.

Aber dazu kommt es nicht. Als die Agentin des Wandels in einer Sitzung des Personalwesens über das Projekt berichtet, wird sie dazu recht kritisch befragt. Der Leiter trägt ihr auf, für eine bessere Ausarbeitung und eine Klärung der offenen Punkte durch die Projektgruppe zu sorgen.

Die Frauen arbeiten weiter. Ein knappes Jahr nach Projektbeginn verschickt die Gruppe einen ausführlichen Bericht an den Leiter Personal mit der Bitte, das Vorhaben nun präsentieren zu dürfen. Immer noch sind einige Fragen offen, aber diese zu beantworten liegt nicht in ihrer Kompetenz: Welche Räume stehen zur Verfügung? Wie sieht die technische Umrüstung aus? Welche Stelle übernimmt die Kosten?

Obwohl unsere Heldin häufig nachfaßt, erinnert und mahnt, müssen die Frauen ein dreiviertel Jahr auf die Antwort warten. Schließlich findet der gewünschte Workshop statt. Die Runde – bestehend aus Vertretern der Fachfunktionen und einigen Mitarbeitern des Personalwesens – schätzt das Vorhaben als sinnvoll ein, um die Effizienz im Sekretariatsbereich zu steigern.

Wieder einige Monate später wird das Konzept mit allen Einschätzungen und Empfehlungen dem Personalvorstand dargestellt. Zwei Jahre nach Beginn der Projektarbeit fällt die Entscheidung: Die interne Zeitagentur wird nicht verwirklicht. Das Vorhaben sei nicht kostenneutral, heißt es. »Ein sehr gutes Konzept«, wird jetzt überall verkündet, »wirklich, ein sehr gutes Konzept!«

Bewertung im Rückblick

Aus heutiger Sicht ist diesem ersten großen Projekt des Frauenreferats mein geduldiges und verständnisvolles Warten schlecht bekommen. An den Projektmitarbeiterinnen hat es jedenfalls nicht gelegen – die waren schnell und außerordentlich kompetent.

Es gab – so sehe ich es jetzt – bei diesem Projekt nur zwei Möglichkeiten; leider habe ich mich damals für keine von beiden entschieden:

1. Entweder hätte ich die Initiative der Sekretärinnen gar nicht aufgreifen sollen. Ich hätte ahnen können, daß dieser Frauenberuf besonders wenig Interesse oder gar Engagement bei den Entscheidern hervorrufen würde und daher politisch gesehen sehr wenig Aussicht auf Erfolg hatte, oder
2. ich hätte auf der frühen Einbindung von Fachfunktionen bestehen und die leitenden Herren des Personalwesens zu aktiver Unterstützung des Projekts (durch den Vorstand) verpflichten müssen. Meine Versuche, dies zu erreichen, waren allerdings erfolglos.

Ich war naiv in dem Glauben, daß eine gute Idee automatisch von anderen mitgetragen würde. In Wahrheit werden gerade dieser Beruf und seine Trägerinnen als ungemein unwichtig im Machtspiel des Unternehmens gesehen. Hier gibt es nichts zu gewinnen. Jedem Change Agent, der wie ich ein so allgemeines Thema voranzutreiben hat, würde ich raten, zunächst mit Zielgruppen, die für das Unternehmen wichtig sind, oder mit heißen Themen zu beginnen – so läßt sich die Lethargie besser aufbrechen.

Aus der Distanz betrachtet, ist die Isoliertheit des Projektes besonders auffällig. Wie ein kleiner Planet der Frauen schwebt es im Geschehen des Unternehmens umher, mit niemandem verbunden, nirgendwo angesiedelt, weder durch die Beteiligung

wichtiger Akteure, noch durch die Einbindung in einen Bereich, noch durch die Verknüpfung mit anderen Maßnahmen.
Diese Isoliertheit in einer Präsentation oder – noch schwieriger
– in einem schriftlichen Bericht – zu durchbrechen ist fast nicht
möglich. Die Ergebnisse können nicht in den Apparat hineingegeben, geschweige denn dort verankert werden.

VI
Verdeckte Widerstandsformen

Bei Veränderungsvorhaben ist Widerstand normal. Denn jede Veränderung produziert Gewinner und Verlierer, und die Verlierer wehren sich. Jede Veränderung macht Arbeit, und die Trägen und die Überlasteten wehren sich. Jede Veränderung schafft Ungewißheit und damit Angst – und die Ängstlichen wehren sich.

Dennoch ist Change nicht gleich Change. Die Inhalte der Veränderung unterscheiden sich. Jede hat ihren eigenen emotionalen Kontext. Sie berührt Gefühle, Werte und Traditionen. Unser Thema – die Chancengleichheit von Männern und Frauen – ignoriert die Trennung von Arbeits- und Privatsphäre. Es betrifft Männer und Frauen in ihrem Beruf, aber auch in ihrem Leben außerhalb des Unternehmens. Die Frage, wie Männer und Frauen, Mann und Frau, zueinander stehen, wie sie sich sehen, was sie voneinander erwarten, folgt uns bis in unsere ganz privaten Lebensbereiche. Es ist ein Thema, zu dem jeder eine Meinung und – mindestens – ein Gefühl hat. All die vielen Gleichgültigen, die unserer Agentin das Leben schwermachen, erhalten sich ihr Gefühl des Nicht-Betroffen-Seins, indem sie das Thema von sich wegschieben. Sie verlieren schlagartig ihre Contenance, wenn ihnen das Projekt auf den Pelz rückt. Dann kommen die Einstellungen der Männer auf den Prüfstand.

Chancengleichheit ist auch deswegen ein kniffliges Thema, weil gesellschaftlicher Anspruch und persönliche Haltung möglicherweise nicht übereinstimmen: Jeder muß öffentlich die Chancengleichheit unterstützen, aber er wird sie nicht innerlich bejahen, wenn er Nachteile sieht, wenn er Angst bekommt, wenn die Ordnung seiner Welt bedroht ist. Diese Abweichung von der gesellschaftlich erwünschten Meinung wird er geheimhalten.

Das Veränderungsthema berührt auch das Selbstverständnis

des Unternehmens. Die Firma hält sich für modern, offen und innovationsfreudig. Zu diesem Image paßt die Ungleichbehandlung von Männern und Frauen nicht. Daß es in der Firma solche Ungerechtigkeit geben soll, ist eine arge Kränkung. Natürlich will man eine Veränderung – aber dann doch nicht, denn das Problem existiert eigentlich nicht, es wird nur behauptet und herbeigeredet.

Diese Spaltung zwischen bejahter Norm und gelebter Wirklichkeit macht offenen Widerstand nahezu unmöglich. Es gibt eine veröffentlichte Meinung zum Thema, die lautet: Chancengleichheit für Männer und Frauen in diesem Unternehmen ist gewollt, aber nicht gegeben.

Eine offene Debatte ist nicht legitim

Chancengleichheit ist sozial erwünscht, ebenso wie es erwünscht ist, daß du andere Rassen tolerierst und daß du dich gegenüber Juden tolerant verhältst. Aber im Innern sieht es natürlich anders aus. Da geht es um Macht, um Tradition, um Identität. Und damit schlagen sich diese Personen herum. Andere Themen sind nicht mit so vielen Geheimnissen besetzt: Nimm zum Beispiel das Thema Personalabbau. Der Arbeitgeber sagt: »Wir müssen Leute sparen«, und der Betriebsrat sagt: »So geht es aber nicht!« Da ist es ganz klar und selbstverständlich: Die Interessen sind unterschiedlich, je nach Rolle und Auftrag – und die müssen ausgekämpft oder ausgehandelt werden. Da findet keiner was dabei. Aber eine Debatte, in der die einen für, die anderen gegen Chancengleichheit sind – das gibt es einfach nicht. Das ist nicht legitim.

Dazu kommt das Unbewußte. In der Regel ist es ja nicht so, daß die Leute sich hinsetzen und sagen: »Die werde ich erst mal hinhalten«, sondern viele merken gar nicht, welche Vermeidungsmanöver sie da entwickeln. Und weil da so viel Unbewußtes drin ist, sind diese unoffenen Verhaltensweisen an der Tagesordnung.

Widerstand ist nicht zu legitimieren. Also muß jeder öffentlich dafür sein. Abweichende Meinungen werden in den informellen Bereich verschoben. Widerstand gibt es natürlich trotzdem

– aber er zeigt sich nicht offen, sondern verdeckt und indirekt. Versprechen, Verschleppen, Vermeiden sind Aktivitäten, die unserem Change Agent das Leben schwermachen. Aushandlungsprozesse zwischen unterschiedlichen Positionen setzen voraus, daß Differenzen deutlich werden. Beim Veränderungsthema Chancengleichheit gibt es nur Befürworter.

1. Eine kleine Auswahl aus dem Sortiment

– *Es kommt etwas dazwischen.*
Sie kommen mit Ihrem Thema nicht auf die Tagesordnung; Sie sind auf der Tagesordnung, aber unvorhergesehene Themen sind wichtiger; Sie erhalten bei dem entscheidenden Mann keinen Termin; Sie erreichen die Person nie am Telefon; Verabredungen werden getroffen, aber dann wieder abgesagt – einmal, mehrmals.
– *Es wird nicht entschieden.*
Alles ist vorbereitet, x-mal verändert und verbessert, ausgefeilte Präsentation, Vorschläge eingearbeitet – sehr gut, sehr interessant – aber das, was entschieden werden muß durch die, die mächtiger sind als Sie, oder die Mitglieder der Projektgruppe, wird nicht entschieden. Warum nicht? Tausend Gründe. Es fehlt noch etwas oder jemand. Es ist kein guter Zeitpunkt. Die Entscheider müssen sich erst mit anderen verständigen. Oder es bedarf auch gar keiner Begründung. Es war sehr interessant und informativ – wir sehen, die Gruppe hat sehr gut gearbeitet. Wir bedanken uns dafür.
– *Das geht leider nicht.*
»Ein guter Vorschlag, ein sehr guter Vorschlag – wirklich! Leider ist er nicht zu verwirklichen, denn mein Chef wäre damit nie einverstanden. Eine betriebsinterne Regelung erlaubt das nicht. Der Vorschlag ist nicht kostenneutral. Die notwendigen Kapazitäten sind nicht vorhanden. Andere, wichtige Personen würden das nie zulassen. Das würde nicht dem Stil des Hauses entsprechen. Dafür bekommen wir keine Kooperation.«
– *Nichts tun.*
Obwohl »die anderen« dran sind, geschieht nichts. Es kommt

keine Einladung, das Protokoll wird nicht geschrieben – nicht verschickt. Ein Termin wird nicht benannt, ein Rückruf erfolgt nicht.

– *Das habe ich nie gesagt.*

»Das müssen Sie mißverstanden haben; so eine Zusage konnte ich Ihnen ja gar nicht geben, das liegt gar nicht in meiner Kompetenz; das war doch nur so eine Idee. Wir haben dann doch beide festgestellt, daß es nicht geht. Ich verstehe ja, daß Ihnen das wichtig ist – aber deswegen müssen Sie sich doch an die Fakten halten; legen Sie mir bitte nichts in den Mund!«

– *Die Sache erfordert es.*

»Hier geht es nicht um mich und nicht um uns, sondern allein um die Sache. Da kann es nur diese eine Lösung geben. Das, was Sie sich da ausgedacht haben, funktioniert nicht. Das brauchen wir gar nicht zu probieren, das kann ich Ihnen schon jetzt in die Hand versprechen.«

– *So eine ärgerliche Panne.*

»Der Termin war gestern – wo waren Sie denn? Sie wußten nichts davon? Hat man Sie denn nicht benachrichtigt? Wie ärgerlich, kann ich mir eigentlich gar nicht vorstellen. Unsere Damen sind in diesem Punkt eigentlich sehr zuverlässig.« »Tut mir leid, es ist was dazwischengekommen. Ich konnte Sie nicht erreichen. Nun haben Sie sich vergeblich bemüht.« »Von Ihrem Projekt sollte doch gestern jemand teilnehmen – wieso war keiner da? Natürlich, gestern war der Termin. Die könnten sich ja wenigstens abmelden – jetzt haben wir umsonst gewartet. Ach natürlich sind die benachrichtigt worden – das gibt es doch nicht. Das sind nur faule Ausreden – Sie müssen denen aber auch nicht alles abnehmen.«

– *Wir sind so überlastet!*

»Wir würden Ihnen wirklich gern helfen – Sie wissen ja, wir stehen alle hinter der guten Sache. Aber wir können auch nicht mehr als arbeiten. Wie sollen wir das schaffen? Uns steht das Wasser auch bis zum Hals. Die Pflichtaufgaben haben nun mal Vorrang. Sie können von uns jede – wirklich jede – Unterstützung bekommen, aber wir haben ohnehin schon zuwenig Personal!«

– *Die Regeln erlauben es nicht.*
»Ich stimme Ihnen zu, das wäre eine sehr sinnvolle Lösung!
Aber Sie wissen ja – die Vorschriften (Regelungen, Verein-
barungen, Abmachungen) machen das unmöglich. Ich finde
auch, daß die revisionsbedürftig wären ... aber das dauert sicher noch eine Weile, bis es soweit ist. In dem Fall können
Sie natürlich jederzeit auf mich zählen!«

2. Fallstricke und Leimruten

Bei indirekten Widerständen kann es leicht geschehen, daß die
Agentin des Wandels den Widerständlern in die Hände spielt.
Es bedarf dazu nur einiger – gar nicht so seltener – Verhaltens-
neigungen, und schon unterstützt der Change Agent ungewollt
diejenigen, die seine Ideen nicht weiterverfolgen möchten.
   Indirekte Widerstandsformen haben eine ärgerliche Eigen-
schaft: Sie zeigen sich nicht offen. Sie verkleiden sich in alltäg-
liche Gewänder; sie treten auf als Ereignisse, die überall, tagtäg-
lich, ohne die geringste böse Absicht passieren können. Denn
natürlich kann jeder mal einen Termin vergessen, in einer Präsentation kann wirklich etwas fehlen, jeder kann mal keine Zeit
haben, einen Anruf zu erwidern. Diese alltäglichen Ereignisse
summieren sich zu einem Ergebnis: Es geschieht nichts. Es geht
nicht voran.
   Bemerkt der Change Agent, was geschieht oder vielmehr
nicht geschieht? Wie bewertet er die Ereignisse? Sieht er sie als
Serie von Mißgeschicken, persönlichen Versäumnissen, eigenen Fehlern – oder deutet er sie als Formen der Behinderung?
Erst wenn er zu dieser Einschätzung kommt, wird er hand-
lungsfähig.
   Nun gibt es Leute, die sehr rasch böse Absicht unterstellen.
Sie wittern hinter jeder Vergeßlichkeit persönliche Abwertung
und hinter jedem Verbesserungsvorschlag einen Angriff. Andere dagegen wittern gar nichts – und wenn es noch so stinkt.
Sie sind blind und taub für manche Formen des indirekten Widerstands. Daher rackern sie sich wie Sisyphos an ihnen ab.
   Wenn der Change Agent nicht selbstbewußt genug ist, wenn
er sich im Verdacht hat, wahrscheinlich etwas falsch gemacht zu

haben – dann wird er viele Formen indirekten Widerstands gar nicht als solche wahrnehmen. Er wird sich statt dessen noch mehr Mühe geben, alles richtig zu machen und das Fehlende nachzuliefern. So ermöglicht er es den anderen, sich nicht zu bewegen.

Ähnlich ist es mit der Verantwortung: Manche Agenten des Wandels sind sehr verantwortungsvolle Menschen. Sie übernehmen natürlich die Verantwortung für ihre Arbeit. Aber nicht nur das. Sie sind stets bereit, sich auch dann für allein verantwortlich zu erklären, wenn noch etliche andere beteiligt sind. Das erlaubt es anderen, passiv zu bleiben, sich nicht zu kümmern – kurz: sich nicht verantwortlich zu fühlen. Sie können ungestört ihre Rolle als Verweigerer und Verhinderer weiterspielen.

Und auch Geduld kann zum Veränderungshindernis werden. Manchmal übt sich der Change Agent in freundlicher Ausdauer, weil er sich davor fürchtet, Tacheles zu reden, die Zauderer zu konfrontieren, die Situation so zuzuspitzen, daß eine längst getroffene Entscheidung auch ausgesprochen wird. Er merkt aber seine Konfliktscheu nicht, sondern findet, man müsse mit den Gesprächspartnern noch etwas Geduld haben und sich weiter bemühen. Den Widerständlern ist es recht.

Wenn der Change Agent vertrauensvoll und naiv ist, also wenig schlechte Erfahrungen gemacht hat, wird er ebenfalls dazu neigen, Ausreden und Hinhaltemanöver nicht zu durchschauen, sondern für bare Münze zu nehmen. Es kann sehr lange dauern, bis ihn der Verdacht beschleicht, daß da noch andere Absichten im Spiel sind.

Am Anfang allen Umgangs mit Widerständen steht die Diagnose. Der Change Agent merkt: Es gibt noch andere Intentionen als seine eigenen. Es gibt einige, die seinen Absichten entgegengesetzt sind. Verhaltensweisen und Ereignisse fügen sich in ein Muster, nämlich das der Gegnerschaft. Erst dann kann er überlegen, was tun.

Nimmt er verdeckte Widerstände nicht als solche wahr, spielt er ein Spiel mit, in dem andere die Regeln machen und von dem er weder merkt, daß, noch wozu es gespielt wird.

VII
Veränderungsprojekt
Mehr Frauen in die Führung!

Der Agentin des Wandels wurde ein weiteres Thema vom Vorstand genehmigt. Auch dieses soll in einer Projektgruppe, bestehend aus Frauen und organisiert von unserer Heldin, bearbeitet werden. Es geht um Frauen in Führungspositionen und vor allem um die Fragen: Warum gibt es so wenige? Wie können es mehr werden?

In der Chemie AG sind Frauen auf den Führungsebenen erheblich unterrepräsentiert: 20 von 460 Abteilungsleitern sind Frauen, also weniger als 5%. Im ganzen Unternehmen gibt es nur eine Bereichsleiterin.

Damit steht das Unternehmen nicht allein. Wenn es um Führungsaufgaben geht, sind Frauen generell unterrepräsentiert. Nur 3% der westdeutschen und 4% der ostdeutschen Führungspositionen sind mit Frauen besetzt (Direktorin, Amts- oder Betriebsleiterin, Abteilungsleiterin, Prokuristin, Sachgebietsleiterin oder Referentin) (BfA 1997). Die Gründe dafür sind vielfältig. Sicher ist vor allem die Stabilität dieses Zustandes. Er hat sich in Jahrzehnten kaum verändert. Vor etwa 15 Jahren schien Bewegung zu entstehen: Es wurde viel über den zu erwartenden Mangel an qualifizierten Fachkräften geschrieben. Frauen sollten dadurch neue Chancen bekommen. Sozialkompetenz, so hieß es, wird immer dringender benötigt, die flachen Hierarchien und die neue Unternehmenskultur seien Veränderungen, die den Aufstieg von Frauen nach sich zögen, »soft skills« seien im Kommen. Manche Autorinnen, wie z.B. Eva Brumlop (1992), waren skeptisch, und sie haben recht behalten. Die Zahlen haben sich nicht geändert. Früher wurde dieser Zustand vor allem mit fehlender Qualifikation von Frauen erklärt. Dies aber läßt sich schon lange nicht mehr halten: In vielen Unternehmen drängen sich auf mittleren Ebenen überqualifizierte Frauen, die sich in der Hoffnung auf Karriere zudem noch ständig weiterqualifizieren, ohne Aussicht auf Erfolg.

Unternehmen wollen natürlich nur in Personal investieren, das eine lange und ununterbrochene Verweildauer im Betrieb erhoffen läßt. Bei Frauen erwartet man viel eher als bei Männern, daß sie aufgrund ihres familiären Engagements ihre Berufstätigkeit unterbrechen oder auch ganz einstellen.

Daher sind die Personalabteilungen vielfach der Auffassung, daß sich die Investition in Weiterbildung oder Nachwuchsförderungsprogramme nicht recht lohne.[3]

Auch gilt immer noch die alte Regel, daß Führungskräfte einander ähnlich sein möchten und deswegen nur Personen fördern, die ihnen gleichen.[4]

Auf den unteren Ebenen wirken strukturelle Schließungsmechanismen: Frauen werden bevorzugt in Bereichen eingestellt – und bewerben sich auch gern für diese Bereiche –, von denen der Übergang in den Linienaufstieg schwieriger ist, z. B. Bildung, Personalwesen, Verwaltung. Sie präsentieren sich seltener in den Gremien, die den Führungskräftenachwuchs aussuchen. Und wenn sie es tun, werden sie seltener ausgesucht.

Es gibt also zu dem Thema aus verschiedenen Untersuchungen in anderen Unternehmen einige Hypothesen über mögliche Ursachen.

Unser Change Agent will eine Projektgruppe ins Leben rufen, die erforscht, wie die Situation in der Chemie AG aussieht, und gegebenenfalls Veränderungsvorschläge entwickelt.

Der Start ist schwierig. Die Projektgruppe – fünf Frauen aus der ehemaligen AG Chancengleichheit – kommt nicht in Gang. Das Engagement ist zu gering. Die Agentin des Wandels löst die Gruppe auf und sucht sich neue Frauen zur Mitarbeit. Sie will das Thema nicht fallenlassen, denn der Vorstand hat das Projekt gerade genehmigt.

Nach einem holprigen Beginn kommt das Vorhaben langsam in Schwung.

Es ist unklar, auf welche Weise Personen in der Chemie AG Zugang zu Führungsaufgaben erhalten. Es gibt einige Gremien und Zirkel, in denen die zukünftigen Führungskräfte diskutiert werden, aber die Entscheidungswege und -prozeduren sind

nicht transparent. Die Frauen wollen das Thema aus der Grau-
zone herausholen. Sie möchten untersuchen, ob und wie der
Zugang zu Führungsaufgaben in der Chemie AG geregelt ist.
Dann wollen sie Maßnahmen entwickeln und Forderungen
aufstellen. In Zukunft sollen in allen Gremien die Frauen vertreten sein; das wichtigste, das sogenannte »Potential Assessment«, wollen sie paritätisch besetzt haben.

Als die Ergebnisse vorliegen und die Maßnahmen präzisiert
sind, geben sich die Frauen große Mühe mit der Darstellung.
Es soll sie keiner mit dem Hinweis abschmettern, sie hätten ihre
Aussagen nicht fachgerecht präsentiert. Um sicherzugehen, organisieren sie zwei »Probeläufe«. Sie stellen die Ergebnisse den
»Friends of Chance« und einer Runde interessierter Abteilungsleiterinnen vor. Die Anregungen beider Gruppen werden
aufgenommen und eingearbeitet.

Nach einem Jahr präsentieren sie ganz offiziell vor einem
großen Kreis von Leitern und Mitarbeitern des Personalbereichs. Die Veranstaltung gelingt und mißlingt zugleich. Sie
gelingt, denn die Präsentation verläuft inhaltlich gut. Die Auf-
machung entspricht den Standards. Aber die Frauen haben ihr
Ziel nicht erreicht. Sie wollten Entscheidungen an Ort und
Stelle, sie wollten wissen: Welche Vorschläge werden aufge-
griffen, welcher Bereich übernimmt was? Dieses Ziel haben sie
verfehlt, denn diskutiert wurde fast gar nicht und entschieden
auch nicht. Unsere Heldin schreibt ein Protokoll und schickt es
den Beteiligten.

Drei Monate vergehen. Die Referentin für Chancengleichheit wird zum Bereichsleiter Personalentwicklung gebeten.
Ihm sind die Führungskräfteentwicklung und die Weiterbildung unterstellt. Er findet, die Präsentation sei vor der falschen
Gruppe erfolgt. Das Personalwesen sei für das Thema nicht die
richtige Adresse; die Frauen sollten außerhalb des Personalbereichs »auf eigene Faust« Vorgesetzte ansprechen und sie dafür
gewinnen, mehr Frauen zu fördern. Unsere Heldin ist empört.
Ihre Geduld ist zu Ende. Nicht allein, daß dieser Herr die Zusammensetzung der Gruppe moniert, die er selbst so vorgeschlagen hat! Jetzt sollen die Frauen auch noch ohne Auftrag in
der Firma Personalmarketing betreiben! Sie will nicht mit ihm
diskutieren. Sie möchte nur eines wissen: Wird er etwas tun,

oder wird er nichts tun? Als sie keine Antwort bekommt, geht sie. Die Projektgruppe hat, so sieht sie es, ein dreiviertel Jahr umsonst gearbeitet.

Dennoch, ganz umsonst war die Arbeit der Gruppe nicht.

- Eine Studie zum Gehaltsvergleich ist in Auftrag gegeben. Nach knapp einem Jahr, im Mai 1994, liegt sie vor. Aber sie wird nicht zur Präsentation freigegeben. Das Thema steht in den zuständigen Ausschüssen auf der Tagesordnung, wird aber unbehandelt wieder abgesetzt. Im Februar 1995 wird dem Vorstand ein Papier vorgelegt, das die Ergebnisse der Studie auszugsweise und in präsentationsfähiger Form enthält. Unser Change Agent bittet um Freigabe. Der Vorstand wünscht Überarbeitung (mehrfach). Im Juni 1995 – ein Jahr nach Fertigstellung der Untersuchung – kann Frau P. schließlich den Abteilungsleiterinnen und der Projektgruppe »Mehr Frauen in die Führung!« die wichtigsten Ergebnisse präsentieren. Diese sind eindeutig – beweisen aber noch keine bewußte Benachteiligung: Die Frauen verdienen im Schnitt erheblich weniger als die Männer in vergleichbaren Positionen. Vor allem aber bleiben sie viel länger ohne Beförderung auf ihren Stellen. Ihr Aufstieg ist also viel langsamer, wenn er überhaupt erfolgt. (»Die Verweildauer ist größer«, heißt das im abgeklärten Deutsch der Untersuchung.) Die Karriereentwicklung der Frauen ist also in finanzieller und hierarchischer Hinsicht sehr viel langsamer als die der Männer.
- Das Thema: »Fördern die Förderungsgremien auch Frauen?« wird am Beispiel des Potential Assessment weiterverfolgt (s. Kap. X).
- Die Personalabteilung verpflichtet sich, Zahlen zur Einstellung außertariflicher Mitarbeiterinnen und Mitarbeiter aus den letzten zehn Jahren vorzulegen.
- Die Abteilung Führungskräfteentwicklung wird eine Liste von Mitarbeiterinnen zusammenstellen, die nach Ausbildung und beruflicher Erfahrung für eine Entwicklung zur Führungskraft in Frage kommen. Sie wird außerdem bei den Vorgesetzten nachfragen, falls diese Mitarbeiterinnen nicht zur Teilnahme am Potential Assessment benannt werden.

(Diese Aufstellung wurde tatsächlich gemacht. Nach langer
Zeit und mehreren Ermahnungen kam eine kleine Liste.
Frau P. bezweifelt aber, daß diese potentiellen Kandidatin-
nen je durch die Führungskräfteentwicklung aktiv bei ihren
Vorgesetzten in Erinnerung gebracht wurden.)

Wieder hat eine Projektgruppe des Referats isoliert getagt, die
Zuständigen waren nicht eingebunden und ließen sich nicht
einbinden. Die Change Agentin zahlt ihren Preis dafür, daß der
Grundkonflikt des ersten Jahres nicht anders entschieden
wurde. Nun sind es immer Projekte des Referats Chancengleichheit, die Agentin des Wandels leitet sie und ist verantwortlich; die Frauen beteiligen sich aus verschiedenen Moti-
ven, manche tun es auch nur Frau P. zuliebe. Engagement und
Verantwortung werden nicht wirklich geteilt, ganz sicher nicht
von Mitarbeitern des Personalwesens. Unsere Heldin ist bitter
enttäuscht vom Resultat der Abschlußbesprechung – so sehr,
daß sie die kleinen Erfolge gar nicht mehr sieht.

Aber sie ist den verdeckten Widerständen endlich auf die
Spur gekommen. Und zum ersten Mal gibt es im Unternehmen Kenntnisse darüber, wie eine Führungskraft in der Firma
»entsteht«. Allerdings ist dieses Wissen zur Zeit auf die Gruppe
beschränkt, die es erarbeitet hat. Es wurde von den Zuständigen, denen, die kraft ihres Amtes damit arbeiten könnten und
müßten, nicht aufgenommen.

Ob der Change Agent allein oder ob eine Projektgruppe sich
ein Thema vornimmt, eine wichtige Frage ist immer: Wann
werden die Zuständigen einbezogen? Die Projektgruppe hat
nicht nur den Weg, den die hoffnungsvollen Nachwuchskräfte
durch den Apparat zurücklegen müssen, nachgezeichnet. Sie
hat damit auch eine wertende Aussage gemacht: So werden in
unserem Unternehmen Führungskräfte erzeugt, und dieser
Prozeß hat folgende Bedeutung für die Chancengleichheit.

Sie erarbeitet Veränderungsvorschläge, mit Hilfe derer die
Chancen von Frauen erhöht werden sollen.

Diesen Maßnahmen müssen die zuständigen Vorgesetzten
aus dem Bereich Personalentwicklung zustimmen. Sie waren
zwar bei der Präsentation anwesend. Aber teilen sie die Auffassung der Projektgruppe? Sehen sie Handlungsbedarf? Herrscht

Einigkeit über die Diagnose? Es hat wenig Sinn, Taten zu fordern, wenn diejenigen, die handeln sollen, keinen Bedarf sehen.

Die Projektgruppe hat sich große Mühe gegeben, die Präsentation formal so zu gestalten, daß sie den Standards entspricht, also keinen Anlaß zu Abwertung oder Ablehnung bietet.

Dafür ist eine andere Vorüberlegung auf der Strecke geblieben: Wie können die Untersuchungsergebnisse so übermittelt werden, daß die Zuhörer sich damit ernsthaft befassen und auseinandersetzen müssen. Wie können die präsentierenden Frauen Schweiger zum Reden, Ausweichende zu Stellungnahmen, Unwillige zum Handeln bewegen?

Die Übermittlung von Daten und die Bewertung dieser Daten ist auch immer ein Stück Widerstandsarbeit – denn unangenehme Ergebnisse stoßen erst einmal auf Abwehr.

VIII
Rhetorik für den Umgang mit Widersachern

Was kann ein Mensch unternehmen, wenn er im Gespräch zu unterliegen droht?

Es ist wirklich sehr ärgerlich: Eine gut vorbereitete Präsentation, technisch wie inhaltlich einwandfrei dargestellt, wird nicht ernsthaft diskutiert. Da stellt sich die Frage: Haben die Projektgruppenmitglieder wirklich alles getan, was möglich war? Was hätten sie weiter versuchen können?

Jede Situation, in der Menschen einander von Angesicht zu Angesicht begegnen, sind Orte und Gelegenheiten der Machtausübung. Diese Macht hat verschiedene Quellen. Sie stammt nicht nur aus der Funktion oder der hierarchischen Stellung der Beteiligten, sondern auch aus ihrer Fähigkeit, Gesprächssituationen und die Beziehung zu den anderen in ihrem Sinne zu gestalten. Sie drückt sich auch in der Geschicklichkeit aus, die Absichten der anderen zu behindern oder gar zu vereiteln.

Unser Change Agent und die Projektgruppe haben sich für ihre Präsentation Ziele gesetzt, die sie erreichen möchten. Sie stehen nun vor der Frage, wie sie ihre Zuhörer möglichst erfolgreich im Sinne dieser Ziele beeinflussen können.

1. Wer präsentiert, führt

Wie unsere Geschichte zeigt, reicht es nicht aus, eine Präsentation so vorzubereiten, daß ihre Form den Erwartungen und Standards entspricht. Darauf hatte die Projektgruppe im Vorfeld ganz besondere Anstrengungen gerichtet. Sie wollten sich nicht aufgrund technischer oder visueller Mängel wieder an die Arbeit schicken lassen. Aber es zeigte sich: Um erfolgreich Einfluß zu nehmen, reicht es nicht aus, einwandfrei zu präsentieren.

Eine gute Darstellung ist wichtig, aber nicht ausreichend für
den Erfolg. Nach der Sitzung hat Frau P. keinen Zweifel: Viele
Einwände auf der methodischen Ebene waren nur vorgeschoben.

Die Gruppe hat sich ein *Ziel* gesetzt: Sie will eine Entscheidung
hier und jetzt. Die Mitglieder sehen keinen Grund, warum das
nicht möglich sein soll, denn alle Zuständigen sind versammelt.
Aber: Sie erreicht ihr Ziel nicht. Die meisten Zuhörer entziehen sich. Und die Gruppe hat für diesen Fall kein anderes Ziel
festgelegt. Sie hat keine Rückzugsposition geplant und formuliert, die sie anstreben will, wenn sie ihr Hauptziel nicht erreicht. Als sich abzeichnet, daß die Zuhörer sich nicht engagieren und nicht hier und jetzt entscheiden wollen, hat die
Gruppe kein Ziel mehr.

Es hat sich bewährt, in der Vorbereitung auf eine Verhand-
lung nicht nur ein Ziel, sondern auch ein *Rückfallziel* zu formulieren. Dann geraten die Projektmitglieder nicht in eine Situation des Alles oder Nichts, aus der sie mit leeren Händen
hervorgehen, wenn sie nicht alles gewinnen.

In unserer Geschichte hätte so ein Rückfallziel z. B. darin
bestehen können, Einverständnis über die erarbeiteten Diagnosen zu erzielen oder zumindest eine Auseinandersetzung
über die Diagnosen. Es hätte auch darin bestehen können, die
einzelnen Hierarchen zu einer Stellungnahme zu veranlassen:
Wo sehen sie Handlungsbedarf und wo nicht. Diese Aussagen
könnten dann Grundlage für die Weiterarbeit in veränderter
Zusammensetzung sein.

Zur Vorbereitung der Sitzung gehört, nicht nur die Präsentation vorzubereiten, sondern das Treffen als einen *Verhand-
lungsprozeß* zu definieren – und nicht als eine Situation, in der
die Gruppe Arbeitsergebnisse abliefert, über deren weiteres
Schicksal sie leider keine Kontrolle mehr hat. Zu diesem Ver-
handlungsprozeß lädt die präsentierende Gruppe ein. Daher
führt sie. Sie führt von Anfang bis Ende und sollte auf diese
Aufgabe vorbereitet sein. Wenn sie nicht darauf vorbereitet ist,
dann wird sie die Einflußmöglichkeiten, die in der *Führungs-
rolle* liegen, nicht nutzen können. Und es wächst die Gefahr,
daß ihr die Leitung aus der Hand genommen wird. Wenn sie

aber führt, kann sie Vorgaben machen, zu denen sich die Eingeladenen verhalten müssen. Das heißt, sie müssen sich zeigen. Dann ist ein wichtiges Etappenziel im Umgang mit Widersachern erreicht: Der Gegner muß Position beziehen und bekanntgeben, wo er steht.

Wenn die Agentin des Wandels und die Projektgruppe ihre *Arbeit politisch verstehen*, werden sie sich vor dem Treffen überlegen, wer von den Versammelten sie wohl unterstützen könnte. Sie werden die Beteiligten in Gruppen einteilen: definierte, bekannte Gegner, versteckte Widersacher, offene Bundesgenossen, Neutrale, Unbekannte.

Sie werden sich frühzeitig darum bemühen, das *Kräfteverhältnis* zu ihren Gunsten zu beeinflussen. Das heißt, sie werden die Feinde Feinde sein lassen und sich um ihre Bundesgenossen und potentiellen Unterstützer bemühen. Sie werden ihnen von ihren Wünschen erzählen, werden erkunden, wie die Interessenlage der Unterstützer aussieht, werden ihnen darlegen, was sie von ihnen erwarten, und werden in Erfahrung bringen, womit sie von seiten der Koalitionspartner rechnen können. Vielleicht setzen sie sich vorher schon zusammen und überlegen, welche *Vorteile* es für die Schwankend-Zugeneigten haben könnte, die Projektgruppe in einzelnen Punkten, vielleicht nicht in allen, zu unterstützen. Dann könnten sie einzelne schon vor der Sitzung zu gewinnen versuchen.

Und schließlich gehört zur Vorbereitung auch der Versuch, Distanz zu gewinnen. Mit ihrem Projekt hoch identifizierte und emotional sehr engagierte Menschen können zwar als Personen beeindrucken und berühren. Wenn es aber darum geht, Funktionsträger mit unterschiedlichen Interessen gewieft und geschickt im Sinne eigener Ziele zu beeinflussen, wenn es darum geht, sich nicht so rasch ins Bockshorn jagen zu lassen und auf eine Situation flexibel zu reagieren, aber dennoch das eigene Ziel nicht aus den Augen zu verlieren – dann fährt man mit dem Prinzip *Hirnschmalz statt Herzblut* besser.

2. Manche Tugenden sind hinderlich

Leider sind einige Verhaltensweisen, die wir landläufig als Tugenden betrachten, nicht sonderlich brauchbar, wenn man sich in einer Sitzung erfolgreich behaupten muß.

Natürlich ist es für Kollegen angenehm, wenn jemand in der Lage ist, *Kritik anzunehmen*. Das ist eine Fähigkeit, die wir uns oft von anderen wünschen. Aber bei der Verfolgung und Durchsetzung eigener Ziele im Gespräch kann diese Bereitschaft höchst hinderlich sein. Wenn die Projektgruppe für Fehler in ihrer Präsentation kritisiert wird, dann honoriert keiner, daß sie sich einsichtig zeigt (höchstens vielleicht das Über-Ich der Betroffenen). Im Gegenteil, diese Haltung spielt denen in die Hände, die sich inhaltlich nicht äußern, geschweige denn festlegen möchten.

Wenn die Projektgruppe auf Kritik eingeht, schwächt sie sich nur, denn die Widerständler setzen nach: Sie nutzen die Bereitschaft, um die Situation zu ihren Gunsten umzudefinieren: Von einem Treffen, in dem sie sich festlegen und eine Verpflichtung eingehen sollen, in dem sie Stellung nehmen müssen zu den Ergebnissen und Vorschläge der Projektgruppe, verwandeln sie die Situation in eine Nachhilfestunde, die sie freundlicherweise erteilen. Wenn die Widersacher geschickt sind, bleiben sie dran und verknüpfen als nächstes formale Einwände mit inhaltlichen. Plötzlich erscheint die ganze Arbeit als wertlos. Es ist gelungen, die Situation zu »kippen«: Anstatt etwas zu fordern, muß sich die Gruppe verteidigen und rechtfertigen. Den Widersachern geht es gut: Sie brauchen sich zu den Forderungen nicht mehr zu äußern.

So einer Entwicklung kann rechtzeitig Einhalt geboten werden. Eine Variante besteht darin, den Drang zu Einsicht und Selbstkritik erfolgreich zu unterdrücken und statt dessen einen *Gegenangriff* zu starten: Auch die Widersacher haben Fehler gemacht. Sicher gibt es Dinge, die sie falsch gemacht, unterlassen, versäumt haben. Jetzt wäre ein guter Zeitpunkt, sie daran zu erinnern.

Wem das nicht gefällt, der kann wenigstens darauf achten, daß er oder sie nicht auf die Kritik eingeht, sondern z. B. sagt: »Ich schlage vor, wir stellen die formalen Fragen erst mal zurück und bleiben bei den Inhalten ...«, und dann ohne Unterbrechung zu dem ursprünglichen Thema zurückkehrt.

Gegen die Versuchung, sich höflich und einsichtig zu zeigen, kann unsere Heldin sich und ihrer Gruppe das Rückgrat stärken. Sie muß sich klarmachen: Das Gesprächsgeschehen läuft auf zwei Ebenen. Auf der einen werden die Inhalte, die »Sachen« diskutiert – auf der anderen geht es um die Frage, wer die Macht hat, wer bestimmt, was in der Situation geschieht und wo es langgeht.

Höfliche Umgangsformen im Gespräch sind natürlich immer angenehm, aber es kann notwendig sein, dagegen zu verstoßen. Manche Menschen haben die fortgesetzte Rede zu einer Waffe entwickelt, die sie einsetzen, um eine Diskussionssituation zu ihren Gunsten zu beeinflussen. Sie bestimmen das Geschehen einfach dadurch, daß sie sprechen und daß sie keinen anderen zu Worte kommen lassen.

Wer sie ungestört sprechen läßt, über den wird bestimmt. Wer fragt: »Darf ich Sie mal unterbrechen?«, ohne es zu tun, wird wohl weiter zuhören müssen. Nur wer tatsächlich unterbricht und auf der Unterbrechung beharrt, hat eine Chance, die Leitung zurückzugewinnen.

Eine weithin gepriesene Tugend (besonders der Frauen) ist die Fähigkeit – und Willigkeit –, *sich* in die Verfassung anderer *einzufühlen* und das Geschehen aus deren Perspektive zu betrachten. Diese Bereitschaft ist recht hinderlich bei der Verfolgung eigener Ziele. Denn jeder Widerständler wird sie zu nutzen wissen. Er braucht nur überzeugend darzulegen, wie schwierig seine Situation ist – und schon fühlen die anderen mit ihm und stellen ihr Anliegen zurück. In einem großen Unternehmen gibt es so gut wie niemals eine Zeit, in der weder einschneidende Veränderungen noch Marktschwankungen, noch besondere Vorstandswünsche, noch Spezialprojekte die Mitarbeiter beanspruchen. Wer solche Argumente verständnisvoll aufnimmt (und vielleicht noch Mitleid mit dem überlasteten Kollegen äußert), wird mit seinen eigenen Anliegen nicht weit kommen.

Bescheidene Menschen, die eher zurücktreten, als sich vordrängen, müssen damit rechnen, zurückgedrängt zu werden. Sie können nicht erwarten, daß andere ihre Wünsche wichtiger nehmen, als sie sie machen. In einer Kultur, in der Symbole so bedeutsam sind, in der Status und Rang stets mitgedacht werden, muß man klotzen und nicht versuchen, durch *Bescheidenheit* beeindrucken zu wollen. Diskretes Zurücktreten erlaubt anderen, die darauf warten, nur, ihrerseits vorzutreten und den Raum für eigene Profilierung und eigene Zwecke zu nutzen. Für diejenigen, die sich schwertun, vom bescheidenen Auftreten Abschied zu nehmen, ein kleiner Hinweis: Es gibt durchaus Möglichkeiten, auf bescheidene Art und Weise die eigenen Verdienste, Vorzüge und bedeutende Beziehungen ins Spiel zu bringen. Unauffällig, aber wirksam – versuchen Sie es mal!

3. Eine Einladung zum Kräftemessen
Dranbleiben, Ausreizen, Konfrontieren

Vor zwanzig Jahren, als die Frauen Selbstbehauptung üben sollten und zu diesem Zwecke besondere Kurse angeboten wurden, hieß eine beliebte Trainingsmethode »Schallplatte mit Sprung«. Damals gab es noch Plattenspieler und das ärgerliche Vorkommnis, daß die Nadel in Kratzern und Sprüngen der Platte hängenblieb und plötzlich begann, eine Passage endlos zu wiederholen. Die Methode »Schallplatte mit Sprung« bedeutete nicht unbedingt eine endlose wörtliche Wiederholung, aber gemeint war: *dranbleiben*, sich nicht vom Vorhaben abbringen lassen, Ablenkungen freundlich anhören und dann zum eigenen Thema zurückkehren.

Geübte Widerständler kennen und nutzen viele Möglichkeiten – besonders dann, wenn sie ihren Widerstand nicht offen zugeben möchten –, um das Gegenüber von seinem Ziel abzulenken. Sie verwirren z.B., indem sie irgendeine nebensächliche Aussage kritisieren. Wenn daraus eine Debatte mit Erklärungen und Rechtfertigungen entsteht, vergeht die Zeit, und am Ende bleibt alles offen, weil der nächste Termin droht.

Oder sie entmutigen, indem sie in Bausch und Bogen alles für nicht machbar erklären. Oder sie fangen an, eine lange Geschichte zu erzählen. Oder sie verwickeln sich untereinander in Streitgespräche über ein irrelevantes Thema.

Ein besonders beliebtes und wirksames Verfahren ist das der

Abwertung. »Sie konnten mal wieder nicht klar priorisieren!«
oder auch: »Diesmal recht hübsch gegliedert!« sind Bemerkun-
gen, die leicht dazu führen können, daß unser Change Agent
nicht »dranbleibt«, sondern sich in Kampfeshandlungen oder
Rechtfertigungen stürzt. Am Ende sind Ziel und Thema verlo-
rengegangen. Ein klarer Sieg für die Widerständler.

In diesen und vielen anderen Situationen ist »Dranbleiben«
geboten: das Thema und das Ziel präsent zu halten, dahin zu-
rückzuführen, Ablenkungsmanöver ins Leere laufen zu lassen,
immer wieder auf das Vorhaben zurückzukommen: »Das mag
alles sein – im Augenblick geht es aber um folgende Frage . . .«

Eng verwandt mit dem Dranbleiben ist das *Ausreizen* von
Verhandlungssituationen und -positionen. Wenn die Agenten
des Wandels Maximalforderungen stellen und damit auf Ablehnung stoßen, dann ist die Frage: Wie weiter? Wer kein
Rückfallziel hat und wer die Situation im eigenen Kopf nicht
von vornherein als Verhandlungssituation definiert hat, wird
möglicherweise den Mut verlieren und alles aus der Hand
geben.

Wenn auf jeden Vorschlag oder bei jeder Forderung nur zu
hören ist, warum es so bestimmt nicht geht, kann es passieren,
daß die Veränderer resignieren und darüber vergessen zu fragen, wie es denn gelingen könnte.

Zum Ausreizen gehört auch, das Gegenüber in die Enge zu
treiben, um herauszufinden, was denn wirklich drin ist. Vielleicht müssen die Projektgruppenmitglieder zurückstecken,
vielleicht müssen sie sich mit weniger zufrieden geben, vielleicht sind Kompromisse gefordert – das herauszufinden ist das
Ziel des Ausreizens.

Die Widerständler ihrerseits werden sich ins Zeug legen,
dem zu entgehen. Sie werden Denkverbote errichten, sie werden versuchen, das Gegenüber zu ärgern und zu reizen, damit
er oder sie sich in einen Streit verbeißt. Sie werden versuchen,
auf Nebengleise auszuweichen. Sie werden abwerten, Vorwürfe machen und auf die Tränendrüse drücken. Sie werden
um Verständnis bitten und andere vorschieben. Sie werden Bedingungen behaupten, die einer Untersuchung nicht standhal-
ten – alles mit dem Ziel, möglichst wenig zu geben. Der
Change Agent muß dran bleiben. Wenn er flexibel und stur ist –

stur in der Verfolgung seines Ziels und flexibel in der Reaktion auf die Manöver der anderen – kann er mit sich zufrieden sein. Denn er hat vielleicht sein Ziel nur teilweise erreicht, aber aus der Situation das Beste herausgeholt.

Aushandeln setzt voraus, daß die Verhandlungspositionen klar werden. Bei geheimgehaltenen Widerständen sind die Positionen aber nicht klar. Dazu bedarf es erst einer *Konfrontation*. Andere zu konfrontieren heißt nicht unbedingt, aggressiv zu sein. Es ist eher eine Einladung zum Kräftemessen. Die Konfrontation hat viele Gesichter. Der Change Agent kann z.B. eine gewundene Aussage auf den Punkt bringen, so daß deutlich wird, was der Sprecher undeutlich lassen wollte. Er kann ein Zwischenresümee ziehen, das die Verweigerung beim Namen nennt. Er kann seine Eindrücke beschreiben; er kann natürlich auch angreifen. Konfrontationen sind eher kurz als lang. Sie sind kraftvolle Interventionen, und daher in einem Machtkampf wichtig. Sie ziehen ihre Kraft aus Direktheit und Klarheit und aus der Tatsache, daß sie Ungesagtes beim Namen nennen.

Konfrontationen sind keine Selbstaussagen oder Mitteilungen über sich selbst, wie etwa: Ich bin entmutigt, ich weiß nicht weiter, ich denke nach, ich bin glücklich, traurig, zuversichtlich. Zur Konfrontation wird so eine Bemerkung erst, wenn auch das Gegenüber vorkommt: Sie wollen nicht. Oder, schwächer: Wir haben sechs verschiedene Maßnahmen vorgeschlagen. Ich stelle fest, Sie möchten keine unserer Ideen aufgreifen.

Das Gegenüber wird konfrontiert mit einer Einschätzung, einer Wahrnehmung, einer Beschreibung der Ereignisse. Ziel der Konfrontation ist es, den anderen zu einer Bewegung zu veranlassen. Je machtvoller die Konfrontation, desto stärker der Druck, der von ihr ausgeht. Die Konfrontation provoziert zu Widerspruch, Eingeständnis, Veränderung – jedenfalls zu einer Stellungnahme. In der Auseinandersetzung mit indirekten Widerstandsformen lassen sich so vielleicht die Füchse aus dem Bau locken. Die Provokation kann dazu führen, daß die anderen Position beziehen, ein wichtiger Schritt in Verhandlungen, die sich durch Ausweichmanöver und Gummiwände auszeichnen.

Zu einer erfolgreichen Konfrontation gehören Mut und Stehvermögen. Wenn die Bemerkung erfolgreich ist, dann wird sie ein Echo haben, z. B. heftigen Widerspruch hervorrufen. Wer ein unangenehmes Echo fürchtet, wird keine Konfrontation wagen. Wer die Konfrontation wagt, aber der Reaktion nicht standhält, sondern in die Knie geht und einen Rückzieher macht, hat verloren.

Oft reicht eine einmalige Konfrontation nicht aus, sondern der Change Agent muß noch einmal nachsetzen, also seine Aussage wiederholen, vielleicht verschärfen, um ein Echo zu bekommen. Und wenn die Reaktion erfolgt, heißt es wiederum: dranbleiben, nicht nachgeben, notfalls die eigene Aussage erläutern und begründen – aber in jedem Fall nicht locker lassen, bis eine Verständigung über den Wahrheitsgehalt der Konfrontation erfolgt ist; oder – auch das gehört dazu – bis festgestellt wurde, daß es zu keiner Verständigung kommt (»We agree to disagree«). Auch dies ist eine Verdeutlichung der Positionen.

Eine erfolgreich durchgezogene Konfrontation ist ein kleiner Sieg. Er verschiebt das Kräfteverhältnis zugunsten des oder der Gewinner. Sie sind jetzt mächtiger, als sie vorher waren. Sie werden vom Gegner auch mehr respektiert. Diese Situationsmacht und ihr gestiegenes Ansehen können sie nutzen, um Zugeständnisse zu fordern oder Bedingungen zu setzen.

Eine erfolgreiche Konfrontation heißt aber auch: Jemand wurde entlarvt. Er mußte etwas preisgeben, was er nicht preisgeben wollte. Das kann kränkend sein und Rachegelüste hinterlassen.

4. Spezialfall Situationsdiagnose

Eine besondere Form der Konfrontation ist die Situationsdiagnose.

Wenn wir uns im Gespräch befinden, sammeln wir laufend Eindrücke von der Situation, vom anderen, von uns und von der Entwicklung des Gesprächs. Wir verarbeiten innerlich diese Eindrücke zu Einschätzungen und Bewertungen. Diese geben wir in der Regel nicht preis, aber wir arbeiten damit. In unerfreulichen oder unproduktiven Gesprächssituationen besteht die Möglichkeit, den anderen die eigene Einschätzung der Situation mitzuteilen mit dem Ziel, darüber ins Gespräch zu kommen und so den Gesprächsverlauf oder die Gesprächsatmosphäre zu verbessern.

Mit diesem Vorgehen sind einige Risiken verbunden.

1. Wenn der Change Agent die inhaltliche Auseinandersetzung verläßt und den anderen mitteilt, wie er die momentane Gesprächssituation oder auch den Verlauf einschätzt, dann wechselt er die Ebene. Er spricht über das, was hier und jetzt zwischen den Beteiligten geschieht. Die anderen werden sich dagegen wehren, weil es ihnen unangenehm ist und sie dabei stört, ihre Ziele zu erreichen. Eine wichtige Aufgabe des Change Agent besteht in so einer Lage darin, durchzusetzen, daß die Ebene gewechselt wird. Möglicherweise mißlingt ihm das. Die anderen gehen nicht auf das ein, was er sagt, sondern fahren in der inhaltlichen Diskussion fort.

Wenn er stark genug ist und beharrlich bleibt, hat er vielleicht Erfolg: Das Gespräch wendet sich dem von ihm angeschnittenen Thema zu.

2. Wenn der Change Agent seine Situationseinschätzung mitteilt, gibt er etwas sehr Persönliches von sich preis. Er weiß nicht, ob andere seine Meinung teilen oder ob er mit seinen Eindrücken ganz allein steht. Allein stehen ist immer unangenehm, aber in diesem Fall dem Vorhaben nicht sehr hinderlich. Natürlich wird er für seine Einschätzung und seine Eindrücke kämpfen. Er wird versuchen, sie zu untermauern. Andere werden ihm widersprechen und dabei ihre eigene Sichtweise mitteilen. Damit ist ein wichtiges Ziel erreicht: Die Beteiligten tauschen sich aus über ihre Einschätzung des Gesprächs. Der Austausch wird offener. Nun zeigt sich, wo es Gemeinsamkeiten und wo es Differenzen gibt. Manchmal finden alle Beteiligten, daß es besser gehen könnte, und setzen sich gemeinsam für eine Verbesserung ein. Auch dann, wenn es zu keiner einheitlichen Einschätzung kommt, verändert die Diskussion über die Gesprächssituation deren weiteren Verlauf.

Wenn alle wieder zum eigentlichen Thema zurückkehren, ist der Umgang offener, und die Bereitschaft, ernsthaft zu prüfen, was denn möglich ist, hat zugenommen.

Im ungünstigen Fall finden alle, es war vertane Zeit. Das Ansehen des Initiators dieser Zwischenbilanz hat gelitten, und die Energie ist gesunken.

Eine Diskussion über das Hier und Jetzt durchzusetzen ist immer ein Akt der Machtausübung. Er besteht darin, die anderen dazu zu zwingen, sich von dem, was sie gerade besprechen, ab- und einem anderen Thema zuzuwenden.

IX
Kampfplatz
Organisationsdiagnose

1. Vorklärungen

Die alte Beraterweisheit »Keine Maßnahme ohne Diagnose!« warnt Agenten des Wandels davor, sich ohne jede Grundlage ins Veränderungsgetümmel zu stürzen. Ein Veränderungsvorhaben bedarf eines Problems, das als Motor und Energiespender dient. Dieses muß untersucht werden, um Ausmaß, Ursachen und die Gründe für seinen Fortbestand kennenzulernen. Dazu können auf unterschiedlichen Wegen Daten erhoben werden: durch Einzelgespräche, durch schriftliche Befragungen, durch Gruppengespräche, im Rahmen von Workshops etc. Diese Daten müssen gesichtet, gebündelt und verdichtet werden. Erst dann ensteht daraus eine Diagnose, *eine wertende Zusammenschau von Einzelinformationen, die diese in einen Zusammenhang stellt und ihnen einen gemeinsamen Sinn gibt.*

Diagnosen, die von den Beteiligten selbst erarbeitet werden, liefern nicht nur Informationen über die Problematik und ihre Hintergründe, sondern sie involvieren auch die Betroffenen in die Untersuchung ihrer Verhältnisse. So schaffen sie Unruhe und Engagement – zwei wichtige Voraussetzungen dafür, daß ernsthaft versucht wird, den Status quo zu verändern.

Nur selten haben betriebliche Probleme eine einzige Ursache, auch das Verhalten eines einzelnen Menschen ist in der Regel nicht »schuld«. Meist wirken mehrere Bedingungen zusammen, um einen bestimmten Zustand zu erzeugen und aufrechtzuerhalten. Für die diagnostische Arbeit bedeutet dies: Es geht meist um *die Untersuchung und Beschreibung eines Geflechts von Bedingungen, die in ihrem Zusammenwirken einen unerwünschten Zustand hervorrufen oder perpetuieren.*

Die Entscheidung darüber: »Was ist eigentlich das Problem, und wer ist davon betroffen?« ist immer auch Ausdruck von In-

teressenlagen und Machtverhältnissen. Denn nicht nur die Veränderung eines gegebenen Zustands ist umstritten, sondern
schon seine Bewertung. Daher sind alle Diagnoseprozesse immer auch Machtkämpfe, und akzeptierte Diagnosen sind ent-
schiedene Machtkämpfe.

Die Auseindersetzungen um die Definition der Problematik
ist für das weitere Vorgehen von Bedeutung. Denn wer schon
kein Problem gesehen hat, wird der Diagnose nicht zustimmen
und wird sich noch weniger für Maßnahmen zur Veränderung
des Zustands stark machen.

Wenn Diagnose die wertende Zusammenschau von Einzelinformationen ist, die in einen gemeinsamen Sinnzusammen-
hang gestellt werden, dann bedarf es zunächst solcher Einzelinformationen, sprich Daten und Fakten. Der Change Agent
oder die Projektgruppe können eine Datenerhebung planen
und durchführen, zum Beispiel eine schriftliche Befragung, ein
Gruppeninterview, standardisiert oder halbstandardisiert. Ein
Bild wird gemalt, ein Gespräch unter vier Augen geführt, eine
Statistik in Auftrag gegeben. Alsdann bedarf es einer Verdich-
tung der Daten, einer Zusammenschau und einer Bewertung.
In dieser Phase werden die unterschiedlichen Interessen besonders sichtbar. Verschiedene Personen, Funktionsträger oder
Gruppen nehmen Einfluß auf die Bewertung der Ergebnisse.
Man kann versuchen, diesen Beeinflussungsprozeß herauszu-
schieben, indem ein einzelner – z. B. der Change Agent – oder
eine Gruppe, die sich einig ist – z. B. eine homogen zusam-
mengesetzte Projektgruppe –, die Daten verdichtet und interpretiert und dann mit fertigen Diagnosen »an die Öffentlichkeit« tritt. So verläuft der Meinungsbildungsprozeß zunächst
ungestörter, aber die Auseinandersetzung ist nur aufgeschoben.

Datensammlung und -interpretation sind keine einmaligen
Ereignisse, sondern Tätigkeiten, die den Veränderungsprozeß
begleiten. Fortlaufend erfolgt von seiten des Change Agent
und auch im Gespräch der Projektgruppe ein Abgleich zwischen dem, was geschieht, und den Annahmen, die bisher
leitend waren. Wenn sich Diskrepanzen zeigen, müssen die
Veränderer aktiv werden: z. B. dadurch, daß sie darauf hinweisen, daß sie Nachbesserung fordern, daß sie bisherige Annahmen problematisieren.

Die Frage: »Wer ist wann in welcher Weise an der Diagnose-
arbeit beteiligt?« muß entschieden werden. Denn die Beteiligung oder die Nichtbeteiligung bestimmter Funktionen hat
Folgen.

Der Change Agent kann allein arbeiten und fertige Diagnosen präsentieren. Er wird zum Experten seines Themas und
kann, wenn Interesse besteht, seine Expertise an das System
weitergeben. Knifflig ist die Übergabe: Was tun, wenn kein Interesse besteht, was tun, wenn die Diagnosen nicht akzeptiert
werden?

Eine Teilmenge des Systems, z. B. eine Projektgruppe, erhebt die Daten, verdichtet und interpretiert sie und speist sie
dann in das Gesamtsystem ein. Wenn eine Gruppe Betroffener
Diagnosen erarbeitet, wird die Umwelt erst mal unterstellen,
die Ergebnisse seien interessengebunden und daher mit Vor-
sicht zu genießen. Wenn Vertreter unterschiedlicher Interessen
mitwirken, dann kann es geschehen, daß die Gruppe nicht ar-
beitsfähig ist.

Die Bereitschaft, mit der die Ergebnisse der Projektgruppe
akzeptiert werden, ist auch abhängig von ihrer Zusammensetzung.

2. Wer hat ein Problem?

In den ersten Jahren ihrer Amtszeit sammelt die Agentin des
Wandels Daten und Fakten über die Situation der Frauen in
der Chemie AG. Sie nutzt dabei ganz unterschiedliche Quellen. Sie stützt sich auf die Vorarbeiten der ehemaligen Arbeitsgruppe Chancengleichheit. Sie spricht im Rahmen ihrer
Amtseinführung und Vorstellung mit zahlreichen Einzelpersonen. Aus vielen Gesprächen versucht sie, Themen herauszufil-
tern, bei denen Handlungsbedarf sichtbar wird. Sie macht
Zustände und Gegebenheiten ausfindig, in denen Chancengleichheit nicht gegeben ist oder durch die ungleichen Chancen perpetuiert werden. Wenn der Bedarf ihrer Ansicht nach
einigermaßen klar ist, dann entwickelt sie Ideen dazu, wie eine
mögliche Veränderung aussehen könnte. Im nächsten Schritt
versucht sie, diese Ideen an die Mitarbeiter des Bereichs Perso-

nalwesen weiterzugeben, damit diese sie ausarbeiten und umsetzen.

Dieser Weg erscheint ihr logisch, da sie ihre Tätigkeit mit einer Annahme – gewissermaßen einer Vordiagnose – begonnen hat. Sie war der Überzeugung, daß das Personalwesen ihres Unternehmens durch die innere Haltung der Beteiligten, durch die Instrumente und Prozeduren, die bei der Personalbewirtschaftung verwendet werden, Ungleichheit zwischen Männern und Frauen produziert oder mindestens reproduziert. Sie hat daher diesen Bereich des Unternehmens als den Ort definiert, der der Veränderung bedarf. Wenn das Personalwesen sich verändert, dann wird darüber eine Veränderung der ganzen Firma in Richtung »mehr Chancengleichheit« erfolgen.

Und, noch wichtiger: Sie war überzeugt, daß der Bereich Personalwesen diese Ansicht teilte, daß die Hierarchen und die Fachfunktionen wußten, daß sie Männern und Frauen ungleiche Möglichkeiten eröffnen, und daß sie damit ein Problem hatten. Sie ging davon aus, daß die Personaler gern herausfinden wollten, wie sie durch ihre Instrumente und Verfahren zu der Problematik beitragen, und daß ihre Ideen und Vorschläge deshalb mit Interesse aufgenommen würden.

Aber sie hat sich geirrt – ihre Vordiagnose ist in Teilen falsch. Das Personalwesen mag zur Chancenungleichheit beitragen – keiner weiß genau, auf welche Weise – aber niemand hat damit ein Problem, und keiner möchte herausfinden, wie das geschieht und wie es zu verändern wäre.

Nur eine hat ein Problem: die Agentin des Wandels, denn sie findet keine Abnehmer für ihre Überlegungen.

Es ist unbestritten, daß Frauen auf allen Führungsebenen unterrepräsentiert sind. Die Change Agentin nimmt an, daß Frauen mit beruflichen Ambitionen sich davon betroffen fühlen, und beginnt ein Projekt zu diesem Thema. Aber in der ersten Gruppierung sind viele nicht genügend motiviert, und auch im zweiten Anlauf bleibt ein Großteil der Arbeit an ihr selbst hängen. Die erarbeiteten Diagnosen werden von den Fachleuten zur Kenntnis genommen. Die Entscheider haben ihre persönliche Interpretation des Problems und seiner Ursachen, aber über diese teilen sie nichts mit. Unsere Heldin erfährt nicht, ob die Entscheider das Problem sehen, wie sie darüber denken, und wie sie die erarbeiteten Analysen einschätzen.

Statt dessen erhält unsere Heldin gute Ratschläge in Hülle und Fülle. Diese verfolgen ganz offensichtlich das Ziel, ihr Thema und seine Bearbeitung vom eigenen Arbeitsbereich fernzuhalten.

Die Agentin des Wandels stellt fest: Sie muß gleichzeitig auf zwei diagnostischen Ebenen arbeiten. Sie muß möglichst viel über die Lage der Frauen im Unternehmen herausfinden und die Ergebnisse mit Daten, Fakten und Zahlen belegen. Auf einer zweiten Ebene muß sie ermitteln, ob überhaupt irgend jemand das Problem sieht und für wichtig hält, dessentwegen ihre Stelle eingerichtet wurde. Anstatt den Problemdruck als Antrieb für Veränderungsprojekte nutzen zu können, steht sie vor der Aufgabe, die Existenz ihres Themas nachweisen zu müssen.

3. Daten und Fakten

Die meisten Mitarbeiter und Mitarbeiterinnen halten am Mythos der Gleichbehandlung fest. In ihren Augen gibt es keine gravierende Benachteiligung von Frauen. Es mag das eine oder andere Unrecht geben – aber das sind Einzelfälle.

Daher kommen sie gar nicht darauf, daß es ergiebig und nützlich sein könnte, Statistiken nach Geschlechtern getrennt zu führen. Also gibt es solche Statistiken nicht.

Es gibt nicht einmal weibliche Berufsbezeichnungen. Nur die Raumpflegerin und die Sekretärin werden als Frauen geführt. Selbst die Erzieherinnen – alles Frauen – sind Erzieher.

Kurz gesagt: Im Unternehmen ist man der Überzeugung, daß das Geschlecht zur Beschreibung und zum Verstehen von Arbeitsverhältnissen keine relevante Kategorie sei. Anstelle von Daten gibt es feste Ansichten über die Wirklichkeit.

Die Agentin des Wandels steht vor der Aufgabe, diese festen Ansichten durch Daten zu erschüttern oder zu bekräftigen. Und sie braucht diese Daten dringend, um immer dann, wenn es geleugnet wird, den Nachweis führen zu können: Das Problem, dessenthalben sie eingestellt wurde, existiert tatsächlich.

Im Laufe der Zeit entstehen viele kleine und größere Projekte der Datenerhebung und der statistischen Auswertung.

Ein erfolgreiches Projekt ist die Statistik geschlechtsspezifischer Personaldaten. Durch sie soll erreicht werden, daß die Situation von Männern und Frauen im Unternehmen, soweit sie sich quantitativ darstellen läßt, transparent wird; ebenso wie die Veränderungen in einem Berichtsjahr. Change Agent und Statistikabteilung arbeiten zusammen: Die Statistik wird jährlich veröffentlicht und soll als Grundlage für eventuelle Maßnahmen dienen. Sie wurde über fünf Jahre fortgeführt und ist jetzt Standardaufgabe.

Die Frauen in den Projektgruppen haben Zahlen und Daten zu ihrem Thema gesammelt. Erstmals gibt es ein Wissen darüber, wie viele Frauen überhaupt in den Gremien zur Auswahl von Führungskräften auftauchen und mit welchem Ergebnis. Es kann sich auch jeder darüber informieren, welche Gremien sich in der Chemie AG mit dieser Aufgabe befassen.

Wer sich dafür interessiert, kann auch erfahren, wieviel die Firma jährlich für externe Aushilfen ausgibt, die bei Engpässen, Urlauben und Krankheiten auf Zeit eingestellt werden. Und wieviel die Firma sparen würde, wenn sie den Schreibkräften irgendeine Art Laufbahn eröffnete.

Ein weiteres Projekt ist die Auswertung der Betriebsvereinbarung zur flexiblen Arbeitszeit, die jetzt seit 20 Jahren existiert. Gerade zu diesem Thema gibt es eine Reihe von Meinungen, aber keine Daten. Es gibt z. B. die Überzeugung, daß Teilzeitarbeit in sogenannten qualifizierten Bereichen nicht möglich sei. Frau P. vermutet, daß in solchen Bereichen schon in Teilzeit gearbeitet wird, nur weiß das niemand.

Es geht außerdem die Sage, daß von allen Frauen, die die Möglichkeit der Teilzeitarbeit nutzen, mindestens 85 % vormittags Halbzeit arbeiten. Aufgrund dieser Annahme verweigern die Vorgesetzten weitere Teilzeitarbeit. Die Agentin des Wandels schätzt die Lage anders ein. Sie ist der Auffassung, es seien vielleicht 50−60 %, die nur vormittags arbeiten. Das sind immer noch sehr viele – aber es könnte sich auch herausstellen, daß eine ganze Reihe von Frauen und auch von Männern nach anderen Modellen arbeitet, z. B. 2 1/2 Tage und dann Pause. Keiner weiß es genau. Unbekannt ist auch, in welchen Unternehmensbereichen diese verschiedenen Modelle praktiziert werden, und wie sie funktionieren.

Wenn zu diesen unbegründeten Meinungen Daten vorlägen, würde sich die Spreu vom Weizen scheiden lassen: Es würde dann deutlich werden, wer bereit ist, etwas zu verändern und wer nur verhindern möchte.

Quantitative Analysen sind natürlich unterschiedlich heikel, je nachdem, worum es geht, und je nach Ergebnis.

Geldangelegenheiten sind immer besonders heikel, daher dauert es auch über ein Jahr, bis die Studie zum Gehaltsvergleich von Männern und Frauen endlich zur Veröffentlichung freigegeben wird.

Chronologie einer heiklen Statistik

15. Juni 93 Die Projektgruppe »Mehr Frauen in die Führung!« fordert bei der Präsentation ihres Maßnahmenkatalogs: »Vergleich der Gehälter von außertariflichen Mitarbeiterinnen und Mitarbeitern sowie eine Prüfung der Zugehörigkeit, Position und Verweildauer auf den einzelnen Hierarchiestufen.« Die Abteilungsleiterin Personalpolitik sagt die Anfertigung der Studie zu.

Juli 93 bis Mai 94 Die Studie wird erarbeitet.

Mai 94 Die Studie liegt vor.

September 94 Der Bereichsleiter Personal sagt der Referatsleiterin Chancengleichheit in einem Schreiben zu, die Abteilungsleiterin Personalpolitik werde aus den Ergebnissen ein zur Präsentation geeignetes Papier entwickeln, so daß die Agentin des Wandels es noch in diesem Jahr vorstellen könne.

Ende Oktober 94 Vorbereitungsgespräche mit Frau H., die die Studie angefertigt hat.

Anfang November 94 Vorbereitungsgespräch zwischen Frau P., der Abteilungsleiterin Personalpolitik und der Verfasserin. Termin für die Fertigstellung des Vortrags für die Betriebsöffentlichkeit: Geplant Januar 95.

Dezember 94 Das Thema soll im Personalpolitischen Ausschuß behandelt werden – TOP 3 –. Es wird kurzfristig abgesetzt.

Januar 95 Zwischenbescheid der Agentin des Wandels an die Projektgruppe »Mehr Frauen in die Führung!« und Ankündigung der Ergebnisse für März 95.

Februar 95 Vortrag von Frau H. zur Studie »Berufliche Situation der außertariflich beschäftigten Frauen in der Chemie AG« wird zur Freigabe an den Personalvorstand und den Bereichsleiter Personal geschickt.

Auch noch Februar 95 Zusage der Abteilungsleiterin Personalpolitik gegenüber der Change Agentin, daß die Zustimmung bis zum 6. März vorliegen wird.

Immer noch Februar 95 Die Verfasserin, Frau H., informiert unsere Heldin, daß der Vortrag auf Veranlassung des Vorstands erneut überarbeitet werden muß.

Juni 1995 Präsentation der Ergebnisse vor der Projektgruppe und den Abteilungsleiterinnen: Die Frauen werden deutlich schlechter bezahlt, und vor allem: Sie müssen viel länger auf Beförderung warten.

Beim Thema »Gehaltsvergleich« war Brisanz zu erwarten – manchmal aber sind Befragungsergebnisse ganz unerwartet eindrucksvoll. Als eine große Mitarbeiterbefragung zum Thema »Arbeitszufriedenheit« durchgeführt wird, stellt die Agentin des Wandels sicher, daß die Frauen speziell zu ihrer Situation befragt und daß die Antworten von Frauen als solche in der Auswertung sichtbar werden. Das Ergebnis überrascht alle in seiner Eindeutigkeit: 35% aller Frauen fühlen sich von ihren Vorgesetzten unzureichend gefördert. Die Befragung ist von höchster Stelle veranlaßt und wird daher wichtig genommen. Unser Change Agent hofft, daß das Ergebnis nicht ohne Konsequenzen bleibt.

Die Statistiken werden nun nach Männern und Frauen getrennt geführt, so daß Unterschiede zwischen ihnen bei einem großen Themenspektrum rasch sichtbar gemacht werden können. Damit ist das Wissen vorhanden und abrufbar. Die Daten sind entsprechend aufbereitet. Frauen treten – was die Zahlen angeht – jetzt als eine eigene Gruppe in Erscheinung. Offen bleibt die Nutzung dieses Wissens. Wer interessiert sich dafür, wer akzeptiert die Aussagen dieser Daten? Wer will Konsequenzen daraus ziehen?

4. Transmissionsversuche

Wer immer Zustände eines Systems bewertet oder bewerten läßt, steht vor der Aufgabe, seine Daten und Fakten, aber noch mehr: seine Bewertungen und die Schlüsse, die er daraus zieht, in das diagnostizierte System zu implementieren. Das muß geschehen, denn wenn nur der Change Agent seine Schlüsse zieht, tut sich gar nichts.

Unsere Heldin kann von diesem Problem ein langes Lied singen. Sie hat verschiedenes versucht: Sie hat sich darum bemüht, die Mitarbeiter des Personalwesens frühzeitig für eine Beteiligung zu gewinnen, um sie in die Datensammlung und die Einschätzung der Ergebnisse einzubinden und um ihre Fachkompetenz zu nutzen. Damit ist sie gestrandet. Die Verweigerung der Mitarbeit kam für sie so unerwartet, daß sie es kaum glauben konnte. Erst nach vielfältigem Klinkenputzen wurde ihr klar: Die Vorgesetzten wollen kein Personal zur Mitarbeit an ihren Themen freistellen. Und da sie mächtiger sind als die Agentin des Wandels, wird auch niemand freigestellt. Später bekommt sie vom Vorstand mehrere Projektgruppen genehmigt. Diese arbeiten in einem definierten Rahmen an verschiedenen Themen. Sie erforschen die Sachlage, sammeln Daten, komprimieren diese zu Hypothesen und leiten aus diesen konkrete Maßnahmen ab. Aber sobald sie mit ihrer Arbeit an die »Öffentlichkeit« treten, wird es schwierig.

Wenn die Diagnose vorliegt, liegen Fakten und Bewertungen auf dem Tisch. Ausmaß, Art und Hintergrund des Problems sind deutlicher geworden. Unser Change Agent und auch die Projektgruppe, die sich mit Elan an die Erforschung innerbetrieblicher Zustände gemacht hat, muß feststellen: Nicht alle suchen nach der Wahrheit. Bewertende Aussagen über Funktionsweise oder Dysfunktionalitäten des Systems rufen Widerstände auf den Plan.

Viele Menschen haben die Neigung, Probleme erst einmal

zu leugnen, bis sie daran gehindert werden oder bis es nicht
mehr geht. Untersuchungen und Diagnosen erschweren es,
Mißstände zu verleugnen. Sie stören die Verdrängung. Sie
könnten auch vorgefaßte Meinungen irritieren. Funktionsträger im Unternehmen haben feste Vorstellungen über innerbetriebliche Zustände. Sie wissen Bescheid. Daher bedarf es in
ihren Augen keiner genaueren Analyse. Untersuchungsergebnisse, die nicht mit ihren Vorstellungen übereinstimmen, sind
schon deswegen unangenehm. Die Ergebnisse können aber
auch wichtig sein und daher heikel. Sie können das Selbstverständnis des Unternehmens oder der Beteiligten betreffen; sie
können Machtfragen tangieren; sie können liebgewordene
Überzeugungen als falsch entlarven. Die Akteure müssen die
Ergebnisse entkräften oder ihre persönliche Wahrheit revidieren. Da letzteres besonders unangenehm ist, verbeißen sie sich
gern in die Fehlerhaftigkeit der Diagnose.

In unserem Fall haben die Projektgruppen schlechte Karten.
Es sind ausschließlich Frauen, die da zusammengearbeitet haben, kluge, tüchtige und fleißige Frauen. Aber keine von ihnen
ist mächtig im Sinne der Hierarchie. Es gibt sehr wenige mächtige Frauen in der Chemie AG. Die Projektgruppen haben daher keine Möglichkeit, ihre Ergebnisse mit Druck ins System
zu implementieren. Sie versuchen also, die »Abnehmer« ihrer
Erkenntnisse möglichst günstig zu stimmen. In den vergangenen Monaten hat unsere Heldin die Erfahrung machen müssen, daß verschiedene ihrer Darstellungen aus ganz formalen
Gründen abgewertet wurden. Nun versucht die Projektgruppe, alles perfekt vorzubereiten, um dafür keine Handhabe
zu bieten.

Sie erregt auch keinen Anstoß, aber sie erreicht gar nichts.
Die Arbeit an der Stromlinienförmigkeit der Präsentation hat
nichts genützt. Es gibt kein Interesse daran, mehr Frauen in die
Führung zu bekommen, daher gibt es auch kein Interesse, zu
verstehen, warum so wenige dort sind. Im Vorfeld der Präsentation war das Desinteresse schon zu ahnen, denn die Organisation des Treffens erwies sich als unendlich schwierig. Und
während der Sitzung zeigt sich erneut: Null Bock auf Chancengleichheit.

Frau P. hat aus früheren Erfahrungen gelernt, daß formale

Probleme nur vorgeschoben sind, daß sie sich an deren Bewältigung nicht abarbeiten muß. Aber weder sie noch die anderen Frauen schaffen es, die Zuhörer mit ihren Ergebnissen so zu konfrontieren, daß es zu einer ernsthaften Diskussion kommt. Die versammelte Runde hält sich bei einzelnen Vorschlägen auf. Bei verschiedenen Forderungen weisen sie nach, daß diese aus dem einen oder anderen Grunde nicht zu realisieren sind. So ersparen sie es sich, die Problemlage wirklich zur Kenntnis nehmen zu müssen – und sie kommen damit durch. In der Gestaltung des Treffens erweisen sich die Zuhörer – die Männer – als mächtig und die präsentierende Projektgruppe – die Frauen – als ohnmächtig.

Hase und Igel

Wir haben im Unternehmen einen bestimmten Zustand, nämlich daß Frauen z.B. auf Führungsebenen unterrepräsentiert sind. Da geht es schon los: Ist das überhaupt so? Viele behaupten, das stimmt nicht, obwohl es bisher keine Daten dazu gab. Es ist ein emotional aufgeladenes Thema, und jeder argumentiert, ohne von großer Sachkenntnis angekränkelt zu sein. Viele sagen: Nein, das Problem existiert gar nicht.

Aber nehmen wir einmal an: Es existiert doch. Dann taucht die Frage auf: Wer ist schuld, was trägt dazu bei, woher kommt dieser Zustand? Da will sich natürlich niemand Frauenfeindlichkeit nachsagen lassen. Es gibt also keine Erklärung für diesen Zustand, außer der einen: Die Frauen sind selber schuld.

Und schließlich, wenn es um Maßnahmen geht, da wird argumentiert: Diese Maßnahme ist nicht durchführbar, oder sie ist ohne Folgen.

Auf allen Ebenen können die Widerstände sich wie die Blutegel festsaugen, und die Widersacher können nach Belieben die Ebene wechseln:

Wenn man ihnen nachweist, daß das Problem existiert, dann behaupten sie, die Maßnahmen seien falsch, und wenn man die Maßnahme begründet, dann bezweifeln sie die Ursachen – und so fort. Es gibt nie auf irgendeiner Ebene eine Einigung, auf der sich aufbauen ließe.

Nach zwei Jahren dieser Art von Rackerei macht sie eine Bestandsaufnahme ihrer eigenen Arbeit und urteilt: So geht es nicht weiter. Sie hatte zu viele Illusionen über die Veränderungsbereitschaft des Unternehmens. Ihre Aktivitäten versanden. Die passive Erwartungshaltung überwiegt allerorten – nicht nur bei den Frauen. Es gibt nicht viele, die sie und ihre Arbeit unterstützen. Das Personalwesen greift ihre Initiativen nicht auf.

Und ihre Zielvorstellung von einem ganzheitlicheren Leben für Männer und Frauen, auch in einem Unternehmen, erfüllt viele Männer mit Grauen: Das wäre ja die Hölle – noch mehr Nähe! Sie muß sich etwas anderes einfallen lassen. Sie ist entschlossen:

»Die Zeit des Analysierens und Verstehens ist jetzt vorbei. Jetzt wird konfrontiert und gefordert!«

X
Veränderungsprojekt
Potential Assessment

Wie viele große Unternehmen hat auch die Chemie AG ein besonderes Verfahren, mit Hilfe dessen Mitarbeiter ausgesucht werden, die später Führungsaufgaben in der Firma übernehmen sollen und die für die Übernahme dieser Aufgaben »herangezogen« werden. Das sogenannte »Potential Assessment« sind zweitägige Klausurveranstaltungen. Die Teilnehmer an diesen Klausuren werden in der Regel durch ihre Vorgesetzten zur Teilnahme vorgeschlagen. Die Kandidaten bekommen mehrere Aufgaben gestellt, die sie im Rollenspiel, in Verhaltensübungen oder auch in schriftlicher Form bearbeiten. Bei der Lösung der Aufgaben werden sie beobachtet. Am dritten Tag tragen die Beobachter ihre Ergebnisse zu einer Gesamtbewertung zusammen. Sie schätzen ein, welches Potential die einzelnen Kandidaten für die Übernahme von Führungsaufgaben mitbringen. Das Ergebnis ist für die zukünftige Laufbahn dieser Personen, für ihre Aufstiegschancen und ihre Förderung in der Firma entscheidend.

An den Assessments nehmen wertende und nicht-wertende Beobachter teil. Die nicht-wertenden haben nur eine beratende Stimme, die wertenden entscheiden, wie das Entwicklungspotential der Kandidaten einzustufen ist. Die Gruppe der wertenden Beobachter besteht aus vier Hauptabteilungsleitern und zwei Abteilungsleitern des Personalwesens. Die Abteilungsleiter sollen die allgemeine personalpolitische Linie des Hauses im Auge behalten. Die zwei nicht-wertenden Beobachter sind: ein Mitglied des Betriebsrates und – seit es sie gibt – unsere Heldin, die Referentin für Chancengleichheit.

Die Zusammensetzung der Beobachtergruppe ist in den Statuten des Potential Assessments geregelt. Die Sitzungen finden zwei- bis dreimal jährlich statt. Zuständig ist der Abteilungsleiter Führungskräfteentwicklung.

Der Psychologe Peter R. Hofstätter hat in seinem Buch »Gruppendynamik« (1962) die Vorteile von Gruppen benannt: Er sagt unter anderem, sie seien unter bestimmten Bedingungen effizienter als einzelne bei Aufgaben des Hebens und Tragens, des Suchens und Findens und bei Aufgaben des Bestimmens. Der Vorteil beim Heben und Tragen ergibt sich aus einer – gut organisierten – Addition der Kräfte. Der Vorteil beim Suchen und Finden ergibt sich aus dem Prinzip des Fehlerausgleichs, mit Hilfe dessen Irrtümer minimiert werden. Und der Vorteil des Bestimmens tritt in Situationen auf, in denen die Suche nicht zur Klärung und zur Entscheidungsfindung führt. Dann kann eine Gruppe die Lage definitorisch klären, nämlich durch Normsetzung. »Der Mensch in der Gruppe« – schreibt Hofstätter (S. 61) – »bestimmt Normen und ist sich dieser seiner Leistung nur sehr selten bewußt; er neigt vielmehr dazu, die von ihm bestimmten Normen als Sachverhalte anzusprechen, die schon immer da waren und die es nur zu finden galt.«

Die Firma sieht das Potential Assessment als eine Aufgabe des Suchens und Findens an: Eine Gruppe soll die Erfüllung vorgegebener Kriterien in einer Bewerbergruppe suchen und entdecken.

Die meisten Bewerbungsgespräche gehen von der Annahme aus: Die Bewerber unterscheiden sich. Ihre Eignung – die wir nicht sehen können – für eine bestimmte Aufgabe ist unterschiedlich. Die Interviewer sollen suchen und entdecken, was verborgen ist: die Menge der Eignung. Auswahlgespräche und Bewerbungsverfahren sind ziemlich gut erforscht. Ein wichtiges Ergebnis ist die Feststellung, daß die Auswähler nicht suchen und finden, sondern bestimmen. Sie entdecken nicht mit einem intellektuellen Suchgerät die verborgene Eignung, sondern sie füllen das Vakuum des Nichtwissens mit eigenen Vorstellungen, d. h., sie bestimmen: Wer paßt zu uns, wen wollen wir. Sie wissen aber in aller Regel nicht, daß sie bestimmen, und das macht ihre Entscheidung fehleranfällig. Sie meinen von sich, sie suchten einen Kandidaten, der den Kriterien, die ihnen vorgegeben sind, am ehesten entspricht. In Wirklichkeit aber handeln sie nach dem Prinzip: Wenn ich jemanden treffe, der mir ähnlich ist, dann bestimme ich: Das ist ein Bewerber mit Potential.

Noch immer folgen Einladung und Beförderung in wichtige Gremien und auf hohe Hierarchiestufen dem Prinzip der Ähnlichkeit und der Konformität. Manager sorgen dafür, daß der Nachwuchs ihnen ähnlich ist.[5]

Wenn die wertenden Beobachter im Potential Assessment bestimmen, welche Sorte von Personen in der Firma zu Führungskräften aufgebaut werden, dann folgen sie dabei dem Prinzip der Ähnlichkeit. Sie wählen Leute, die ihnen ähnlich sind. Alle Männer sind ihnen ähnlicher als jede noch so begabte und tüchtige Frau.

Wir können davon ausgehen, daß Frauen in diesem Verfahren – sei es auch absichtslos – benachteiligt sind. Das Prinzip »ich fördere diejenigen, die mir ähnlich sind« greift schon früher. Eine Analyse der Daten zeigt: Es werden viel weniger Frauen von ihren Vorgesetzten zur Teilnahme am Potential Assessment vorgeschlagen als Männer. Und die Bewertung in den Klausuren ist sicher ein gutes Beispiel dafür, wie soziale Ausschließungsmechanismen wirken, ohne aktives Bemühen der Beteiligten, unbemerkt und natürlich bestritten. Ähnlich problematisch ist es mit der Qualifikation. Dieser scheinbar objektive Begriff ist schon vielen zum Verhängnis geworden, die an seine Objektivität glaubten.

Qualifikationsstandards haben immer eine Doppelfunktion: Sie gewährleisten, daß die Angehörigen eines Berufes, die Ausgewählten für eine Tätigkeit, die zu ihrer Ausübung notwendigen Kenntnisse und Fertigkeiten besitzen. Sie legitimieren gleichzeitig auch den Ausschluß anderer.

Zulassung oder Ausschluß – das ist vielfach diskutiert und nachgewiesen[6] – sind nie nur objektiv, sondern gleichzeitig immer eine Entscheidung darüber, ob jemand einem Kreis angehören soll oder nicht, erwünscht ist oder nicht. Die Agentin des Wandels findet schon bei ihrer ersten Teilnahme, daß die einzige weibliche Kandidatin benachteiligt wird. Durchsetzungskraft und Entscheidungsstärke – bei den anderen Kandidaten ein absolutes Muß – werden bei ihr als unsympathisch erlebt. Ihr Verhalten wird durch die Männerrunde unsachlich und tendenziös kommentiert – mit verstohlenen Seitenblicken auf die Referentin für Chancengleichheit. Die Kandidatin steckt in dem vertrauten Dilemma: Will sie sich als Führungs-

kraft profilieren, gilt sie als unweiblich. Unweibliche Frauen
wollen die Männer ungern fördern. Zeigt sie sich weiblich, gilt
sie als ungeeignet für die Führungsaufgaben.

Schon die Projektgruppe »Mehr Frauen in die Führung!«
hatte sich des Potential Assessment angenommen. Ihr Ziel war:
paritätische Besetzung der bewertenden Gruppe. Daran ist
nicht zu denken. Frau P. ist zwar auch der Meinung, daß die
Besetzung der Bewertergruppe nur mit Männern diese zu
einem Nadelöhr für aufstiegsinteressierte Frauen macht, aber
sie ist bescheidener. Sie möchte die blinden Flecken der Beobachter durch eine weibliche Stimme korrigieren und die Konformität durch eine abweichende Meinung erschüttern: Sie
will *eine* wertende Frau in der Beobachtergruppe.

Dezember 1991 Die Statuten erlauben es nicht.
Der Plan droht rasch zu scheitern: Die Hauptbewerter sind vier
Hauptabteilungsleiter. Auf dieser hierarchischen Ebene gibt es
in der ganzen Firma eine einzige Frau. Diese hat kein Interesse,
am Potential Assessment mitzuwirken. Eine Frau mit niedrige-
rem Status kann aufgrund der Statuten nicht genommen werden. Die zwei weniger wichtigen, aber auch noch wertenden
Beobachter sind Abteilungsleiter aus dem Personalbereich.
Könnte nicht einer von ihnen gegen eine Frau ausgetauscht
werden? Es gibt in diesem Bereich eine Abteilungsleiterin, aber
die ist mit ganz anderen Aufgaben betraut und kommt daher
nicht in Frage.

März 1992 Alle müssen einverstanden sein.
Die Suche nach geeigneten Frauen für die wertende Beobach-
tung erweist sich als schwierig. Es müssen mehrere sein, denn
bei den Männern gibt es einen Pool von möglichen Bewertern,
aus dem dann zu den einzelnen Treffen einige eingeladen werden. Dasselbe soll auch für die Frauen gelten. Die wertende
Beobachterin soll persönlich geeignet sein, willig und außerdem Abteilungsleiterin. Sie soll nicht zu jung sein und nicht zu
alt. Und schließlich müssen alle anderen beteiligten Vorgesetzten sie akzeptieren. Dieses Konsens-Prinzip ist neu.

Offenbar, so meint die Change Agentin, verbinden die
Männer mit der Teilnahme einer Frau die Möglichkeit einer

abweichenden Meinung, die Möglichkeit von Disharmonie. Das möchten sie unter allen Umständen vermeiden. Daher beharren sie darauf: Alle wertenden Männer müssen mit der neu hinzukommenden Frau hundertprozentig einverstanden sein, sonst geht es nicht. Diese neue Bedingung zu erfüllen erweist sich für unsere Heldin als schwierig. Schließlich hat sie drei Frauen gefunden, die geeignet sind. Das Personalwesen hat sich bereit erklärt, aus diesem kleinen Pool zu schöpfen. Aber die Herren haben einen Einwand: Eine der Frauen sei gleichzeitig Vertreterin des Sprecherausschusses der Leitenden Angestellten. Wieso ist das ein Problem? So genau kann das keiner sagen, aber es sei doch recht schwierig... Die drei benannten Frauen sind in ihren Funktionen im Unternehmen hoch angesehen. Sie sind seit vielen Jahren in der Firma – da ist keine mögliche »Gefährdung« zu erkennen, jedenfalls nicht mit bloßem Auge. Immerhin, die drei werden gebrieft und eingewiesen.

Oktober 1992 Eine Zusage »vor Zeugen«
Der Leiter der Abteilung Führungskräfteentwicklung hat eine wichtige Zusage gemacht: Er sei bereit, im nächsten Jahr die Zusammensetzung der Bewertergruppe zu verändern. Ein Abteilungsleiter aus dem Personalwesen soll ausscheiden und durch eine wertende Frau ersetzt werden.

Er hat es zugesagt, andere haben es gehört, und die Agentin des Wandels hat darauf hingewiesen, daß Zeugen anwesend sind.

Leider stehen die Termine für das kommende Jahr noch nicht fest. Wenn die Klausuren kurzfristig anberaumt werden, hat sie mit ihrer kleinen Gruppe von drei Beobachterinnen Probleme – womöglich kann dann keine einzige anwesend sein. Die Männer sind natürlich terminlich auch sehr eingespannt, aber sie haben einen viel größeren Pool, aus dem sie schöpfen können.

März 1993 Sie können sich nicht einigen.
Noch immer sind die Termine nicht bekanntgegeben. Eine alte Bekannte, die in der Führungskräfteentwicklung arbeitet, hat dem Change Agent zugeflüstert: »Sie können sich über die Zusammensetzung der Bewertergruppe nicht einigen.« Wenn die

Termine nun nicht bald kommen, wird wieder keine Frau als
wertende Beobachterin dabeisein.

Juni 1993 Die Statuten sind noch nicht umgeschrieben.
Unsere Heldin, beunruhigt und ungeduldig, läßt sich die Statuten des Potential Assessment kommen. Es ist ja nun seit län-
gerem beschlossene Sache, daß eine Frau mit Bewertungsrecht
teilnehmen wird. Aber, siehe da, die Statuten sind noch unver-
ändert. Der Anspruch ist noch nicht gesichert.

Dezember 1993 Showdown
Es kam, wie befürchtet: Die Termine werden kurzfristig anberaumt, die Change Agentin wird als nicht-wertende Beobachterin eingeladen, zwar immer zu spät, aber immerhin. Sonst
bleibt alles beim alten. Von ihrer Gewährsfrau hat sie erfahren:
Der Abteilungsleiter Führungskräfteentwicklung hat in seinem
Verständnis keine Zusage hinsichtlich einer wertenden Beobachterin gemacht. Zum Glück gab es nicht nur einen Zeugen
bei dem Gespräch, sondern Frau P. hat die Zusage protokolla-
risch festgehalten und das Protokoll an den Abteilungsleiter
und an den zuständigen Fachbereichsleiter geschickt. Der Abteilungsleiter korrigiert das Protokoll und teilt seinem Chef
mit, das sei eine falsche Aussage. Der Agentin des Wandels teilt
er das nicht mit. Aber sie hat ja ihre Gewährsfrau in seiner Abteilung. Und als er sie zu einem Gespräch bittet, ist sie bereits
informiert.

>Frau P., ich habe dieses Protokoll gelesen und bin damit nicht
einverstanden. Eine solche Zusage habe ich niemals gemacht!«
»Herr F., Sie wissen ganz genau, daß Sie das zugesagt haben!«
»Nein, das habe ich nicht. Ich werde die Angelegenheit noch
mal positiv prüfen, aber ich kann Ihnen nichts zusagen.«
»Dann haben Sie mir damals etwas gesagt, was Sie jetzt zurücknehmen. Und wenn Sie jetzt behaupten, Sie hätten es nie gesagt, oder die Zusage wieder zurücknehmen, muß ich den ganzen Fall meinem Vorgesetzten zur Klärung übergeben. So geht
das nicht. Ich habe die drei Damen informiert; eine von ihnen
ging auf Ihre Bitte schon mal zum Üben als Nicht-Bewertende
hin. Das ist ganz klar mit den Damen besprochen, und das wissen Sie auch.«

»Nein, das stimmt nicht. Aber ich werde versuchen, die Sache innerhalb der nächsten sechs Wochen zu klären. Ich muß mit meinem Chef sprechen und mit einigen anderen Herren. In sechs Wochen können Sie von mir eine Entscheidung erwarten. Im übrigen: Ich kann nicht einsehen, was macht in einer solchen Sitzung denn ein Herr Dr. O. eigentlich schlechter als eine Frau Dr. M.?«

»Herr F., ich möchte das wirklich nicht alles noch mal durchkauen. Ein gemischtes Team ist das einzige, was fair ist. Es ist eine wichtige Maßnahme, um die Chancen zu verbessern. In sechs Wochen erwarte ich Ihre Entscheidung. Sollte sie negativ sein, werde ich das natürlich nicht auf sich beruhen lassen.« »Sie drohen mir?« –

Ja, sie droht ihm.

Januar 1994 Die Freiheit der Vorgesetzten
Frau C., Abteilungsleiterin im Personalbereich, schickt der Change Agentin das Protokoll einer Sitzung in ihrem Bereich. Es enthält folgenden Passus: »Herr F. berichtet über eine Besprechung mit Frau P. Sie möchte die Personalleiterstelle im Potential Assessment durch eine Gleichstellungsbeauftragte ersetzen. Dies wird wahrscheinlich negativ entschieden werden.« Frau C. schreibt dazu: »Frau P., ich habe Ihren Vorschlag ganz anders in Erinnerung. Würden Sie das bitte mal klären lassen?« Die Agentin des Wandels schreibt einen ausführlichen Brief an den zuständigen Fachbereichsleiter Personalentwicklung. Sie legt das Ganze noch einmal in konzentrierter Form dar und bittet um eine Korrektur des Protokolls; eine Kopie ihres Schreibens geht an Frau C.

Sie hört: Herr F. ärgert sich. Vom Fachbereichleiter bekommt sie einen Dreizeiler zurück, er möchte doch die gute Tradition des mündlichen Gesprächs fortsetzen, vorher aber mit Herrn F. sprechen. Die Change Agentin teilt seiner Sekretärin mit, sie sei gern zu einem Gespräch bereit, wolle aber nicht noch einmal inhaltlich diskutieren. Sie wolle eine Entscheidung. Und sie möchte das Protokoll korrigiert haben.

Nun wartet sie ab. Sollte die Entscheidung negativ sein, ist sie zur Eskalation entschlossen: Der Personalvorstand bekommt dann eine Dokumentation des Falles. Sollte das auch nichts nützen, erwägt sie ihren Rücktritt. Denn wenn eine Maßnahme, die keine Schwierigkeiten macht, die abgesprochen und geklärt ist, die die Welt nicht aus den Angeln hebt, die mehr als kostenneutral ist – wenn selbst solch eine Maßnahme nicht getroffen wird, dann kann man das Veränderungsvorhaben einschmelzen. Die große Frage ist, ob der Vorstand sie unterstützen wird. Der steht nämlich auf dem Standpunkt: Die Vorgesetzten müssen entscheiden, da darf man sich nicht reinhängen, die haben ihre Entscheidungsfreiheit. Aber sie fürchtet: Wenn der Vorstand in diesem Fall keine Anweisung gibt, entscheiden die Vorgesetzten in aller Freiheit dagegen.

Februar 1994 Ein Kompromiß wird beschlossen
Der Fachbereichsleiter versucht zu vermitteln: Sicher war alles nur ein Mißverständnis. Nein, beharrt unser Change Agent, es war keines. Herr F. wird unter Druck gesetzt – er soll die Sache nun zum Abschluß bringen – aber sein Gesicht wahren soll er auch. Der Fachbereichsleiter sagt Frau P. zu: Wir finden eine Lösung!

Die sieht dann so aus: Es wird keinen Pool von drei Führungsfrauen geben (»ein Triumvirat!«), sondern nur zwei. Eine, die Herrn F. besonders mißfällt, wird nicht mitmachen. »Und«, so kündigt er an, »sehen Sie die Sache nicht zu positiv! Es kann immer Ausnahmen geben, es kann immer passieren, daß ich die Personalleiterstelle, die nun durch eine Frau ersetzt werden soll, für einen anderen Mann brauche – zum Beispiel, wenn aus irgendwelchen Gründen der Leiter der Weiterbildung dabeisein soll.« »Gut«, meint die Agentin des Wandels, »Ausnahmen gibt es immer, aber bitte Ausnahmen – und nicht zweimal im Jahr!«

Sie besteht auf einer schriftlichen Mitteilung, an ihr Referat und an die betroffenen Frauen. *Am 23. August 1994 nimmt zum ersten Mal eine wertende Beobachterin am Potential Assessment teil.*

Ein lehrreiches Exempel

Diese Geschichte illustriert eine Besonderheit von Veränderungsarbeit und eine spezielle Eigenart von Führungsgremien. Außerdem schildert sie einen Sieg unserer Heldin über sich selbst.

Maßnahmen, die sich auf die Weiterbildung und Entwicklung von Personen richten, sind immer leichter durchzusetzen als die noch so geringe Veränderung einer Regel, eines Ablaufs, einer Struktur. Offenbar wird die Weiterbildung sehr viel weniger ernst genommen. Sie bedroht keine Interessen und Besitzstände. Vielleicht wird sie als wirkungslos und daher ungefährlich angesehen. Wie einfach war es für unseren Change Agent, das Seminar »Meine berufliche Laufbahn« einzuführen und später im Angebot der Zentralen Weiterbildung zu verankern. Auch die Einführung weiterer Seminare für Frauen gelingt problemlos. Eine Vortragsreihe für Abteilungsleiterinnen darf sie auch anbieten. Solange es bei der Pädagogik bleibt, sind offenbar wirkliche Veränderungen nicht zu befürchten. Dagegen wird der Plan, ein Gremium etwas anders zusammenzusetzen, ernst genommen und ruft entsprechende Widerstände hervor. Hier will die Agentin des Wandels eine faktische, reale Veränderung erreichen. Der Kampf darum verschärft sich entsprechend.

In der Managementliteratur gibt es immer wieder Hinweise darauf, daß Leitungsgremien gern unter sich bleiben. Sie tendieren dazu, sich gegen Andersartige abzuschotten und durch die Regelung der Zugangsbedingungen sicherzustellen, daß Gleichartige rekrutiert werden. Das gilt nicht nur für Männergremien gegenüber Frauen, sondern auch für Weiße gegenüber Schwarzen, für Mittelklassenangehörige gegenüber Aufsteigern. Die Gleichartigkeit macht sicher und erleichtert die Verständigung. Die Anstrengung, andere – andersartige – zu verstehen und sich verständlich zu machen, entfällt. In Situationen von Ungewißheit und Mangel an Information – wenn die Notwendigkeit auftritt, bei unvollständigem Informationsstand zu entscheiden – entlastet es den einzelnen, zu einer Gruppe von Gleichartigen zu gehören, und verringert das subjektive Risiko.

Für dieses Phänomen liefert die Gruppe der Bewerter ein überzeugendes Beispiel. In ihrer Resistenz gegen eine Mitbewerterin bildet sich dieselbe Tendenz zur Schließung ab, die auch den Aufstieg von Frauen in höhere Führungsetagen erschwert.

Der erfolgreiche Kampf um die Teilnahme einer wertenden Frau ist auch ein persönlicher Sieg unserer Heldin über sich selbst: In der Auseinandersetzung mit ihrem Widersacher hat sie eine Situation wirklich zugespitzt und sich weder besänftigen noch abwimmeln lassen. Sie hat insistiert, gedroht, konfrontiert, geschimpft – kurz, sie ist wirklich unangenehm geworden und hat den Beteiligten keine andere Wahl gelassen, als zu entscheiden. Ihre Drohung, im Falle einer Ablehnung die Sache an die große Glocke zu hängen, hat überzeugt. Unter diesen Umständen erschien die Zustimmung als das kleinere Übel.

XI
Die Agentin des Wandels auf der Suche nach Motoren und Promotoren

Unser Change Agent hat die Teilnahme einer stimmberechtigten Bewerterin durchgesetzt – aber was für ein mühsamer Weg! Zur Veränderung bedarf es der Energie, es bedarf des Drucks und des Engagements von mächtigen Personen. Die Agentin des Wandels sieht, sie vergeudet ihre Kräfte, sie kommt nicht weiter, ihre Vorhaben entwickeln keinen Schwung.

Sie braucht Unterstützung von oben – bei den Männern; von unten – bei den Frauen. Sie hat viele Versuche unternommen, die Hierarchen und die Frauen für ihre Vorhaben zu mobilisieren. In diesem Kapitel wird erzählt, welche Erfahrungen sie in den ersten beiden Jahren damit gemacht hat.

1. Top down läuft nichts

Als Frau P. ihr Amt antrat, gab es viele Unbekannte im Spiel. Bei etlichen, für sie wichtigen Hierarchen war nicht klar, wie sie sich ihr und ihrem Thema gegenüber positionieren würden. Nach den Erfahrungen der ersten Jahre muß die Agentin des Wandels bilanzieren: Die Vorgesetzten im Personalbereich unterstützen sie und ihre Projekte nicht – oder jedenfalls nicht so, wie sie es sich vorstellt und wie sie es braucht. Sie kann diese Verweigerung kaum fassen.

Der Fürst ist an einem Gespräch über Chancengleichheit nicht interessiert

Der *Vorstand Personal* hat sie selbst ausgewählt und gewollt. Er hat sich für die Schaffung ihres Amtes stark gemacht, hat es durchgesetzt und hat sie persönlich ihrer Kollegin vorgezogen.

Unsere Heldin hat daher aktive Unterstützung erwartet. Sie war sich sicher, er würde für sie und ihre Vorhaben eintreten.

Sie hat sich geirrt. Er unterstützt sie zwar »im Prinzip« – aber eigentlich möchte er nun, da die Stelle besetzt ist, nicht mehr behelligt werden. Er möchte nur ab und zu der Presse einen Erfolg mitteilen können. Daher erkundigt er sich häufig – zu häufig: »Gibt es schon etwas? Können wir der Presse schon etwas sagen?«

Das ist alles. Gelegentlich gibt er ihr einen guten Ratschlag – aber er macht in seinem Bereich keinen Druck. Er verkündet das Thema und seine Bedeutung nicht auf allen Versammlungen der oberen Führungskräfte. Er veranlaßt die Manager aus dem Bereich Personal nicht, mit ihr zu kooperieren.

Sie legt ihm ein Positionspapier vor. Sie fordert ihn auf: Das Prinzip Chancengleichheit muß in die Unternehmensgrundsätze aufgenommen werden. Der Personalvorstand schickt ihr das Papier zurück mit der Bemerkung:

> »Sehr gut gegliedert, viel klarere Prioritäten! Im übrigen besprechen Sie bitte mit den zuständigen Personalabteilungen, wie wir da vorankommen!«

Das war's. Manchmal wartet sie sechs Monate auf einen Termin bei ihm – der ja zur Zeit ihr Vorgesetzter ist.

Im Laufe der Jahre wird der Kontakt dünner. Die Agentin des Wandels weiß jetzt, was sie von ihm erwarten kann und was nicht. Sie legt ihre Planungen vor und liefert ihre Berichte ab. Als Motor für Veränderung hat sie den Fürsten gestrichen. Ihm ist es sicher recht so.

Die Weichensteller schicken sie aufs Abstellgleis, und die Türöffner öffnen die Türen nur sehr wenig

Im Fachbereich Personalentwicklung gibt es zwei Abteilungsleiter, auf die sie sich angewiesen fühlt.

Der *Abteilungsleiter Weiterbildung* ist ihr wohlgesonnen und unterstützt sie im Rahmen seiner Möglichkeiten. Er übernimmt ihr Seminar »Meine berufliche Laufbahn« in das Pro-

gramm der Zentralen Weiterbildung. Später kommen noch
zwei weitere Seminare hinzu. Er unterstützt sie auch dabei, die
Seminarangebote für Führungskräfte unter der Perspektive
ihres Themas zu prüfen und zu verändern. Aber er kann ihr in
anderen Unternehmensbereichen wenig nützen.

Der *Abteilungsleiter Führungskräfteentwicklung* dagegen ist für
sie ein sehr wichtiger Gesprächspartner. Die Tatsache, daß es
bei der Chemie AG sehr wenige Frauen mit Führungsverantwortung gibt, ist unbestritten. Der Wille des Vorstands, diesen
Zustand zu beheben, ist bekannt. Ein Weg zur Veränderung
fällt in die Zuständigkeit der Abteilung Führungskräfteentwicklung, nämlich Frauen mit Führungspotential anders zu suchen, häufiger zu finden, besser zu pflegen und auf zukünftige
Aufgaben gezielter vorzubereiten.

Aber der Abteilungsleiter verweigert jede Unterstützung
und entwickelt sich allmählich zum erklärten Feind und zum
aktiven Widersacher der Agentin des Wandels.

Sein Vorgesetzter, der *Fachbereichsleiter Personalentwicklung*, ist
an ihrem Thema nicht interessiert – natürlich, ohne das je ein-
zugestehen. In den fünf Jahren ihrer Amtszeit wird Frau P.
nicht ein einziges Mal zu Sitzungen seines Bereichs eingeladen.
Aus ihrem Streit mit seinem Abteilungsleiter hält er sich, so gut
es irgend geht, heraus. Wenn er mit ihr spricht, dann wohlwol-
lend-herablassend. Er erklärt ihr ihre Arbeit, ihr Vorgehen und
die Welt, als sei sie intellektuell unterbelichtet. Von ihm ist
nichts zu erwarten.

Die *Abteilungsleiterin Personalpolitik* ist ihr nach wie vor
freundlich gesonnen. Sie unterstützt sie diskret und kooperiert
mit ihr, wo es zum beiderseitigen Nutzen möglich ist. Im An-
schluß an manche Vorstandsrunden hat sie sich als Dolmetsche-
rin bewährt und die Sprache der Hierarchen für die Agentin
des Wandels übersetzt. Sie hat sie beraten hinsichtlich ihres
Verhaltens und ihres Vorgehens, sie hat ihr ab und zu Informationen zugesteckt, die wichtig waren – aber die Abteilungsleiterin ist in dieser Runde die einzige weibliche Vorgesetzte und
muß aufpassen, daß sie nicht in den Ruf kommt, sich parteiisch
für die Frauen stark zu machen. Das würde ihr schaden und sie
in ihren Einflußmöglichkeiten beschneiden.

Die Friends of Change (FOC) sind freundlich, aber wirkungslos

Auf der Suche nach Unterstützungsmöglichkeiten fallen der Change Agentin alte Weggefährten und Vorgesetzte wieder ein, die in ganz anderen Bereichen tätig sind, denen sie aber vertraut und auf deren Meinung sie große Stücke hält.

Nach einem dreiviertel Jahr wird die Idee des FOC – Friends of Change – geboren, eines Kreises von hierarchisch hochstehenden Männern zur Unterstützung des Veränderungsvorhabens Chancengleichheit. Dieser Kreis von Männern, die alle nicht aus dem Personalwesen kommen, soll sie bei ihren Vorhaben beraten. Sie möchte ihn gern als Probebühne für Präsentationen nutzen; sie möchte von den Männern über Zustände und Stimmungen in ihren Bereichen informiert werden. Sie sollen ihr rückmelden, wie ihre Überlegungen auf sie als Vorgesetzte wirken. Und sie möchte sie natürlich auch zur wirkungsvollen Unterstützung ihrer Projekte nutzen.

Sie erhält lauter Zusagen und ist überrascht und erfreut angesichts dieser Bereitwilligkeit. Sie hätte gerne vier Treffen pro Jahr. Schon die erste Zusammenkunft muß wegen Terminschwierigkeiten einige Male verschoben werden. Und so bleibt es – der Kreis trifft sich ab und an, meist nehmen nur wenige teil, der Organisationsaufwand im Vorfeld ist hoch, die Ergebnisse sind nicht so, wie erhofft.

Die wichtigste Information, die sie hier erhält, lautet: In keinem der hochkarätigen Gremien, in denen die Herren sitzen, wird ihr Thema erwähnt, geschweige denn engagiert in das Unternehmen hineingegeben. Nach einiger Zeit schlafen die Treffen fast ganz ein, die Initiative versandet.

Eine bittere Wahrheit

Viele Veränderer müssen feststellen – wie unsere Heldin auch –, daß sie von oben nicht die Unterstützung bekommen, die sie erwartet haben. Oft wird ein Veränderungsprojekt mit großem Brimborium begonnen. Die Vorgespräche sind langwierig, und der Auswahlprozeß ist aufwendig. Der zukünftige Change Agent führt intensive Gespräche auf höchster Ebene. Er hat das

Gefühl, eine wichtige Aufgabe übertragen zu bekommen, die den Hierarchen sehr am Herzen liegt. Er ist sich sicher, in ihrem Namen und ihrem Auftrag zu handeln. Er stellt sich vor, daß sie ihn mit Rat und Tat begleiten werden. Der Kontakt werde wohl auch in Zukunft häufig und herzlich sein.

In dieser Überzeugung wird er noch bestärkt durch die Riten seiner Einführung, durch die offizielle Bekanntmachung, durch die persönliche Vorstellung und die Bitte der Hierarchen an das Volk, ihn doch in allen seinen Anliegen nach Kräften zu unterstützen.

Erst allmählich dämmert ihm, daß er allein steht. In den Augen der Entscheider ist mit seiner Bestallung ein wichtiges Vorhaben zu einem guten Schluß gekommen. Damit ist die Aufgabe der Hierarchen erledigt. Nun liegt die Zuständigkeit bei dem Veränderer. Die Mächtigen können sich anderen Themen zuwenden. Sie wollen nicht mehr behelligt werden, sie möchten, daß die von ihnen ausgesuchte Person ihre Arbeit tut und gelegentlich Erfolgsmeldungen abliefert. Diese können sie dann zur Vermehrung ihres Ansehens oder zur Legitimierung ihrer Entscheidung gegenüber Gegnern nutzen. Ganz sicher möchten sie nicht mit dem Change Agent inhaltliche Details besprechen. Und sie möchten auch nicht ständig zu Hilfe gerufen werden. Meist sinkt die Bedeutung, die das Projekt für die Hierarchen hatte, mit dem Augenblick seines Beginns. Es ist auch gar nicht so selten, daß der Change Agent und andere mit ihm auf unteren Ebenen fleißig an der Erfüllung des Vorstandsauftrags arbeiten und nach einiger Zeit feststellen: Der Vorstand erinnert sich kaum noch an seinen Auftrag.

Daher sind Agenten des Wandels gut beraten, wenn sie nicht allzu sehr auf die aktive Unterstützung der Obersten setzen, sondern versuchen, andere Quellen zur Unterstützung zu erschließen. Dies versucht auch unsere Heldin.

2. Bottom up bringt nichts

Es gibt eine große Gruppe im Unternehmen, die von dem Veränderungsvorhaben profitieren soll. Ihretwegen wurde das Ganze angefangen. Das sind die Frauen.

»Die Frauen sind meine Basis«, sagt unsere Heldin und meint damit, die Frauen seien ihre wichtigsten Verbündeten. Sie möchte diese Verbündeten einspannen, wenn sie nicht weiterkommt. Wenn Frauen, die von einem Problem betroffen sind oder die einen Bedarf sehen, sich zusammentun, wenn sie ihre Interessen bündeln, gemeinsame Positionen erarbeiten, wenn sie sich einig sind über Forderungen – dann können sie Einfluß nehmen. Davon träumt die Agentin. Sie könnte dann in ihren Auseinandersetzungen mit dem Personalwesen eine Truppe ins Feld führen, um Druck zu machen.

Was ist aus den Aktivistinnen geworden?

Das Referat Chancengleichheit wurde auch auf Betreiben von Frauen geschaffen. Daß es nun existiert und die Stelle besetzt ist, ist ein großer Erfolg für die, die sich über Jahre hinweg engagiert haben. Wo sind sie jetzt, da unsere Heldin ihre Arbeit begonnen hat und weiterhin gern ihr Engagement hätte?

Sie sind erschöpft. Ihr Ziel ist erreicht, und zunächst haben sie keine neuen Ziele. Die alte Arbeitsgruppe Chancengleichheit existiert in ihrer ursprünglichen Form nicht mehr. Es gibt zwar noch einzelne, die weitermachen wollen, aber als unsere Heldin sie einlädt, sich in der Projektgruppe »Mehr Frauen in die Führung!« zu engagieren, wird rasch deutlich, daß sie nicht mehr recht motiviert sind.

Es scheint, als lehnten sie sich nun zurück; sie haben jetzt eine Verantwortliche für das Gesamtthema, versorgen diese mit erbetenen und unerwünschten Ratschlägen und warten erst einmal ab. Viele sind nicht damit einverstanden, wie die Referentin für Chancengleichheit ihre Aufgabe angeht. Den einen ist sie nicht kämpferisch genug, den anderen zu polemisch.

Wenn die Agentin des Wandels sich bei der Vorbereitung

von Projekten auf die Suche nach Unterstützerinnen macht, stellt sie fest: Es gibt nicht viele Gemeinsamkeiten unter den Frauen. Sie fragt sich manchmal, ob es wirkliche Notstände gibt, von denen viele massiv betroffen sind. Es gibt einzelne, die sich engagieren möchten, aber die sitzen verstreut im ganzen Unternehmen. Unsere Heldin weiß keinen Weg, diese Einzelenergien zu bündeln und zu kanalisieren. Wenn aus gemeinsamen Veranstaltungen lockere Verbindungen entstehen, verpufft dieses Interesse rasch, wenn nicht die Agentin es pflegt und am Leben erhält. Als kräftige Motoren für Veränderungsvorhaben lassen sich diese Grüppchen nicht nutzen.

Im Laufe der ersten Jahre sucht sie Unterstützung bei ganz unterschiedlichen Frauen an ganz verschiedenen Orten im Unternehmen.

Frauenstammtisch in der Produktion

Angeregt durch eine Betriebsrätin aus einem der Werke, bietet Frau P. einen Stammtisch für Arbeiterinnen an, zu dem sie selbst auch kommt. Sie möchte gern mit diesen Frauen über ihre Situation und ihre Probleme sprechen. Ihr liegt sehr an diesem Vorhaben, denn für Frauen in der Produktion wird traditionell wenig getan. Es würde also ein großes Politikum sein, diese Frauen überhaupt zu erreichen – und noch wichtiger wird es sein, durchzusetzen, daß sie zumindest teilweise über Themen, die für sie im Rahmen ihrer Arbeit von Bedeutung sind, auch in der Arbeitszeit sprechen können.

Sie treffen sich direkt nach der Arbeit im Ratskeller. Die ersten Treffen sind gut besucht, aber die Frauen und unsere Heldin werden nicht recht warm miteinander. Die Arbeiterinnen sind müde, deftig und unverblümt. Sie erwarten finanzielle Verbesserungen für sich. Hinweise auf die Komplexität der Machtverhältnisse akzeptieren sie nicht. »Wozu gibt es Sie denn überhaupt, wenn Sie doch nichts machen können?« – Da haben sie einen wunden Punkt getroffen.

Sie wollen Resultate sehen; die Agentin des Wandels hat anderes im Sinn: Sie möchte Netzwerke schaffen. Darunter versteht sie kleine, organisierte Gruppen, die ihre Interessen formulieren und laut äußern. Diese Gruppen sollen ihre

Machtbasis werden und ihr helfen, die verschiedenen Veränderungsthemen voranzutreiben.

Ein Beispiel ist das Thema Weiterbildung: Gewerbliche Mitarbeiterinnen besuchen fast nie Weiterbildungsveranstaltungen. Wenn sich da was machen ließe – wenn die Frauen ihre Interessen formulieren würden und ihren Bedarf – dann hätte sie etwas in der Hand und könnte sich für die Verwirklichung einsetzen.

Aber das erweist sich als schwierig. Die Arbeiterinnen wollen nicht über ihre Weiterbildungsinteressen diskutieren, sie wollen auch keine gemeinsamen Positionen formulieren, sondern sie haben erwartet, daß die Referentin für Chancengleichheit über den Einfluß verfügt, den sie selbst nicht besitzen. Und daß sie sich dann für handfeste – das heißt finanzielle – Verbesserungen stark macht.

Der Stammtisch leidet an Auszehrung. Schließlich findet sich eine Betriebsrätin, die das Vorhaben weiterführt. Frau P. selbst kommt nur noch gelegentlich auf Wunsch der Gruppe zu bestimmten Themen.

Sie muß sich eingestehen, daß sie nicht mit allen Gruppen und allen Menschen gleich gut ins Gespräch kommt und daß die Form des offenen Gesprächskreises für die angesprochene Gruppe keine geeignete ist. Bei Licht betrachtet, weiß sie eigentlich gar nicht, was die Gruppe der gewerblichen Frauen drückt und beschäftigt und was sie wollen – außer mehr Geld. Das Thema »Zugang zu Weiterbildung« war offensichtlich eines, das Frau P. mehr interessiert hat als die betroffenen Frauen.

Die Abteilungsleiterinnen

Das Unternehmen hat etwa 450 Abteilungsleiter, davon etwa 20 Frauen. Diese haben es geschafft – und sie wären wichtig. Sie könnten, wenn sie wollten, viel zur Förderung von Frauen in der Firma beitragen, denn sie besitzen hierarchische Macht. Wäre es nicht schön, wenn diese Frauen sich zusammenschlössen, sich vernetzten und organisierten, so daß sie als Gruppe ein eigener Machtfaktor werden! Die Agentin des Wandels möchte herausfinden, was die Abteilungsleiterinnen von ihr erwarten, was sie bereit sind, selbst zu tun, und ob sie eigene Wünsche an das neue Amt haben. Sie gibt eine Expertise in Auftrag. Die Abteilungsleiterinnen werden befragt. Das Ergebnis ist zwiespältig: Sie sind gern bereit, Frau P. in ihrer Arbeit zu unterstützen. Die meisten möchten aber auf keinen Fall mit frauenspezifischen Themen in Verbindung gebracht oder gesehen werden. Sie fürchten, durch Frauenveranstaltungen in den Ruf feministischer Umtriebe zu geraten. Das sei dann das Ende ihrer beruflichen Entwicklung. Sie sind der Überzeugung, sie müßten mit einem offenen Engagement für unsere Heldin und ihre Vorhaben sehr vorsichtig sein.

Gegenüber der Förderung von Frauen äußern sie sich ambivalent: Sie betonen, daß ihnen nie jemand geholfen hätte. Sie hätten es aus eigener Kraft geschafft – daher könne und solle die Change Agentin auch nichts für sie tun. Im Gegenteil, sie sehen sich in dieser Beziehung als die Gebenden – vielleicht können sie etwas für unsere Heldin tun?

Gleichzeitig erzählen sie der Interviewerin von ihren Schwierigkeiten: Es frustriert sie, so oft nicht gehört zu werden. In Besprechungen dringen sie nicht durch. Wenn sie etwas sagen, reagiert keiner darauf. Aber wenn der Kollege 10 Minuten später dasselbe sagt, dann gehen alle darauf ein und finden es großartig. Wenn sie Raum und Aufmerksamkeit wollen, müssen sie das Gespräch richtig »anhalten« – und das tun sie nicht gern. Die meisten definieren sich ganz fachlich – sie sind Expertinnen auf ihrem Feld und wollen bei ihrer inhaltlichen Arbeit nicht durch unternehmenspolitische Themen oder Machtgerangel gestört werden. Daher werden sie häufiger von betrieblichen Veränderungen, die ihren eigenen Bereich betreffen, unvorbereitet überrascht. Sie wollen Macht- und Statusfragen nicht ernst nehmen. Je geringer die Intelligenz, desto stärker die Profilierungssucht, meinen sie. Sie haben aber auch im Laufe ihres Berufslebens gelernt, daß Understatement nicht gefragt ist, und sie würden gern jüngere Frauen ermutigen, sich durchzusetzen, denn: »So viele Luftblasen steigen nach oben – und dann hat man 20 Jahre lang mit denen als Vorgesetzten zu tun!«.

Der Interviewerin erscheinen sie hin und her gerissen zwischen ihren Sorgen, sich zu schaden, und ihrem Wunsch nach Unterstützung, den sie nicht recht äußern mögen.

Die Abteilungsleiterinnen hätten Interesse an einer lockeren Zusammenkunft, einer Art Jour fixe als Möglichkeit, einander kennenzulernen. Dort können sie sich zu einem Thema von allgemeinem oder auch fachlichem Interesse in einem angenehmen Rahmen treffen und ein wenig miteinander ins Gespräch kommen.

Der Agentin des Wandels ist daran gelegen, die Abteilungsleiterinnen zu vernetzen. Sie möchte daran mitwirken, daß allmählich eine Gruppe entsteht, die zu wichtigen Themen eigene Positionen entwickelt und diese auch nach außen, nach oben vertritt. Dann wäre sie nicht auf einzelne Stimmen angewiesen, sondern könnte auf eine Gruppe zurückgreifen, wenn sie Unterstützung braucht. Vielleicht, so hofft sie, wird daraus eines Tages sogar eine eigene politische Kraft, die im Sinne bestimmter Veränderungsvorhaben gezielt Einfluß nimmt.

Die Abteilungsleiterinnen würden von einem Netzwerk ebenfalls profitieren. Sie wären aus ihrer partiellen Isolation als einzelne Frauen auf einer männlich dominierten Ebene befreit und könnten die Kolleginnen zu Austausch und Unterstützung nutzen.

Daher vereinbart sie mit den Abteilungsleiterinnen die Organisation und Durchführung von sechs Vortrags- und Gesprächsabenden innerhalb des nächsten halben Jahres. Sie wird Referenten einladen, die Gesamtorganisation und die Finanzierung übernehmen.

Die ersten beiden Abende laufen recht gut, etwa 10 Frauen sind gekommen, die Themen sind von allgemeinem Interesse, das Gespräch ist lebhaft, und alle gehen – soweit sich das sagen läßt – zufrieden nach Hause. Beim dritten Mal ist die Beteiligung sehr gering, d.h. nur drei Frauen kommen, obwohl eine bekannte Professorin zum Thema Männer- und Frauensprache referiert. Die Change Agentin ist verärgert und ratlos. So kann das nicht weitergehen. Sie ist auch enttäuscht. Sie hat aktive und engagierte Unterstützung für ihre Projekte erwartet. Sie hatte gehofft, die Abteilungsleiterinnen würden sich stärker zusammenschließen, sich als Machtfaktor deutlicher ins Spiel bringen und so frauenpolitische Belange vorantreiben.

Aber das tun sie nicht. Sie haben eigene Interessen. Sie beteiligen sich in der Regel nur, wenn ihnen diese Beteiligung etwas bringt. Wichtig ist ihnen vor allem das, was ihre Vorgesetzten hoch bewerten. Unsere Heldin und ihre Aktivitäten gehören eindeutig nicht dazu.

Nach dem Fiasko erklärt sie ihre Bereitschaft, noch zwei Abende zu organisieren – aber für die Zeit danach müßten die Abteilungsleiterinnen selbst aktiv werden, müßten entscheiden, ob sie sich weiter treffen wollen und wie diese Zusammenkünfte aussehen sollen. Und tatsächlich aktiviert der drohende Verlust ihres Jour fixe die Runde: Sie steigen ein. Sie machen nun wirklich einen festen Tag aus. Sie möchten im Wechsel ein externes Referat und einen Abend ohne Programm und ohne Gäste.

Die Treffen finden statt und sind auch ganz gut besucht – es kommen zwar nicht alle, aber vielleicht ist es auch nicht nötig, daß aus den 20 eine einzige, gemeinsame Gruppe wird. Es sind ein paar Untergruppen entstanden, die sich gern mögen und die auch außerhalb der Treffen den Kontakt pflegen. Und vor allem: Die passive Erwartungshaltung hat sich geändert. Die Frauen haben die Dinge etwas mehr selbst in die Hand genommen.

Netze und Kontakte sind entstanden. Aber unsere Heldin ist nicht zufrieden. Die Pressure Group in Frauenfragen, eine Gruppe von Personen mit hierarchischer Macht, die ihr helfen, Motor für ihre Veränderungsprojekte zu sein – so eine Gruppe ist nicht entstanden. Denn die Abteilungsleiterinnen wollen sich weder einzeln noch als Gruppe im Einsatz für Frauenförderung profilieren. Sie fürchten, das könnte ihnen schaden.

Dennoch möchten viele von ihnen Frau P. unterstützen. Manchmal kommen einzelne mit der Frage zu ihr: Was könnte ich denn für Sie tun – da weiß sie oft keine Antwort. Bevor die Projektgruppe »Mehr Frauen in die Führung!« ihre Ergebnisse und Forderungen im großen Kreis präsentiert, stellen sich Abteilungsleiterinnen für eine »Generalprobe« zur Verfügung. Zur Präsentation selbst kommen sie zahlreich. Als die Change Agentin statushohe Frauen braucht, weil sie dafür kämpft, daß dem Kreis, der über die Entwicklung zukünftiger Führungskräfte entscheidet, auch Frauen angehören, finden sich einige, die bereit sind, im Potential Assessment mitzumachen – obwohl dieses Amt Zeit kostet, Mühe macht und keine Lorbeeren damit zu ernten sind.

Einzeln angesprochen, stehen sie ihr immer wieder mit Rat und Informationen zur Seite.

Der Jour fixe bleibt am Leben – die Zahl der Teilnehmerinnen wechselt, aber immerhin, sie treffen sich.

Im Rückblick sieht unser Change Agent:

>Es ist eben nicht so, daß all die Frauen, die es geschafft haben, höher zu krabbeln, gleichzeitig Zeit und Kraft für frauenpolitische Dinge zur Verfügung stellen. Manche tun das, vielleicht fünf oder sechs von 25, die anderen nicht. Das ist nicht zu erwarten, ich habe es aber erwartet.«

Die Rivalin

Im Auswahlverfahren für das Amt der Referentin für Chancengleichheit gab es bis ganz zum Schluß zwei Frauen, die gleich bewertet worden waren: Eine von ihnen bekam schließlich die Stelle, die andere setzte ihre Arbeit als freigestelltes Mitglied des Betriebsrats fort. Kurz nach ihrem Amtsantritt sagt Frau P. dazu:

>Es war eine rein politische Entscheidung. Der Vorstand wollte sich nicht eine Frau dahin setzen, die über Jahre kämpferisch und zum Teil auch aggressiv Frauenthemen verfolgt hat. Meine Mitbewerberin hat sich auf vielen, vielen Versammlungen für die Frauen stark gemacht. Da geht bei anderen sofort die Warnblinkanlage an: Aha, da kommt die Überemanze! Als Referentin für Chancengleichheit wäre sie sicher in dieser kämpferischen Rolle geblieben – und damit können viele nicht umgehen. Man wollte zwar das Amt, das lag ja sehr im Trend und war auch gut als Aushängeschild – >auch die Chemie AG bemüht sich nun um die Frauen.< Aber sie sollte auf keinen Fall kämpferisch auftreten und alles durcheinanderbringen.«

Die Betriebsrätin, erfahrene Frauenpolitikerin, muß die Erfahrung machen, daß nach Jahren des Engagements nun eine andere »ihre« Stelle bekommt, jemand, der sich in Sachen Frauen noch nie aktiv eingesetzt hat. Die schwierige Beziehung zwischen der kämpferischen Abgelehnten und der konzilianteren Erwählten durchzieht die gesamte Amtszeit der Agentin des Wandels. Zunächst sieht es nach Kooperation aus: Kurz nach der Entscheidung treffen sich die beiden, besprechen die Lage und vereinbaren, einander zuzuarbeiten, sich inoffiziell gegenseitig zu informieren und zu unterstützen.

Nach dieser Verabredung tritt erst einmal Stille ein. Frau P. meldet sich nicht, denn sie hat nichts zu bieten, sie muß sich erst einarbeiten. Auch die Betriebsrätin meldet sich nicht; auf den ersten Veranstaltungen unserer Heldin läßt sie sich nicht blicken.

Dann hört die Agentin des Wandels zunehmend Unangenehmes über sich: Na ja, sie gibt sich Mühe, die gute Frau, sie macht Versuche, aber sie ist nirgends präsent. Sie tritt nicht auf, wo sie auftreten müßte, sie schreibt nicht genug für die Werkszeitung, sie macht dies zuwenig und das zuwenig.

Das tut weh, denn sie sieht ähnliche Defizite, weiß aber nicht, wie sie bei der personellen Ausstattung ihres Amtes mehr leisten kann.

Offizielle Vermeidung und informelle Vergiftung schaffen zunehmend ein Klima unterirdischer Spannung zwischen den beiden Frauen und den beiden Funktionen.

Nach gut zwei Jahren ruft die Change Agentin das *Frauenforum* ins Leben. Dieser Arbeitskreis ist als Diskussionsforum für einen breiten und heterogenen Kreis von Frauen gedacht, die sich »irgendwie« an Frauenthemen beteiligen wollen. Das Projekt erweist sich als schwierig, die Teilnehmerinnen wechseln häufig, und das Engagement ist nach den ersten Treffen eher mäßig. Nach einiger Zeit verläuft diese Initiative im Sande und wird eingestellt. Mitschuldig ist in den Augen von Frau P. die Betriebsrätin. Diese startet nämlich zur gleichen Zeit eine *Fraueninitiative* als Vorbereitung auf eine *Frauenliste*, mit der sie in die nächsten Betriebsratswahlen ziehen will. Dahin wandern viele Frauen ab – da gibt es richtig was zu tun, Logos werden entworfen, Aktionen werden geplant und durchgeführt – auch das Ziel ist klar: Sie wollen gewählt werden. Das ist interessanter und macht mehr Spaß als das mühsame Entwickeln eigener Positionen.

Die indirekte Diffamierung des Referats für Chancengleichheit verstärkt sich im Vorfeld der Wahlen. Die ins System eingespeiste Botschaft lautet (so jedenfalls hört unsere Heldin es): Wir von der Frauenliste werden nun endlich die Defizite der Change Agentin aufarbeiten!

Trotzdem (vielleicht auch notgedrungen?) nimmt sie einen neuen Anlauf zur Zusammenarbeit, in der Hoffnung auf mögliche Synergieeffekte. Sie lädt sich ein zu Treffen der Betriebsratsfrauen, der Fraueninitiative. Sie berichtet aus ihrer Arbeit und läßt sich berichten; sie trifft sich mit der Rivalin einige Male zum Mittagessen. Aber das ist nicht von Erfolg gekrönt: Zwar kommt es nie zu offener Auseinandersetzung, aber die abwertenden Parolen bleiben.

Die Betriebratswahlen verlaufen für die Frauenliste sehr erfolgreich – die Change Agentin gratuliert, bekommt aber keine Antwort. Eine Zeit des Schweigens bricht an. Beide »Parteien« ignorieren die neuen Ideen und Projekte der Gegenseite.

Dann aber wird die Agentin des Wandels bei einer externen Veranstaltung von Mitarbeiterinnen der Chemie AG höchst unangenehm vorgeführt:

»Was erzählen Sie denn hier eigentlich, Sie arbeiten doch gar nicht mit der Basis, wir kennen Sie überhaupt nicht!«

Sie ist empört und völlig sicher, daß diese Frauen von ihrer Rivalin aufgehetzt wurden. Als die Betriebsrätin aus dem Urlaub zurückgekehrt ist, kommt es zur ersten – telefonischen – Konfrontation. Frau P. hält sich zwar zugute, daß sie den Konflikt angesprochen hat – aber ihre Attacke hatte keinen Erfolg. Denn die Rivalin besteht natürlich darauf, daß sie mit dem Vorfall nichts zu tun hätte und daß die Frauen doch wohl sagen dürften, was sie meinen. Ende der Fahnenstange. Immerhin: Das Schweigen ist gebrochen, die direkte Auseinandersetzung hat, wenn auch zaghaft, begonnen.

Im letzten Amtsjahr unserer Heldin kommt es zum Eklat: Die Betriebsratsfrauen laden zu einer Tagung mit externen Expertinnen ein. Thema: »Wie muß eine Frauenvertretung in einem Unternehmen aussehen, um wirkungsvoll arbeiten zu können.« Bekannte Frauenbeauftragte großer Unternehmen sind gebeten und haben zugesagt. Teil dieser Tagung ist eine Podiumsdiskussion über die mögliche Verlängerung und zukünftige Gestaltung des Referats Chancengleichheit. Die Betriebsratsfrau moderiert diese Diskussion. Die jetzige Amtsinhaberin ist nicht eingeladen. Ein wütender Anruf ergibt nichts:

»Das muß ein Fehler von der Druckerei gewesen sein. Das war ganz anders geplant. Nun ist es natürlich zu spät – aber du (Frau P. ist gemeint) könntest doch kommen und aus dem Plenum heraus mitdiskutieren.«

Die Agentin des Wandels lehnt ab und informiert ihren Vorgesetzten und die Personaler-Runde von diesem Ereignis. Eine letzte Begebenheit: Frau P. ist eingeladen, bei einer Talk-Show über ihre Arbeit zu berichten. Die Rivalin erfährt davon und ruft beim Personalwesen an:

»Bevor Frau P. da hingeht, muß sie erst mal von uns gebrieft werden. Sonst spricht sie ja wie der Vorstand, und alles wird nur schöngeredet.«

Es stehen sich zwei Einstellungen unversöhnlich gegenüber: »Mit kämpferischem Auftreten geht gar nichts« und »Es geht nur mit kämpferischem Auftreten«. Es stehen sich zwei Ämter gegenüber: Das Amt der freigestellten Betriebsrätin, deren Aufgabe es ist, die Interessen der Arbeitnehmer gegenüber Vorstand und Top-Management zu vertreten, und das der Referentin für Chancengleichheit, vom Vorstand eingestellt und in seinem Auftrag handelnd. Es stehen sich auch zwei Frauen gegenüber. Die eine, konziliant und um Verständigung bemüht, besteht natürlich darauf, in ihrer Arbeit respektiert zu werden. Sie, der zuviel Verständnis und Freundlichkeit nachgesagt wird, versucht vergeblich, zu einer offeneren Auseinandersetzung zu gelangen. Die andere, gekränkt und aggressiv, zeigt sich unserer Heldin gegenüber wenig kämpferisch, sondern intrigant. Sie meidet das offene Gespräch. Daher kommt es nie zu einer wirklich klärenden Begegnung.

Wie schade! Was hätten sie gemeinsam zustandebringen können! Die eine im Betriebsrat, gewählt, »an der Basis« und ausgestattet mit gesetzlichen Rechten, die andere hoch oben in der Hierarchie, mit Zugang zum Vorstand und zu den Fachbereichsleitern. Beide tüchtig und fleißig, die eine erfahren im politischen Streit, die andere nimmt Einfluß, indem sie »das Gute in die Menschen hineindenkt«, die eine versiert und beschlagen in Frauenthemen, die andere offen und neugierig... was hätten sie wohl gemeinsam bewegt?

Ungenutzte Externe

Unsere Heldin hat in ihrem Unternehmen keine Vergleichsmöglichkeiten, keine Beispiele, an denen sie sich orientieren kann. Daher bleibt sie sehr allein. Sie sinnt auf Abhilfe und beschließt, andere Frauenbeauftragte großer Firmen zum Kennenlernen und zum Erfahrungsaustausch einzuladen. Wenn die erste Einladung gelingt, hofft sie, entsteht daraus vielleicht ein stabiler Kreis. Sie gelingt. Die 16 Frauen finden sich im etwas bitteren Amüsement über die einführenden Worte des Personalvorstands, der ihnen zum Beginn ihrer ersten Arbeitstagung »Viel Spaß und gute Unterhaltung« wünscht. Sie einigen sich auf eine Reihe von Arbeitsschwerpunkten für künftige Treffen. Sie merken, wie unterschiedlich sie sind – als Personen, in ihren Aufgaben, im Selbstverständnis, in ihrer organisatorischen Ansiedlung im Unternehmen. Aber sie sind zuversichtlich: Sie spüren auch die persönliche Entlastung und den Gewinn für ihre Aufgaben.

Das *Forum Frauen in der Wirtschaft* trifft sich nun regelmäßig in den verschiedenen Unternehmen. Sie lernen die Vorgesetzten der anderen kennen. Es finden Betriebsbesichtigungen statt, und die Vertrautheit wächst. Aber die Verbindung ist nicht von Dauer. Wie weit die Auffassungen über ihre Aufgabe und das Ziel ihrer Tätigkeit auseinandergehen, wird von Treffen zu Treffen deutlicher, und die Gräben werden tiefer.

Schließlich kommt es zum Konflikt: Die Gruppe wollte sich auf einer Frauenmesse als Forum präsentieren – so war es verabredet. Einige der Frauen machen daraus eine Marketing-Show für ihr Unternehmen. Andere – darunter auch unsere

Heldin – ziehen daraufhin ihre Zusage zurück. Ein Netzwerk ist trotzdem entstanden. Die persönliche und berufliche Verbindung zu einigen Frauen bleibt erhalten.

Es ist auffällig, wie wenig die Agentin des Wandels die Unternehmensumwelt nutzt, um ihren Projekten Nachdruck zu verleihen. Unternehmen reagieren ja durchaus auf schlechte Presse oder auf ungünstige Vergleiche mit Konkurrenten. Sie spannt die Kolleginnen aus anderen Firmen nicht als Promotoren ein. Sie könnte ja durchaus versuchen, einzelne Themen durch laute Vergleiche voranzutreiben. Sie könnte verkünden oder ihre Kollegin berichten lassen, wie erfolgreich Projekt X in Firma Y durchgeführt worden sei. Sie könnte berichten, wie unangenehm ihre Kolleginnen und deren Vorgesetzte davon überrascht seien, daß sich in dem einen oder anderen Punkt in der Chemie AG noch so gar nichts getan habe.

Auch die Kundinnen der Chemie AG kommen nicht vor. Die kritische und fordernde Frauenöffentlichkeit der Stadt, in der sie lebt und arbeitet, aktiviert sie nicht für ihre Projekte. Sie denkt nicht einmal daran, so etwas zu tun. Und dies, obwohl sie weiß, daß die gute Außenwirkung einer der wichtigsten Gründe dafür war, das Projekt Chancengleichheit in Angriff zu nehmen.

Bei ihren vielen externen Auftritten ist die Change Agentin immer loyal geblieben. Vor die Wahl gestellt, extern Druck auszuüben, zum Beispiel dadurch, daß sie von ihren Erlebnissen berichtet und so ihr Unternehmen in ein ungünstiges Licht rückt, oder sich ihrem Auftraggeber gegenüber loyal zu verhalten, entscheidet sie sich stets für das letztere. Sie ist gebunden durch eine lange Unternehmenszugehörigkeit, durch Dankbarkeit und Treue zu »ihrer« Firma.

Es gibt eine unsichtbare Grenze, innerhalb derer sie nach Unterstützerinnen sucht. Und sie folgt eigenen Normen, die bestimmen, welche Mittel sie zur Verfolgung ihrer Ziele einsetzten darf und welche nicht. Mittel, die dem Unternehmen und seinem Ansehen schaden könnten, verbieten sich.

Auf zu neuen Ufern!

Unsere Heldin ist enttäuscht von den Frauen – umgekehrt sind diese es vielleicht ebenso von ihr.

Sie sah sich als jemanden, der die Interessen und die Wünsche, die an sie herangetragen werden, bündelt und an machtvolle Stellen hoch in der Hierarchie weiterleitet. Sollte sie da auf Widerstand stoßen, könnte sie die entschlossenen Wünsche der Frauen ins Feld führen. Sogar von Arbeitsniederlegungen hat sie geträumt.

Aber daran ist nicht zu denken. Nur wenige Frauen sind sich ihrer Benachteiligung bewußt. Natürlich sind viele mit der einen oder anderen Regelung unzufrieden; sie ärgern sich über Nachteile und über mangelnde Entwicklungsmöglichkeiten. Aber sie sind unpolitisch. Sie deuten die Ereignisse als ihr persönliches Geschick und sehen keine übergreifenden Aspekte. Das persönliche Geschick läßt sich ihrer Auffassung nach entweder gar nicht oder nur individuell verändern. Sie sehen daher keine Notwendigkeit, sich zu organisieren und ihre Interessen zu vertreten. Als einzelne sind sie machtlos – nun haben sie die Agentin des Wandels, die ihren Ansprüchen Gewicht und Geltung verleiht. Aber die tut das nicht – oder kann es nicht? Sie erwartet vielmehr, daß die Frauen aktiv werden sollten, und beklagt die Passivität.

Von einigen Frauen wird unsere Heldin natürlich auch unterstützt, von Frauen, die politisch engagiert sind, aktiven Frauen, Frauen mit Einfluß. Aber diese Frauen sitzen vereinzelt in dem Riesenapparat. Sie sind durch ihre Arbeit äußerst beansprucht; sie wollen sich ihre Karriere nicht verderben durch ausgewiesene feministische Neigungen. Sie kann diese Frauen punktuell in Anspruch nehmen und um Rat und Hilfe bitten. Aber sie sind nicht das Heer, das ihren Forderungen Nachdruck verleiht.

Sie lernt zwei Dinge: Sie lernt, einzelne Menschen gezielt für ihre Veränderungsvorhaben einzuspannen. Denn auch punktuelle Unterstützung ist eine Hilfe. Und es bedarf nicht immer eines ideellen Engagements, um der Veränderung in Richtung Chancengleichheit nützlich zu sein.

»Langsam komme ich darauf, das zu nutzen, was da ist – beziehungsmäßig, einflußmäßig, know-how-mäßig. Ich lerne langsam, Menschen, die ich kenne und bei denen ich vermute, es gibt dort eine Bereitschaft oder ein spezielles Wissen oder eine Einflußmöglichkeit – solche Menschen zu nutzen. Manchmal auch nur als Sounding Board, um einen Gedanken auszuprobieren. Und so spinne ich mir langsam meine Netze.«

Sie lernt außerdem, daß sie sich nicht nur an die Frauen wenden darf:

»Diejenigen, die etwas verändern und die auch den nötigen Einfluß haben, sind nicht die mitfühlenden Frauen. Diese Einflußreichen sind Männer, und die sehen diese Themen gar nicht. Du mußt es schaffen, daß sie diese Themen sehen!«

Also, ran an die mächtigen Männer!

3. Den Veränderern ins Merkbuch geschrieben

Jeder Change Agent hat blinde Flecken. Es ist nicht möglich, keine zu haben. Der eigene Lernfortschritt besteht darin, sie zu entdecken. Leider muß das in jedem Veränderungsvorhaben wieder aufs neue geschehen.

Nicht immer sind die Personen, die von einem Projekt profitieren werden, so klar definiert wie in unserem Fall – oder überhaupt definiert. Dennoch kommt in der Regel eine Veränderung nicht allen in gleicher Weise zugute.

Wenn der Change Agent überzeugt ist, die beabsichtigte Veränderung läge im Interesse einer bestimmten Gruppe, wird er diese für seine natürlichen Verbündeten halten. Er wird voraussetzen, daß sie die Situation genauso sehen wie er, er wird ihre Unterstützung erwarten; möglichweise wird er annehmen, sie würden ihn auf eine ganz bestimmte Weise unterstützen.

Diese Annahmen schränken seine Wahrnehmung ein. Seine subjektive Gewißheit hindert ihn, genau hinzuschauen: Wie sehen die Betroffenen selbst ihre Situation? Welche Wünsche und Befürchtungen haben sie? Wofür wären sie zu gewinnen und wofür auch nicht?

Wenn seine Zielgruppe ihn nicht wie erwartet unterstützt, ist er gekränkt. Er ist enttäuscht und verletzt. Er will das Gute, aber es wird nicht honoriert. Diese Gefühle vernebeln seinen Blick: Weil die Betroffenen ihn vielleicht nicht so unterstützen, wie er es erwartet hat, sieht er die Hilfe, die sie anbieten, nicht. Ohne sich dessen bewußt zu sein, hat er Bedingungen gesetzt: So und nicht anders soll die Unterstützung aussehen. Wenn die Menschen sich nicht nach seinen Bedingungen richten, gewinnt er den Eindruck, sie täten gar nichts »für ihn«. Er ist blind geworden für das, was sie tatsächlich tun.

Eine andere Erblindung bezieht sich auf das Thema Grenzen. Der Change Agent definiert für das zu verändernde System eine Grenze. Diese markiert den Ausschnitt, den er in seine Wahrnehmung einbezieht. Sie ist seine Setzung und muß nicht mit der äußeren Grenze des Systems übereinstimmen. Wenn der Ausschnitt zu klein gewählt ist, fallen wichtige Bereiche aus seiner Wahrnehmung heraus.

Eine solche subjektiv gezogene Grenze ist die zwischen dem Unternehmen und seiner Umwelt oder die zwischen der zu beratenden Abteilung und ihrer Umwelt. Diese Blindheit wird oft durch Auftraggeber und Beteiligte unterstützt, die sich selber im Zentrum der Veränderungsarbeit sehen und dem Change Agent dabei helfen, den Kontext, in dem sie existieren, auszublenden. Dadurch gerät dieser Kontext und seine Bedeutung für das Vorhaben nicht ins Blickfeld. Und er kann – wie in unserem Falle – als Motor für Veränderung, als Quelle von Druck, nicht genutzt werden.

Obwohl der Change Agent von sich den Eindruck hat, mit allen Kräften an seinem Vorhaben zu arbeiten und jedes nur denkbare Mittel einzusetzen, um seine Projekte voranzubringen, gehorcht er dennoch zugleich inneren Normen, die sein Interventionsrepertoire begrenzen. Auf solchen Gesetzestafeln steht zum Beispiel: Du sollst nicht streiten oder: Du sollst deinem Auftraggeber gegenüber stets loyal sein oder: Du sollst keine Personalpolitik machen. Es können auch ganz andere Regeln darauf stehen. Wie immer sie lauten mögen – wenn der

Change Agent die Gebote, nach denen er sein Verhalten und seine Interventionen ausrichtet, nicht kennt, dann kann er sie auch nicht kritisch überprüfen und möglicherweise gezielt dagegen verstoßen.

XII
Zwischenbilanz nach gut drei Jahren

1. Der Stand der Dinge

Veränderte Umwelt

Seit der Ernennung unseres Change Agent hat sich die wirtschaftliche Situation des Unternehmens verschlechtert. Immer neue Sparaufträge werden von oben nach unten gereicht. Die Mitarbeiter ächzen unter häufigen Reorganisationsmaßnahmen. Einige Tochtergesellschaften werden verkauft; Personalabbau durch Rationalisierung scheint unaufhaltsam.

Vorstand und Leiter der Unternehmensfunktion Personal sind dadurch stark betroffen und mit Arbeit und Problemen bis über beide Ohren eingedeckt. Auch der Betriebsrat hat alle Hände voll zu tun.

Zum ersten Mal seit Menschengedenken ist die Stimmung in der Firma schlecht, geprägt von Unsicherheit und Zukunftssorgen. Neben diesen Erschütterungen erscheint das Thema Chancengleichheit marginal. Die Agentin des Wandels ist eine einfühlsame Person. Es fällt ihr schwer, für die Überlastung der Kollegen und Kolleginnen kein Verständnis aufzubringen. Sie muß darauf achten, angesichts der existentiellen Probleme, deren Wichtigkeit und Bedeutung von allen immer wieder beschworen wird, ihre eigenen Anliegen nicht zurückzustellen. Sie ertappt sich dabei, daß sie Ablehnung vorwegnimmt und Forderungen gar nicht erst stellt.

Die Arbeitsvorhaben

- Die interne Zeitagentur, das Projekt zur Qualifizierung der Sekretärinnen, wurde abgelehnt.
- Die Projektgruppe »Mehr Frauen in die Führung!« hat ihre

Ergebnisse und ihre Vorschläge präsentiert. Das Interesse war gering, die Konsequenzen waren minimal.

- Der Kampf um die Teilnahme einer wertenden Beobachterin am Potential Assessment geht weiter.
- Die Zusammenarbeit mit der Zentralen Weiterbildung hat sich intensiviert. Das Seminar »Meine berufliche Laufbahn« ist jetzt fester Bestandteil des internen Qualifizierungsangebots. Die Konzeption der internen Führungsseminare wird unter der Fragestellung »Ist die besondere Arbeitssituation von Frauen angemessen berücksichtigt?« überarbeitet. Zwei weitere Frauenseminare (Rhetorik I und II) werden angeboten.
- Das Thema »Laufbahnberatung und Laufbahnentwicklung« beginnt mit einem Workshop für Personalsachbearbeiterinnen, die eine wichtige Rolle bei der Laufbahnberatung spielen.
- Das Thema »Flexible Arbeitszeitmodelle« beginnt mit einer Bestandsaufnahme: Wer nutzt die bestehenden Regelungen wofür? Darüber gibt es feste Meinungen, aber kein Wissen.
- Die Studie zum Gehaltsvergleich der außertariflichen Mitarbeiterinnen und Mitarbeiter liegt vor, ist aber noch nicht zur Veröffentlichung freigegeben.
- Ein Rückkehrertag für Frauen und Männer nach der Familienphase hat stattgefunden.
- Die Vernetzungsarbeit zwischen den verschiedenen Frauengruppen geht weiter, mit wechselndem Erfolg. Den Jour fixe der Abteilungsleiterinnen gibt es weiterhin.

Mangelware Erfolg

Als die Agentin des Wandels vor drei Jahren ihre neue Aufgabe übernahm, war eine der offenen Fragen, ob überhaupt und wie sie ihre Bedürfnisse nach Anerkennung, Erfolg und Zugehörigkeit würde befriedigen können.

Diese Frage ist immer noch nicht geklärt. Frustrierende Erlebnisse überwiegen bei weitem. Fest steht: Change Management ist beschwerlicher als Kongreßorganisation. Die Chance, aber auch die Notwendigkeit, ihr Vorgehen selbst zu gestalten, wird zur Bürde. Ein paar feste Vorgaben wären nicht schlecht. Oft hat sie das Gefühl, die Anstrengung lohne sich nicht, denn sie wird nicht anerkannt. Im Gegenteil, es gibt viele sogenannte Helfer und Helferinnen, die sie fleißig kritisieren und mit guten Ratschlägen bedenken. Die Veränderungen, wenn sie denn geschehen, sind minimal.

Sie braucht die Kondition eines Marathonläufers und die Gerissenheit einer Politikerin. Sie muß genügsam sein und in punkto Ermutigung eine Selbstversorgerin. Vorgesetztenlos, heimatlos und machtlos schwebt sie auf ihrer Stabsstelle im freien Raum.

Darauf war sie nicht eingestellt. Manchmal ging es ihr so schlecht, daß sie aufgeben wollte. Noch einmal würde sie diesen Job nicht übernehmen. Sie hat – wie alle Selbstversorger – Wege gefunden, die Mängel teilweise auszugleichen: Sie sucht das Gespräch mit einzelnen, von denen sie weiß, daß sie sie aufbauen und unterstützen. Sie geht in die Abschlußbesprechung des Seminars »Meine berufliche Laufbahn«, denn da bekommt sie Gutes zu hören und kann sich etwas aufwärmen. Sie übt sich noch in der Distanzierung und darin, den Mangel an spektakulären Erfolgen nicht persönlich zu nehmen. Das gelingt ihr oft, aber ab und zu erwischt es sie doch wieder kalt, und sie muß das Gefühl persönlichen Nicht-Genügens niederkämpfen. Sie übt auch noch, sich von der Vorstellung großer Veränderungen zu verabschieden. Diese werden ja nach wie vor von ihr gefordert und gleichzeitig verhindert. Sie will sich nicht unter Erfolgszwang setzen lassen, und sie will nicht die Verantwortung für die Veränderung allein übernehmen – aber das ist schwer.

Sie sammelt und hortet die kleinen Erfolge, um sicherzustellen, daß es sie gibt:

– Das Seminar »Meine berufliche Laufbahn« ist in das reguläre Angebot der Zentralen Weiterbildung übernommen worden. Damit ist es im System verankert und wird aus dem Budget der Weiterbildung bezahlt.

– Sie freut sich, wenn sie von den Betriebsräten hört: »Und da hab' ich gesagt: Laß das mal unsere Frauenbeauftragte nicht hören! Seit wir sie haben, passen wir viel mehr auf.« Sie glaubt, daß bei dieser Akzeptanz auch ihre nicht-polarisierende Art von Bedeutung ist.

– In der Firma wird viel mehr über Geschlechterrollen nachgedacht und gestritten. Brauchen wir ein Frauenfest? Warum? Warum nicht? Frauen werden als Thema wahrgenommen, und es wird auch wahrgenommen, daß ihre Situation
  eine besondere ist. Nicht überall, aber in einigen wichtigen
  Bereichen.
– In Veröffentlichungen, Anzeigen und im Schriftverkehr ist
  nicht mehr von »Mitarbeitern« die Rede, sondern von Männern und Frauen. Die Frauen haben eigene Seminare, ein
  eigenes Fest. Sie werden sichtbar.
– Die Agentin des Wandels ist als Person geachtet und akzeptiert. Das tut ihr gut.

Rollenklärung, zweiter Teil

Die Erwartungen an sie seitens ihrer wichtigsten Partner sind
im Laufe der vergangenen Jahre klarer geworden. Und klarer ist
ihr auch, wie sie selbst ihre Aufgabe und ihre Rolle versteht.
Aber die Erwartungen widersprechen einander, und sie widersprechen vor allem ihrer eigenen Auffassung von ihrer Funktion. Diese Konflikte sind nach wie vor ungelöst.

Der *Vorstand* erwartet von ihr – und zwar von ihr allein –
die Beseitigung der »schlechten Zahlen« – der Tatsache, daß
auf allen Hierarchiestufen Frauen unterrepräsentiert sind.
Aber das Thema ist ihm nicht wichtig. Für ihn ist ihr Amt ein
Alibi und ein Schutzwall gegen die Forderungen der Frauen:
Es gibt jemanden, der zuständig ist. Der Vorstand kann das
Thema vergessen, er wird nicht von Frauen belästigt – und
wenn doch, verweist er auf unsere Heldin. Sie soll sich der
Probleme annehmen. Sie soll keinen Ärger machen und keine
Unruhe stiften. Auf keinen Fall möchte der Vorstand mit ihr
Fragen der Gleichstellung und Gleichbehandlung inhaltlich
diskutieren.

Die Kollegen aus dem Personalwesen erwarten von ihr, daß sie
»ihre« Projekte innerhalb der (Frauen-)Projektgruppen fertig
ausarbeitet und ihnen dann zur Entscheidung vorlegt. Der alte
Grundkonflikt ist nach wie vor vorhanden: Soll die Change
Agentin Ideen für das Personalwesen liefern, und werden diese
dort gemeinsam ausgearbeitet, oder soll sie ihre Ideen umset-

zungsreif ausarbeiten und sie dann dem Personalwesen vorlegen. Das Personalwesen beharrt auf letzterer Variante. Unserer Heldin wäre die erste Variante lieber, aber faktisch leitet sie die Projektgruppen, es sind Projekte ihres Referats, und die Vorschläge werden recht detailliert ausgearbeitet – nur die Entscheidung liegt in den Händen der anderen.

Auch in den Augen der *Frauen* selbst macht sie ihre Arbeit nicht richtig. Sie hat einen Veränderungsauftrag und ist keine Anlaufstelle für Einzelprobleme. Aber viele Frauen laden genau diese Einzelprobleme bei ihr ab und sind dann enttäuscht, wenn sie nichts unternimmt.

Ideen, Vorschläge und Wünsche landen bei ihr – im Prinzip findet sie das nicht falsch, sie kann Ideen und Wünsche sammeln, sie bündeln, sie eventuell noch bearbeiten und dann in die Gremien hineintragen. Das wirkt ihrer Auffassung nach stärker und wird eher akzeptiert als die Versuche einzelner Frauen. Aber es bringt sie in schwierige Situationen, wenn sich später zeigt, daß die Frauen nicht wissen, was sie wollen, daß sie sich nicht einig sind und daß es keine gemeinsamen Ziele gibt. Wenn unsere Heldin sich für Themen stark macht, weiß sie oft gar nicht, ob die Frauen noch hinter ihr stehen oder ob sie schon wieder andere Interessen haben.

Die Projektgruppen – reine Frauengruppen – erwarten von ihr, daß sie die Treffen organisiert, sie ordentlich vorbereitet, daß sie sie ermutigt und stützt, wenn es Schwierigkeiten gibt, daß sie sie motiviert und aufbaut, wenn sie keine Lust mehr haben. Das hält die Agentin des Wandels nicht für ihre Aufgabe. Sie wird ganz wütend, wenn sie hört: »Wir haben ihr doch versprochen mitzumachen«. Was heißt »versprochen«? Um wessen Probleme geht es denn? Die Frauen sollen ihr keinen Gefallen tun, denn es sind doch deren Themen. Aber die Frauen sehen das anders und nehmen es ihr übel, wenn sie nicht dankbar ist und wenn sie die Fürsorge verweigert. Lange Zeit ist die Change Agentin davon ausgegangen, sie bekäme vom Vorstand oder auch von Frauengruppen Aufträge. Aber das ist nicht so. Es gibt einzelne Wünsche, Ideen und Vorschläge – aber weder der Vorstand noch die Kollegen, noch die Frauen geben ihr Aufträge. Ein Auftrag würde bedeuten: Die Auftraggeber haben sich mit dem Thema beschäftigt, sie wollen etwas. Aber es will niemand etwas. Im Gegenteil, die Agentin des Wandels schaut sich um und denkt: Da müßte etwas geschehen. Da könnte man was machen. Und dann tut sie es.

Wie verändert sich denn nun ein Unternehmen?

In den vergangenen drei Jahren hat sie zum Thema Veränderung viel dazugelernt. Es muß der Wille dasein, es muß Druck dasein, das angestrebte Ziel muß wertvoll und wichtig erscheinen.

Immer wieder hat sie sich gefragt: Liegt es vielleicht doch an mir, an meinem Vorgehen, an meinen persönlichen Eigenschaften, wenn sich nichts tut? Und immer wieder kommt sie zu der Überzeugung: Veränderungen in einem so großen Unternehmen mit einer Tradition der Ungleichbehandlung von Männern und Frauen, mit strategischen Vorstellungen, zu denen nicht die Chancengleichheit zählt, mit so vielen Nicht-Betroffenen und mit so vielen Hierarchen, für die Frauenförderung keinen Wert darstellt, entwickeln sich recht unabhängig von der Person des Change Agent. Ob sie nun kämpferisch und polarisierend ist oder verbindlich und kooperativ – das macht nicht viel aus. Es fehlt der Druck der Basis, es fehlen Frauen, die gemeinsam Forderungen stellen. Es fehlt der Druck des Vorstands; aber der hat andere Sorgen. Es fehlen gesetzliche Auflagen, die Druck ausüben, wie es z. B. beim Umweltschutz geschieht.

Gesellschaftlichen Druck gibt es hinsichtlich ihres Thema ohnehin nicht. Und für die Stellung des Unternehmens am Markt ist die Chancengleichheit ohne Bedeutung.

Wenn der Vorstand das Thema nicht vorantreibt und wenn die Frauen nicht von unten Druck ausüben, sondern sich arrangieren und sich abfinden – dann bleiben die meisten Initiativen einer Stabsstelle wirkungslos. Die Chancen hängen dann davon ab, ob es in einem Bereich zufällig eine interessierte Person gibt – und ob diese interessierte Person auch noch mächtig ist.

2. Das Ende der Illusionen

Die Stelle der Change Agentin zu schaffen und zu besetzen war ein Projekt des Vorstands. Dieses ist abgeschlossen. Jetzt ist unsere Heldin zuständig. Forderungen und Beschwerden von Frauen können nun an sie weitergeleitet werden. Zu Zwecken der Selbstdarstellung nach außen kann auf die Einrichtung ihrer Stelle verwiesen werden. Was genau auf dieser Position geschieht, ist sekundär. Denn weder für das Unternehmen noch für den Vorstand ist das Thema Chancengleichheit von Bedeutung. Warum auch? Die Bedeutungslosigkeit hat eine Grenze: Die Position darf nicht negativ ins Gerede kommen – der Vorstand hat sich schließlich dafür stark gemacht, und eine schlechte Presse könnte auf ihn abfärben.

Eine Einschätzung nicht ohne Bitterkeit – aber es gibt keine Hinweise, daß sie falsch wäre. Wichtige Veränderungsthemen werden anders behandelt, sie werden mit ganz anderer Wucht und mit anderem Nachdruck in das Unternehmen hineingetragen. Der Vorstand versammelt zu diesem Zweck seine obersten Hierarchen um sich und verkündet die jeweilige Botschaft. Die Leitenden werden verpflichtet, diese Botschaft an ihre Mitarbeiter weiterzugeben; sie werden verpflichtet, über die Entwicklung und den Fortgang zu berichten und Druck auszuüben, wenn das Projekt stockt. Der Vorstand kümmert sich und setzt seine Macht ein, um eine Veränderung zu erreichen. So kommt es dann, daß ganze Bereiche von einem Thema »ergriffen« werden. Ein von oberster Ebene mit Engagement und Druck befördertes Projekt entwickelt seinen eigenen Schwung, der auch Menschen, die unwillig oder desinteressiert sind, mitreißt. Die Mitarbeiter erkennen, daß das Vorhaben hohe Priorität genießt. Dieser Schwung produziert Entscheidungen, die, einmal getroffen, Veränderungen festschreiben. Damit erhöht sich die Wahrscheinlichkeit, daß diese Veränderungen auch Zeiten überleben, in denen Schwung und Energie versickert sind.

Die mächtigen Männer der Chemie AG verhalten sich anders. Sie haben andere Prioritäten. Von der Vorstellung, sie würden den Kampf für Chancengleichheit zu ihrer Sache machen, muß die Agentin des Wandels sich verabschieden.

Auch die Kolleginnen und Kollegen im Personalwesen haben Wichtigeres zu tun, als ihre Ideen und Hinweise aufzunehmen. Sie fühlen sich in ihrer Alltagsroutine gestört durch die
Ansprüche unserer Heldin. Sie lassen die nur mit Frauen besetzten Projektgruppen möglichst lange isoliert arbeiten und
spielen dann die Arbeitsergebnisse als »ungenügend« zurück.
Und schon haben sie wieder ihre Ruhe. Die meisten sind dabei
gar nicht feindlich eingestellt, sondern nur überarbeitet und
gleichgültig. Die Chancengleichheit betrifft sie nicht – warum
sollten sie sich anstrengen, ihr Verhalten und ihre Prozeduren
verändern? Sie haben keinen Schaden von der Benachteiligung
und keinen Nutzen von der Gleichbehandlung. Beim Vorstand
und bei den Vorgesetzten bringt ihnen so ein Engagement
nichts ein – nur die Change Agentin wäre mit ihnen zufrieden,
und das reicht nicht. Lange Zeit, immer wieder, hat unsere
Heldin darauf gehofft, daß »die Frauen« Druck ausüben. Daß
sie sich zusammentun, daß sie ihre Situation diskutieren, Positionen beziehen und Forderungen aufstellen. Sie wollte gern
den »Druck der Basis« nutzen, um die Gleichgültigen und die
Zaudernden in Bewegung zu bringen, um also ihren Themen
und Forderungen Nachdruck zu verleihen. Aber die Frauen
organisieren sich nicht. Das hat verschiedene Gründe. Gleichgültigkeit und passive Erwartungshaltung überwiegen. Die Abteilungsleiterinnen wollen sich nicht mit frauenpolitischem
Engagement die Karriere verbauen. Die Teilnehmerinnen an
den Seminaren sind zunächst entflammt – aber wenn diese
Flamme kein Ziel und keine organisatorische Pflege bekommt,
erlischt sie rasch. Einzelne interessierte Frauen arbeiten weit
verstreut im Unternehmen. Sie haben – außer daß sie Frauen
sind – nichts miteinander zu tun. Und Frau-Sein ist nicht Gemeinsamkeit genug, um daraus gemeinsame Forderungen und
gemeinsames Handeln zu entwickeln. Die Agentin des Wandels weiß nicht, wie sie diese disparaten Interessen bündeln
könnte. Als druckvolle Basis hat sie die Frauen abgeschrieben.
Einzelne spricht sie gezielt zur punktuellen Unterstützung an –
in der Regel mit Erfolg.

Lehren für Berater

Für externe Berater und interne Change Agents wird ein neues, wichtiges Projekt leicht zum Mittelpunkt ihres Berufslebens. Sie denken Tag und Nacht darüber nach, sie lesen, sie planen. Vor den Treffen sind sie aufgeregt, und hinterher haben sie lange mit der Auswertung zu tun. Für die Auftraggeber und noch mehr für die Mitarbeiter der Auftraggeber hat das Projekt geringere Bedeutung. Sie haben andere berufliche Aufgaben. Das Veränderungsvorhaben ist aus ihrer Sicht vielleicht nebensächlich. Es wurde beschlossen, weil die Kräfteverhältnisse gerade günstig dafür waren, und der Berater wurde ausgewählt, weil man sich auf ihn einigen konnte – nun ist die Angelegenheit an ihn delegiert und kann vergessen werden.

Der Berater möchte vorankommen, denn es ist sein Beruf, Veränderungsprojekte voranzubringen. Dafür wird er bezahlt, daran wird er gemessen, und daran mißt er sich selbst. Die Auftraggeber haben andere Berufe, werden an anderen Themen gemessen und definieren sich über andere Aktivitäten.

Der Berater kann nicht glauben und nicht verstehen: Wie kann etwas, was für ihn so wichtig ist, für andere – die ihn doch beauftragt und das Projekt beschlossen haben – so unwichtig sein? Und dennoch ist es so.

3. Mit neuen Ideen und anderen Strategien in die nächste Runde

Die Change Agentin hat einige bittere Realitäten ihrer Arbeit akzeptiert. Die Fassungslosigkeit und das Nicht-glauben-Können sind überwunden. Jetzt ist sie frei, neue Wege zu gehen. Genau das tut sie auch: Sie legt die Projekte anders an, sie hat Ziele verändert, und sie probiert neue Verhaltensweisen aus.

1. Konsequenz: Schluß mit dem einfühlenden Verständnis
Die Agentin des Wandels beschließt, nicht mehr auf andere zu warten. Weder auf den Vorstand noch auf die Frauen, und auch nicht mehr auf die Kollegen aus dem Personalwesen. Sie wird die Projekte selbst voranbringen. Sie wird in Zukunft we-

niger geduldig sein. Bisher hatte sie zu oft und zu viel Verständnis für die Situation anderer, dafür, daß es wichtigere Dinge gab, dafür, daß Entscheidungen nicht getroffen, Ergebnisse als unvollständig zurückgewiesen wurden. Damit will sie jetzt aufhören. Sie ist entschlossen, Verhandlungssituationen zuzuspitzen, um eine Entscheidung zu erzwingen. Sie will auch die Ablenkungs- und Täuschungsmanöver nicht mehr hinnehmen, sondern den Beteiligten ihr Desinteresse und ihre Heuchelei auf den Kopf zusagen. Sie ist auch bereit, mit Rücktritt zu drohen, um Druck auszuüben. Sie ist durch die Erfahrungen der vergangenen Jahre – zumindest gedanklich – radikalisiert.

2. Konsequenz: Weg von der Frauenprojektgruppe – hinein in die Bereiche und Abteilungen.
Die Change Agentin sieht die Anlage ihrer Projekte im Rückblick kritisch. Die Projektgruppen, nur mit Frauen besetzt, haben zu isoliert gearbeitet. Sie wurden von der Unternehmensumwelt als reine Interessenvertretung eingeschätzt. Die Mitarbeiter des Personalwesens hatten erfolgreich ihre Beteiligung abgewehrt und konnten daher in Ruhe die Ergebnisse abwarten und dann kritisieren. Die Frauen in den Projektgruppen waren zwar fleißig und engagiert, aber nicht mächtig genug, um etwas zu bewegen. Jetzt sucht die Change Agentin noch einmal andere Wege, um eine frühzeitige Einbindung der Zuständigen zu erreichen.

Sie arbeitet zur Zeit an einem Positionspapier, das sie mit Leitern aus dem Personalbereich in großer Runde diskutieren will. In diesem Papier benennt sie Themen und Arbeitsfelder, derer sie sich annehmen möchte, ohne daß die Form bereits festgelegt wäre. Sie möchte die Personaler schon in diesem frühen Stadium der Planung nach ihren Interessen fragen und sich daran orientieren. Auf diese Weise – so hofft sie – wird es eine frühe Abstimmung über ihre Arbeitsvorhaben und eine frühe Einbindung einzelner Funktionen des Personalbereichs geben. Denn in dem Maße, in dem die Personaler die behandelten Themen für wichtig halten, sind sie auch bereit, sich aktiv zu beteiligen oder Mitarbeiter abzustellen.

Und es hat sich noch ein anderer Weg aufgetan, der Isolation

zu entkommen. Ihre Analysen über Bedarf und Mißstände sind
inzwischen sehr präzise und fundiert. Das kommt ihr zugute.
Sie kann nun einzelne Abteilungen – auch außerhalb des Personalwesens – ganz direkt ansprechen und sie auf einen genau
bezeichneten Bedarf oder einen exakt beschriebenen Mißstand
hinweisen. Auf dieser Grundlage gelingt es ihr häufiger, die
Kooperation und das Engagement einzelner Vorgesetzter für
ein genau definiertes Vorhaben zu gewinnen. Diesen Weg will
sie weiter ausbauen und häufiger nutzen.

3. Konsequenz: Ran an die Männer und rein in den Dialog!
Schon zu Beginn ihrer Amtszeit hat die Agentin des Wandels
davon gesprochen, daß sie sich mit dem Thema Chancengleichheit an Frauen und an Männer wenden müsse. Nun,
nach dreijähriger Arbeit, hat sie gute Gründe, sich entschlosse-
ner an die Männer zu wenden:
   Männliche Vorgesetzte und Kollegen empfinden Frauenfragen oft als Themen, mit denen sie eigentlich nichts zu tun haben, die sie nicht betreffen, die »zusätzliche« Arbeit machen
und von deren Behandlung sie nicht profitieren. Die Change
Agentin will sich daher Themen zuwenden, die keine reinen
»Frauenthemen« sind, sondern beide Geschlechter betreffen.
Dann gelingt ihr vielleicht – so hofft sie – ein Ausbruch aus der
Frauenecke. Für breiter angelegte Fragestellungen bekommt
sie hoffentlich auch eine größere Lobby. Themen, die das unter
Umständen ermöglichen, sind z. B. Laufbahnberatung und
Modelle der Teilzeitarbeit. Es gibt noch einen anderen Grund
für die Richtungsänderung: Unsere Heldin sieht die Ungleichbehandlung von Männern und Frauen als einen Teil der sozialen Wirklichkeit. Diese entsteht in den Köpfen von Menschen
und wird gestützt und fortgeschrieben durch Traditionen, Abläufe und Regelungen. Wenn diese soziale Wirklichkeit sich
ändern soll, muß sich auch das Bewußtsein der Beteiligten ändern. Dazu bedarf es des Gesprächs und der Auseinandersetzung. Daher sollten Männer und Frauen zusammentreffen und
sich über das Verhältnis der Geschlechter in ihrem Berufsalltag
unterhalten und streiten. Nur wenn sich in vielen Köpfen
etwas bewegt, so meint sie, wird sich auch im Unternehmen
etwas verändern.

Die letzten beiden Jahre ihrer Amtszeit haben begonnen. Sie hat ihre Ansprüche verringert und ihr Vorgehen verändert. Sie fühlt sich nicht mehr verantwortlich für jedes Mißlingen. Sie hat neue Ideen. Sie fühlt sich zuversichtlich und kräftig.

Und etwas Wichtiges ist geschehen: Zum Jahresbeginn bekommt sie einen richtigen Vorgesetzten!

XIII
Freunde, Feinde und nützliche Beziehungen

Ohnmacht und Isolation kennzeichnen die Situation der Agentin des Wandels. Aber für ihre Aufgabe und zu ihrem persönliches Wohlbefinden braucht sie Einfluß und Einbindung. Ob der Einfluß von den Hierarchen ausgeht – also von einzelnen, Mächtigen – oder von Frauengruppen, die ihre Interessen formuliert und sich zusammengeschlossen haben, ob es Gesetze sind, die Veränderung erzwingen, oder ob der Druck des Marktes Bewegung ins Unternehmen bringt – unsere Heldin braucht Motoren, die Bewegung schaffen, die Widerstände überwinden helfen und die Themen und Projekte vorantreiben. *Sie muß mächtiger werden* – und auf einer Stabsstelle kann es nur geliehene Macht sein.

Bisher ist sie bei der Suche nach einflußreicher Unterstützung nie fündig geworden. All die, die sie als ihre natürlichen Verbündeten betrachtete, hatten andere Interessen und vor allem: andere Prioritäten. Sie haben mal hier oder dort geholfen, aber energischen, vorwärtstreibenden Druck gab es weder von oben noch von unten. Die »Ownership« für die Veränderungsvorhaben lag immer bei ihr. Sie hatte diese Unterstützung so selbstverständlich vorausgesetzt und war über ihr Ausbleiben so enttäuscht, daß sie lange Zeit nicht frei war, weiträumig auf die Suche zu gehen. Sondern sie hat die fehlende Identifikation mit dem Projekt immer wieder vergeblich eingeklagt und auf vielfältige Weise zu erreichen versucht. Die Agentin des Wandels braucht nicht nur mehr Einfluß, sie selbst und ihre Projekte brauchen auch *Anbindung* und *Einbindung*, sonst bleiben sie wirkungslos. Ihre Einbindung in das System, das sich mit ihrer Hilfe verändern sollte, war bisher unzureichend. Zwar darf unsere Heldin an allen möglichen Sitzungen und Versammlungen des Personalwesens teilnehmen – aber sie ist überall Gast und in keinem Gremium zu Hause.

In einer formalen Organisation ist Einbindung auch eine formale Frage. Ein Arbeitsvertrag allein reicht nicht aus und ein markierter Platz im Organigramm genausowenig. Einbindung ist auch nicht allein über persönliche Beziehungspflege zu erreichen, sondern zur Befreiung aus der Isolation müssen die Verhältnisse normalisiert werden: Die Agentin des Wandels braucht einen Vorgesetzten, und sie benötigt Kollegen und Kolleginnen. Sie braucht regelmäßige Treffen in einem Gremium, dem sie fest angehört; sie braucht Leitung und Rückmeldung. Vielleicht bedarf sie auch nur einer klar umrissenen Gruppe, in der sie regelmäßig ihre Arbeit bespricht. Diese Gruppe muß aber Teil des Systems sein und auch von anderen so betrachtet werden.

Ein gesichertes Eingebundensein kommt ihrer Arbeit zugute. Sie wird mächtiger. Denn andere, zu denen sie spricht und die von dieser Zugehörigkeit wissen, sehen ja nicht nur die Change Agentin, sondern auch diejenigen, die hinter ihr stehen. Wenn sie nein sagen, wissen sie: Das Nein hört nicht nur die Agentin des Wandels, sondern es betrifft ebenso ihre Kollegen und Vorgesetzten. Wenn diese mächtig und einflußreich sind, überlegt sich so mancher zweimal, ob er eine Ablehnung riskieren sollte.

Ihre Veränderungsvorhaben brauchen ebenfalls Einbindung. Sie müssen in einem möglichst frühen Stadium möglichst dicht an den Ort transportiert werden, an dem sie wirksam werden sollen. Was heißt das? Es heißt: Entwicklung von Problembewußtsein und Lösungsideen möglichst vor Ort, und es heißt: diejenigen, die vor Ort sitzen, für ein Engagement gewinnen.

Wenn keine Probleme gesehen werden, werden auch keine Antworten gesucht – worauf auch? Und eigene Lösungen haben eine größere Chance, umgesetzt zu werden, als fremde.

1. Endlich ein Vorgesetzter!

In der ersten Klausurtagung, an der ihr neuer Vorgesetzter, mehrere Personalleiter, die Abteilungsleiterin Personalpolitik und sie selbst teilnehmen, kann sie sich nicht durchsetzen. Ihre Projekte kommen nicht zur Sprache.

Aber in den folgenden Wochen bekommt sie einige Gesprächstermine bei dem neuen Chef. Endlich kann sie ihre Situation und ihre Gedanken einmal jemandem in Ruhe darlegen. Er sieht ihre Schwierigkeiten und findet, da muß etwas geschehen. Er unterstützt sie – nicht aus frauenpolitischem Engagement, sondern im Rahmen seiner Aufgabe als Führungskraft. Seine Mitarbeiter und Mitarbeiterinnen muß und möchte er unterstützen und fördern und dafür sorgen, daß sie möglichst erfolgreich arbeiten können. Das gilt auch für die Change Agentin. Sie hat den Auftrag bekommen, nun muß sie das Beste daraus machen, und er wird ihr dabei helfen, so gut er kann. Er wird zu einem wichtigen Motor, der ihre Veränderungsvorhaben gegen Gleichgültigkeit, Desinteresse und Widerstand vorantreibt. In einer hierarchischen Organisation zählt die Macht der Position. Das weiß eigentlich jeder, das wußte auch sie schon immer, aber nun hat sie es selbst zu spüren bekommen.

Der neue Chef nimmt gegenüber hochrangigen Gesprächspartnern ihre Interessen wahr. Er veranlaßt, daß verschiedene Grundsatzpapiere der Firma im Sinne der Chancengleichheit überarbeitet werden. Er läßt prüfen, in welche Personal- und Entwicklungsgremien die Agentin des Wandels hineingehen kann, die ihr bisher verschlossen waren. Er unterstützt sie in allen Dingen, die er für vernünftig hält und die er mittragen kann. Er berät sie dabei, welche Fragen und Themen zu verfolgen im Augenblick politisch ungeschickt sei und welche opportun. Er nimmt sich Zeit und macht sich Gedanken. Zum Thema Gleichstellung hat er zwar nur begrenzt Zugang, aber mehr als viele andere, und – was wichtiger ist – sie ist nun mal seine Mitarbeiterin, und sie hat diesen Auftrag für fünf Jahre bekommen. Damit bekommt auch er eine Verantwortung für den Erfolg. Er möchte gern ein angesehener Chef und ein guter Vorgesetzter sein.

Er wird für unsere Heldin zu einem wichtigen Gesprächspartner, denn er sagt ihr seine Meinung: Sie veranstaltet einen Workshop für Männer und Frauen; die Ergebnisse findet er schwach. Sie ist anderer Meinung und hält dagegen. Zum ersten Mal hat sie mit einem hohen Vorgesetzten des Personalbereichs tatsächlich ein inhaltliches Gespräch.

Er hilft ihr dabei, eines nicht zu vergessen: Es geht nicht nur um die Frage eines reicheren, geteilten, gemeinsamen Lebens – es geht auch um Machtverhältnisse und darum, etwas aufzugeben. Das verliert sie leicht aus dem Auge, wenn sie auf interessierte und aufgeschlossene Menschen und Männer trifft.

Die Agentin des Wandels blüht auf, faßt neuen Mut und entwickelt wieder Schwung. Zum ersten Mal merkt sie, was es mit der »Ownership« auf sich hat. Sie spürt nun, wie es sich anfühlt, wenn ein anderer – und zwar jemand, der Einfluß genug hat, etwas zu bewegen – mit Verantwortung übernimmt und sich für den Erfolg ihrer Arbeit mit zuständig fühlt.

2. Unternehmen Netzwerkbau

Ein Netzwerk[7] ist ein zählebiges, aber zugleich flüchtiges Gebilde mit verschwommenen Grenzen und unklarer Mitgliedschaft. Meistens ist es unsichtbar. Eine wohlorganisierte Gruppe mit definierter Zugehörigkeit und klaren Zielen ist etwas, was die Change Agentin immer gern gehabt und als Pressure Group genutzt hätte – aber ein Netzwerk ist anders. Das Netz existiert nur für die Mitglieder und deren Interessen. Es respektiert weder die Grenzen innerhalb der Organisation noch die zwischen verschiedenen Einrichtungen. Es überspannt die Hierarchie und verläuft quer zu den Abteilungen. Lange Zeit kann es ruhen und dann aus gegebenem Anlaß für einen bestimmten Zweck aktiviert werden.

Das Material, aus dem ein Netz besteht, sind die Beziehungen zwischen Personen. Mittels dieser Beziehungen werden Güter getauscht: Informationen, Trost und Rat, Unterstützung, Engagement, Stimmen bei einer Entscheidung, und immer wieder Informationen.

Je unübersichtlicher das innerbetriebliche Geschehen ist, je häufiger die klare Hierarchie durch Task Forces, Projektgruppen, Organisationseinheiten auf Zeit durchbrochen und durchkreuzt wird, desto schwieriger wird es auch für hochrangige Manager, wichtige Dinge ausschließlich top down durchzusetzen, und desto bedeutsamer wird das aktivierte Beziehungsnetz, um Einfluß zu nehmen. Für alle, nicht nur für

unsere Heldin, wird die Arbeit in den veränderten Organisationsformen politischer in dem Sinne, daß sie nicht einfach
anordnen können, sondern sich überlegen müssen, wie sie die
»Strippen ziehen«.

Auch für Frau P. auf ihrer Stabsstelle ist das eigene Netz ein
wichtiges Mittel, um mächtiger zu werden, um Information zu
erhalten und Stützpunkte zu schaffen.

1. Phase: Ich kenne niemanden.
Im ersten Jahr ihrer Tätigkeit hat die Change Agentin einmal ihr
Netzwerk aufgezeichnet. Zu diesem Netz gehörten ausschließlich Frauen – bis auf die Vorgesetzten des Personalwesens. Und
es befanden sich nur Personen darin, denen sie nach der Übernahme ihres Amtes begegnet war. Alle, mit denen sie in den
zwanzig Jahren ihrer Tätigkeit auf unterschiedlichen Stellen in
der Firma zu tun hatte, waren ihr entfallen. Man konnte den
Eindruck gewinnen, als hätte sie im Unternehmen neu angefangen. Sie war sich ihres vielfältigen Netzes von Bekanntschaften
und Beziehungen nicht bewußt. Erst als sie gezielt überlegt,
weil sie die Gruppe »Friends of Change« gründen will, fallen ihr
doch einige Vorgesetzte ein, die sie aus früheren Zeiten kennt
und die sie einladen könnte, in der Gruppe mitzumachen.

Die Gründung des FOC ist das Ende der Bewußtlosigkeit. Sie
sieht sich zunehmend wieder als die, die sie ist: eine langjährige
Mitarbeiterin, die über unendlich viele Kontakte und Beziehungen verfügt – nur nicht im Unternehmensbereich Personal.

Ein seltsames Phänomen: Jemand, der seit Jahren beruflich
eingebunden ist durch zahlreiche Kollegen, Freunde und Bekannten, der welterfahren und beliebt ist, hat das Gefühl: Ich
kenne niemanden.

Es ist, als ob sich Frau P. mit dem Wechsel ihrer Stelle und
ihrer Aufgabe aus allen bisherigen Bezügen herausgeschnitten
hätte. Sie sieht nur noch die kleine Welt des Unternehmensbereichs Personal und dort ihre eigene Isolation: Der Vorstand
unterstützt sie nicht, die neuen Kollegen verweigern sich, und
die Frauen mit Einfluß fürchten sich.

Offenbar geht es bei einem Netz nicht nur um Haben oder
Nichthaben, sondern darum, sich verbunden zu fühlen, also
das zu sehen, was da ist. Unsere Heldin erlebt sich in dieser

Phase ihrer Arbeit als extrem isoliert, nirgendwo hingehörig und mit dem Veränderungsauftrag auf einsamem Posten. Wer sich selbst aber in der aktuellen Situation als unverbunden erlebt, sieht seine Beziehungen nicht und kann sie nicht nutzen.

2. Phase: Ein Frauennetzwerk ist keine Pressure Group.
In Abweichung von ihrer Strategie, Männer ansprechen und einbinden zu wollen, wendet sie sich doch fast ausschließlich an Frauen: Sie lernt natürlich durch die Seminare, durch Einzelgespräche und durch den Jour fixe für die Abteilungsleiterinnen auch sehr viele kennen. Das Frauennetzwerk entwickelt sich gut. Sie hat in manchen Vorzimmern Zuträgerinnen, die sie mit Informationen versorgen, wenn die männlichen Vorgesetzten bei der Terminplanung die Agentin des Wandels wieder einmal gezielt vergessen. Einzelne Abteilungsleiterinnen beraten sie und erscheinen zu Probepräsentationen ihrer Projektgruppen. Mit den Frauenbeauftragten anderer Unternehmen trifft sie sich, vergleicht und lernt. Einzelne Frauen aus ihrem früheren Arbeitsleben spricht sie an, um deren Kompetenz zu nutzen. Eine Marketingfachfrau hilft ihr bei einem Kommunikationskonzept. Eine erfahrene Moderatorin leitet die Sitzungen des FOC. Eine Freundin aus lange vergangenen Tagen hält einen sehr interessanten Vortrag vor den Abteilungsleiterinnen. Sie wird immer geübter im Einspannen der Leute.

Aber von wenigen Ausnahmen abgesehen, sind es Frauen, die sie nutzt. Da fließen zwar Informationen, und die Change Agentin lernt, spezielle Kompetenzen abzurufen – aber die Frauen sitzen in der Regel nicht an Stellen, an denen sie etwas bewegen können. Oder sie möchten sich nicht für das Projekt Chancengleichheit engagieren, aus Sorge, es könne ihnen beruflich schaden. Das sind die zwei wichtigen Schwächen des Frauennetzwerks. Die Agentin des Wandels hat lange gebraucht, um zu akzeptieren, daß die Frauen – wo immer sie auch in der Hierarchie sitzen – sich nicht als Pressure Group zur Beförderung ihrer Themen nutzen lassen.

3. Phase: Hauptsache, nützlich.
In den letzten beiden Jahren ihrer Amtszeit beginnt für unsere Heldin eine neue Phase der Netzwerkentwicklung.

Sie verändert und erweitert ihre Vernetzungsarbeit. Sie macht die Entwicklung und Pflege von Beziehungen zu einem eigenen Projekt, das sie nur unter dem Gesichtspunkt verfolgt: Was nützt der oder die Betreffende dem Projekt Chancengleichheit.

Wenn beim Potential Assessment die Eignung der Kandidaten und Kandidatinnen beraten wird, kommt sie mit hohen Vorgesetzten aus allen möglichen Unternehmensbereichen ins Gespräch. Denn diese nehmen als wertende Beobachter an den Sitzungen teil. Sie konfrontiert sie mit ihrer – oft abweichenden – Meinung und diskutiert mit ihnen. Alte Arbeitsbeziehungen werden wiederbelebt. Neue Kontakte entstehen. In Streitgesprächen lernen die Beteiligten einander kennen. Ihr Bild der Hierarchen differenziert sich – und auch die Referentin für Chancengleichheit verliert für viele ihren Schrecken. Einige Männer werden neugierig auf ihr Thema und gehen als Botschafter des guten Willens in ihren Unternehmensbereich zurück.

Die Agentin des Wandels hat sich von der Vorstellung befreit, die Unternehmensfunktion Personal müsse der Ansatzpunkt für Veränderung sein. Sie findet heraus: Nicht überall ist der Widerstand gegen ihr Thema so stark wie dort. Ermutigt durch die Begegnungen im Rahmen des Potential Assessment, lädt sie zu Workshops und Vorträgen für Männer und Frauen ein.

Diese Veranstaltungen sind zum Teil recht erfolgreich und interessant. Und jeder zufriedene Teilnehmer wird Bestandteil ihres Netzes. Sie kann ihn für weitere Veranstaltungen gewinnen oder ihn um Informationen bitten. Sie wird ohne große Probleme einen Gesprächstermin bei ihm bekommen, und bei einigen wächst die Bereitschaft, sich an Vorhaben der Change Agentin zu beteiligen. Der Boden ist bereitet.

3. Zweckbündnisse und Koalitionen auf Zeit

Die Agentin des Wandels hat ihr Vorgehen verändert. Anstatt mit eigenen Projekten am Widerstand zu scheitern, klinkt sie sich ein in die Projekte anderer.

Über das mittlerweile weitgespannte Netz ihrer Informanten hört sie von einem Problem oder einem Vorhaben, das ihr Thema tangieren könnte. Nun erforscht sie das Problem in vielen Einzelgesprächen genauer. Sie macht sich ein Bild und entwickelt eine Vorstellung davon, was geschehen könnte und wo etwas geschehen könnte. Dann wendet sie sich an den ranghöchsten Manager, der zuständig ist. Sie bittet ihn um Unterstützung oder darum, die Problemstellung, die sie sieht, innerhalb eines ohnehin laufenden Projektes zu berücksichtigen. Sie fädelt sich ein. Und sie bekommt viel leichter Mitarbeit und Unterstützung als früher.

- Sie weiß genauer über Zuständigkeiten Bescheid, sie weiß, wen sie wofür ansprechen muß und kann.
- Die Bedarfsklärung ist präziser, die Fragestellung ist konkret. Ihr Partner weiß genau, worum es geht und was von ihm erwartet wird.
- Sie verkauft definierte Probleme und nicht mehr vage, aber möglicherweise umfassende Verpflichtungen. Es geht also immer um ein überschaubares »commitment«.
- Das Vorhaben bleibt in der alleinigen Regie des Hierarchen. Es existiert vielleicht schon und wird nur um einen Aspekt erweitert.
- Sie verkauft keine Lösungen und keine Forderungen, sondern bietet eine Fragestellung an und wartet ab, ob ihr Gesprächspartner diese akzeptieren kann und bereit ist, sich selbst oder seine Mitarbeiter damit zu beschäftigen.

Mit der Zustimmung des Vorgesetzten, über ein Thema nachzudenken, geht sie weiter zu den relevanten Mitarbeitern und versucht, diese ebenfalls für ein Nachdenken über ihre Frage zu gewinnen. Auf diese Weise mischt sie sich in viele Projekte ein und nimmt dort im Sinne ihres Auftrags Einfluß. Sie hat Erfolg, und sie ist erstaunt über das Ausmaß der Kooperation und der Bereitwilligkeit, auf ihre Fragen einzugehen. Das hätte sie nicht erwartet.

Was hat sie geändert? Sie hat das Denkmodell Freunde und Feinde, Unterstützer und Widersacher aufgegeben. Es hat sich für ihre Aufgabe als zu starr erwiesen. Jetzt betrachtet sie jeden, oder fast jeden als einen potentiellen Koalitionspartner, nicht für die Ewigkeit, sondern auf Zeit und zu einem bestimmten

Zweck. Im Kontext konkreter Veränderungsvorhaben wird es unwichtig, wie einzelne Hierarchen grundsätzlich über Chancengleichheit denken. Wichtiger ist, ob sie bereit sind, einer ganz konkreten Frage nachzugehen – durchaus im eigenen Interesse, denn sie möchten ja gute Vorgesetzte sein und nicht in den Ruf kommen, gegen Mißstände in ihrem Bereich, die ihnen bekannt sind, nichts zu unternehmen.

Das veränderte Denken schafft der Agentin des Wandels neue Freiheit. Sie kann gelassener das Gespräch suchen, Vertrauen entsteht, Kooperation gelingt – und wird wieder beendet.

Nicht zuletzt, weil sie selbst gut eingebunden ist und in ihrem Vorgesetzten einen stabilen Gesprächspartner hat, kann sie in ihren anderen Beziehungen flexibler werden.

So ist sie im Laufe der letzten beiden Jahre ihrer Amtszeit an vielen Orten und in vielen Projekten präsent und einflußreich, ohne daß es »Projekte der Referentin für Chancengleichheit« werden und allein dadurch heftigen Widerstand hervorrufen.

4. Einfluß ohne Positionsmacht

Menschen in Organisationen verfolgen unterschiedliche, auch gegensätzliche Interessen. Konflikten, ob sie nun zwischen Personen, Gruppen oder Fraktionen bestehen, liegen häufig wahrgenommene oder wirkliche Interessenunterschiede zugrunde. Um gemeinsames Handeln zu ermöglichen, müssen stets aufs neue Wege gefunden werden, mit diesen Interessenkonflikten zu leben, Lösungen zu verhandeln und auszuhandeln, die Unterschiedlichkeit immer wieder zu versöhnen. Solange sich für den jeweiligen Interessenkonflikt kein Verhandlungsergebnis abzeichnet, ist das Handeln blockiert. Wenn man diese Notwendigkeit in den Vordergrund stellt, lassen sich Organisationen als politische Systeme verstehen, in denen mit divergierenden Interessen, mit Konflikten und Kräfteverhältnissen umgegangen werden muß.[8]

Wenn wir Organisationen so betrachten, ist einsichtig, daß Netze und Beziehungen eine große Bedeutung bekommen. Die ganze Organisation erscheint als ein Gewebe stabiler und wechselnder Koalitionen.

Das Mittel, das benutzt wird, um die Verhältnisse im Sinne eigener Interessen zu beeinflussen, ist Macht. Sie entstammt unterschiedlichen Quellen – die formale Position, also die hierarchische Macht, ist nur eine von vielen möglichen. Wer Veränderungsprozesse in Organisationen vorantreiben will, handelt politisch. Er will und muß Einfluß nehmen in einem Feld unterschiedlicher Interessen, in dem auch er ein Interesse verfolgt – nämlich das der Veränderung. Die Veränderer verfügen nicht immer über eigene Positionsmacht – und auch wenn sie geliehen ist, reicht sie oft nicht aus, um die Konflikte im Sinne des Veränderungsvorhabens zu beeinflussen. Jeder Change Agent ist daher gut beraten, andere Möglichkeiten zu erforschen und ins Spiel zu bringen. Eine Form der Einflußnahme ist es, in Netzen und Zweckbündnissen Tauschhandel zu betreiben. Der Change Agent sucht für spezifische Ziele die Interessengemeinschaft mit anderen, die Einfluß nehmen können. Läßt sich ein gemeinsames Interesse – und sei es noch so punktuell und flüchtig – nicht ausmachen, so kann getauscht werden: Unterstützung gegen Information; Information gegen Schmeichelei; Hilfe bei der Problemlösung gegen gute Presse etc. Wer die Interessenlage des potentiellen Koalitionspartners genau betrachtet und sich seiner eigenen Möglichkeiten bewußt ist, dem wird schon etwas einfallen. Merkmal des Zweckbündnisses ist es, zum beiderseitigen Vorteil zu bestehen. Aus einer antagonistische Situation wird ein Spiel, in dem beide gewinnen.[9]

Entscheidend ist die Bereitschaft des Change Agent, bezogen auf die Verbündeten nicht wählerisch zu sein; wichtig ist aber auch seine Glaubwürdigkeit als ehrlicher Broker; sein Einfallsreichtum, wenn es darum geht, Gründe zu finden, warum der andere das eigenen Vorhaben unterstützen sollte; und seine Fähigkeit, sich in instabilen Verhältnissen zu bewegen und die Allianzen als das zu sehen, was sie sind: als zweckgebundene Verbindungen auf Zeit, nicht als langfristige Kooperationsbeziehungen.

XIV
Späte Früchte, süßsauer

Gestärkt durch ihren Vorgesetzten, unterstützt durch ein immer ausgedehnteres Netz von Beziehungen zu Frauen, aber auch zu Männern, und ermutigt durch die Bereitschaft einzelner Linienvorgesetzter, mit ihr zu kooperieren, beschreitet die Agentin des Wandels noch einmal neue Wege. Sie verläßt den Bereich Personalwesen, an dessen Resistenz sie sich so lange abgearbeitet hat. Sie richtet ihren Blick auf die große Gruppe der Vorgesetzten im gesamten Unternehmen – wo auch immer sie dort angesiedelt sind. Sie entwickelt einen neuen Arbeitsansatz und eine neue Strategie der Projektplanung und -gestaltung. Beides ist erfolgreich.

1. Der »Dialog«-Ansatz

Schon im ersten Jahr ihrer Tätigkeit als Change Agent kam ihr die Idee, das Thema Chancengleichheit zu einem Thema von Frauen *und* Männern zu machen. Sie ist fest davon überzeugt, daß unser aller Berufsleben durch gleichberechtigtes, gemeinsames Arbeiten gewinnen würde; daß Männer und Frauen einander in ihrer Unterschiedlichkeit ergänzen und bereichern könnten; daß ihre Zusammenarbeit fruchtbar sein könnte.

Im Laufe ihrer Amtszeit hat sie außerdem erfahren, daß alle Themen, die aus der Nische »Frauenfragen« herausgeführt werden können, ungleich größere Chancen haben, ernst genommen zu werden.

Und sie weiß, daß die Chance für Frauen, in ihrem Potential gesehen und entwickelt zu werden, von Männern abhängt – von Vorgesetzten und Personalentscheidern.

Außerdem, so argumentiert sie in der Diskussion mit ihrem Vorgesetzten, reicht es nicht aus, das Andersartige nur zu

»ertragen«. In einer modernen Unternehmenskultur sollten Vielfalt und Unterschiedlichkeit als positive Werte betrachtet werden.

Sie beginnt ein Projekt, das dieses Vorhaben zum Programm erhebt: »Männer und Frauen im Dialog«. Ihr Ziel ist, durch persönliche Begegnung und Auseinandersetzung die Wahrnehmung der Betroffenen zu verändern, ihnen Themen und Fragen aus einem anderen als dem vertrauten Blickwinkel zu präsentieren. Sie hofft auf Aha-Erlebnisse und Einstellungswandel. Ihre Zielgruppe sind hohe Vorgesetzte, solche, die über die Förderung und die Einstellung von Frauen zu entscheiden haben. Diese möchte sie in einem Workshop mit hochrangigen, kompetenten Frauen zusammenbringen. Sie hat vor, ein beide Gruppen interessierendes Thema auszuwählen und Männer und Frauen zu diesem Thema in einen Austausch, eine Diskussion, vielleicht auch ein Streitgespräch zu bringen. Sie sieht immer wieder, wie wenig Männer darüber wissen, wie die Situation von Frauen aussieht, daß ihre berufliche Entwicklung oft anders verläuft, daß sie in ihrem Arbeitsalltag andere Fragen zu lösen haben als Männer und daß sie dieselbe Wirklichkeit anders erleben. Die Agentin des Wandels möchte die Frauen aus der Anklageecke und die Männer aus der Rechtfertigungsecke hinausführen und sie ermutigen, sich für die Realität des jeweils anderen wirklich zu interessieren.

Es ist ihr außerdem daran gelegen, daß die unterschiedlichen Positionen, die sonst immer verschleiert werden, in der direkten Begegnung und Auseinandersetzung deutlich werden. Denn erst dann kann ein Gespräch wirklich beginnen. Sie stellt das Projekt »Dialog« unter das Motto: »Anderssein akzeptieren und fruchtbar machen.«

Sie beginnt mit einem eintägigen Workshop zum Thema: »Männer und Frauen in der Zusammenarbeit; Kooperationschancen und Konfliktpotential.« Im Vorfeld ist sie sehr zufrieden. Denn sie hat genau die Männer zur Teilnahme gewinnen können, die sie dabeihaben wollte.

Dieser Workshop ist in ihren Augen nur ein mäßiger Erfolg. Planung und Durchführung waren von Pannen begleitet. Die Unterschiedlichkeit der Meinungen und Haltungen wurde

wirklich deutlich, aber das Ausmaß der Unterschiedlichkeit hat
sie entmutigt. Die Zeit war zu kurz, um etwas zu bewegen; Investition und Aufwand für alle Beteiligten waren sehr hoch.

Das Projekt Dialog – der erste Workshop.

An diesem ersten Workshop sollen Männer und Frauen von der
Ebene der Abteilungsleitung aufwärts teilnehmen. Der Workshop soll einen Tag dauern und von zwei externen Trainern
moderiert werden. Ziel ist, den Vorurteilen und Konflikten
zwischen Männern und Frauen eine Kontur zu geben.

Beim Abteilungsleiter Führungskräfteentwicklung – ihrem alten Feind – löst schon die Ankündigung des Vorhabens Empö-
rung aus. »So eine Veranstaltung ist doch hirnrissig – was wollen
Sie denn damit erreichen?« »Das Ziel ist sehr offen, ich gebe ja
nicht vor, was herauskommen soll. Mit Sicherheit wird sich
durch den Workshop klären, ob diese Form der Begegnung
zwischen Männern und Frauen sinnvoll ist.« – »Aber Sie müssen
doch vorher wissen, was dabei herauskommen soll. Natürlich
muß herauskommen, welches Verhalten und welche Einstellungen richtig und welche falsch sind.«

»Mir geht es nicht um richtig oder falsch. Mir geht es darum,
manches bewußter und klarer werden zu lassen.« – » Also, wenn
Sie das so offen handhaben, kommt nichts dabei heraus als Gerede.« – »Ja, eine gute Portion Gerede wird es sicher geben.«

Die Change Agentin kann sich durchsetzen – nicht zuletzt, weil
sie die Veranstaltung aus ihrem eigenen Etat finanziert. Der oben
zitierte Abteilungsleiter erscheint natürlich nicht selbst, sondern
schickt zwei Gruppenleiter – obwohl er weiß, daß sie sich den
Teilnehmerkreis anders vorstellt. Aus dem ganzen Bereich Personal nimmt kein Abteilungsleiter teil. Aber es kommen hohe
Linienvorgesetzte und Abteilungsleiterinnen aus anderen Bereichen – am Ende haben sich acht Frauen und sechs Männer ange-
meldet, wichtige und auch auseinandersetzungsbereite Leute;
die Agentin des Wandels ist zufrieden, es kann losgehen.

Es geht auch los, aber mit einer Katastrophe. All ihre hochkarätigen Männer und Frauen und auch sie selbst warten in
einem ebenfalls hochkarätigen Tagungshaus – vergeblich. Sie
warten, zunächst ungläubig, dann fassungslos: Die Trainer
kommen nicht. Sie haben den Tag verwechselt.

Der zweite Anlauf wird schwierig. Natürlich läßt sich kein neuer gemeinsamer Termin finden. Die Zusammensetzung ist daher anders – weniger hochkarätig, weniger bereit zur Auseinandersetzung.

Die Trainer erscheinen. Es wird über Männer- und Frauenrollen diskutiert, über private und berufliche Rollen, über Selbstwahrnehmung und Fremdwahrnehmung. Mit dem Verlauf und mit der Diskussion sind fast alle Teilnehmer und Teilnehmerinnen zufrieden.

Die Agentin des Wandels selbst war nicht dabei; sie ist schokkiert über die Aussagen im Protokoll. Es war ihr Ziel, Unterschiede und Konfliktfelder deutlich werden zu lassen. Die verschiedenen Meinungen wurden deutlich – nun regt sie sich über diese Meinungen auf. Sie hatte nicht erwartet, daß die Unterschiede so kraß ausfallen würden. Es macht sie wütend, daß viele Männer offenbar noch nie darüber nachgedacht hatten, ob sich ihr Leben von dem der Frauen unterscheidet. Manche Männer wußten gar nicht, was sie auf dem Workshop sollten – sie waren nur gekommen, weil sie sie gebeten hatte. Andere meinten: Es ist alles eine Frage der Biologie. Und wieder andere: Sind die Frauen eigentlich nie zufrieden, was wollen sie noch alles?

Nach diesem einen Tag zweifelt die Change Agentin daran, ob der eingeschlagene Weg richtig ist. Dialog ja, aber was bringt solch ein Eintagesworkshop? Ist eine fruchtbare Diskussion solcher Themen unter Kollegen überhaupt möglich? War die Zeit zu kurz, haben die »falschen« Leute teilgenommen?

Sie fährt fort mit mit einer Vortragsreihe für Männer und Frauen: zum Thema »Männerbünde«, zum Thema »Die Zukunft der Arbeit« und zum Thema »Kommunikationsverhalten von Männern und Frauen«. Weitere Themen sollen folgen. Alle Vorträge sind für alle Interessierten zugänglich, und sie sind gut besucht. Einige Männer – auch wichtige Vorgesetzte – sind anwesend. Die Referentinnen sprechen anregend und informiert. Die Diskussionen sind lang und kontrovers. Das Echo ist gut. Sie will die Reihe fortsetzen. Zwei weitere Workshops sind ebenfalls geplant.

Der Dialogansatz ist neu und muß entwickelt werden. Aber

er hat Potential: Wenn die richtigen Leute beteiligt sind – solche, die sich interessieren, die sich Gedanken machen oder dazu bereit sind und die auch mal ein offenes Wort riskieren – wenn die Rahmenbedingungen stimmen und wenn die Auseinandersetzung anhand eines Themas erfolgen kann, dann kommt Bewegung in das Denken, dann werden Meinungen und Standpunkte klarer, dann verändern sich die Perspektiven, und liebgewonnene Ansichten müssen sich an der frischen Luft überprüfen lassen.

Unstrittig ist der Nutzen des Dialogansatzes für die Außendarstellung. In der Landschaft der Frauenbeauftragten hat das Vorgehen Neuigkeitswert, die Presse ist interessiert und berichtet ausführlich. Die Firma hat ihrem Image als modernes, aufgeschlossenes Unternehmen eine neue Facette hinzufügen können.

Auch die Agentin des Wandels ist durch dieses Vorgehen mehrfach entlastet:

– Sie muß nicht mehr um Diagnosen kämpfen – das machen die Diskutanten jetzt untereinander.
– Sie muß keine Überzeugungsarbeit leisten – die Teilnehmer versuchen, sich gegenseitig zu überzeugen.
– Sie muß sich nicht mehr an Widerständen abarbeiten – darüber können sich jetzt die Workshop-Teilnehmer ereifern.
– Sie muß nur eines: Arrangements zur Verfügung stellen, innerhalb derer solche Treffen, durch Thema und Rahmen begrenzt und geschützt, stattfinden können.

Wahrscheinlich gibt die Diskussion der direkt Betroffenen untereinander mehr Anstöße und löst mehr Beunruhigung aus als die Überzeugungsarbeit unserer Heldin. Denn in den Augen ihrer Gesprächspartner muß sie ja von Amts wegen eine bestimmte Ansicht vertreten – die Diskutanten dagegen sind »Laien« –, sie denken nicht aus einer Rolle heraus und haben keinen Auftrag.

Einstellungswandel durch Begegnung und Konfrontation

Jeder Change Agent braucht eine Theorie und ein Konzept über Organisationsveränderung. Denn er braucht eine Antwort auf die Frage: Wenn ich in einer Organisation bestimmte Veränderungen erreichen will, wo setze ich an, damit sich tatsächlich etwas verändert?

Bei den Menschen, bei den Strukturen, bei den Abläufen, bei den Regelungen und Routinen? Es gibt erst einmal viele Möglichkeiten. Die klassischen Organisatoren, die in den alten Organisationsabteilungen saßen und sich Veränderungen ausdachten, setzten oft bei der Aufbauorganisation an. Die Reorganisatoren reorganisieren die Abläufe. Die Psychologen und die Weiterbildner wenden sich an die einzelne Person, deren Denken und deren Verhalten. Die Organisationsentwickler mit ganzheitlichem Anspruch wollen keinen Aspekt auslassen: Sie schließen Personen, Abläufe, Aufbau, Prozesse, Werte etc. in ihre Bemühungen mit ein, denn sie sind der Auffassung, daß der Ist-Zustand einer Organisation aus der Wechselwirkung verschiedener Faktoren resultiert.

Unsere Change Agentin ist davon überzeugt, daß der Weg zur Chancengleichheit über die Einstellungen der beteiligten Personen führt. Natürlich ist es sinnvoll, die positive Einstellung zusätzlich institutionell abzustützen, aber für wirklich entscheidend hält sie die Einstellung. Wenn Vorgesetzte bereit sind, Frauen zu fördern (Einstellung), dann wird diese Bereitschaft verstärkt, wenn das Engagement für Frauenförderung ein Beurteilungskriterium bei Personalgesprächen ist. Dann lohnt sich das Engagement für Frauen auch für die Vorgesetzten.

Der andere Weg – wenn die Förderung von Frauen zur Auflage gemacht wird ohne eine gewisse Bereitschaft der Betroffenenen – ist in ihren Augen nicht so erfolgreich. Dann fühlen die Vorgesetzten sich herausgefordert, möglichst viele Schlupflöcher und Umgehungsstrategien zu ersinnen.

2. Neue Wege, Veränderungsvorhaben zu placieren

Die Privatisierung der Diagnosen

Im Unternehmen laufen zur Zeit viele Veränderungsprozesse ab.

Die Agentin des Wandels geht davon aus, daß Umstrukturierungen Männer und Frauen unterschiedlich betreffen, daß es wichtig ist, die Auswirkung von solchen Projekten auf die Situation der Frauen im Auge zu behalten. Im Laufe der Zeit hat sie ein ganzes Netz von Meßfühlern für betriebsinterne Veränderungen etabliert. Interessierte und engagierte Mitarbeiter beiderlei Geschlechts melden ihr, wenn irgendwo im Unternehmen Veränderungsprozesse geplant oder schon initiiert sind. Wenn sie so ein Signal bekommt, spricht sie mit einer ganzen Reihe Beteiligter und bildet sich ihre persönliche Meinung darüber, wie sich das Geplante wohl auf die Frauen auswirken könnte. Sie erfährt in diesen Gesprächen von Plänen und Entscheidungen und interpretiert sie. Wenn sie zu der Überzeugung kommt, daß Handlungsbedarf besteht, versucht sie im Vorfeld Einfluß zu nehmen. Sie spricht Verantwortliche und Vorgesetzte an. Sie will erreichen, daß die Situation der Frauen bei dem jeweiligen Vorhaben mitbedacht und gesondert berücksichtigt wird. Dazu braucht sie die Unterstützung der Hierarchen.

Wenn sie diesen Weg geht, kann sie ihre Pläne oft erfolgreich verkaufen. Sie hat gute persönliche Beziehungen, die nützlich sind. Aber sie kann auch aufgrund ihrer Voruntersuchung klar benennen, wo sie ein Problem sieht und welche Unterstützung sie von dem Betreffenden möchte. Je spezifischer die Anforderung an einen Hierarchen ist, desto leichter kann sie ihn gewinnen. Konfrontiert mit einem nachgewiesenen oder drohenden Übelstand in seinem Zuständigkeitsbereich, kann er sich nicht so leicht entziehen. Wenn er dagegen aufgefordert ist, »die Sache der Frauen« zu unterstützen, wird er genauso unverbindlich sein, wie die Aufforderung gehalten ist.

Die Datensammlung und Interpretation der Daten unternimmt sie bei diesem neuen Vorgehen nun selbst – damit wird sie immer mehr zur Expertin. Die Mitwirkung von anderen ist auch im weiteren Verlauf eingeschränkt. Eigentlich ist das kleine Projekt, das daraus entsteht, eine Sache zwischen ihr und einem höheren Vorgesetzten. Den holt sie ins Boot und überläßt es dann ihm, seinen Mitarbeitern in der entsprechenden Projektgruppe Anweisungen zu geben. Manchmal geht sie – mit der Zustimmung des Vorgesetzten versehen – selbst in die zuständige Projektgruppe.

Die Sichtbarkeit dieser Unternehmungen in der Firma ist gering, wenige sind beteiligt, nichts wird mehr an die große Glocke gehängt – aber es geschieht etwas.

Das Prinzip Einbindung

Projekte, die die Agentin des Wandels in der Vergangenheit verfolgt hat, mögen für die Frauen wichtig sein. Für den Betrieb waren sie nicht von Bedeutung, und es ist nicht gelungen, sie bedeutsam zu machen. Es steckte keine Energie darin, und kein Mächtiger wollte sie voranbringen. Im Gegenteil, als Projekte des Referats Chancengleichheit wurden sie besonders mißtrauisch beäugt. Viele Vorhaben schleppten sich daher mühselig dahin und versandeten schließlich.

Es gibt aber andere Projekte im Unternehmen, die für wichtig gehalten und von den Mächtigen vorangetrieben werden. Kann sie diese für ihre Vorhaben nicht nutzen? Wie könnte das geschehen?

Beispiel 1
Die Mitarbeiter im Unternehmen haben eine turbulente Zeit hinter sich. Es hat viele Veränderungen gegeben, viel Unruhe und viel Angst. Einige Arbeitsplätze sind verschwunden, große Bereiche wurden umstrukturiert, viele Arbeitsabläufe neu gestaltet. Zur Befriedung und zur Motivation der Mitarbeiter nach diesen Turbulenzen ist eine umfangreiche Mitarbeiterbefragung geplant. Wie geht es den Mitarbeitern jetzt in der Firma, wie zufrieden sind sie, wo drückt sie der Schuh, wo sehen sie Veränderungsbedarf?

Das Vorhaben ist hoch aufgehängt und mit einem großen Apparat versehen. Die Personaloberen haben sich verpflichtet,

die Ergebnisse nicht im Sande verlaufen zu lassen, sondern sie
ernst zu nehmen und Konsequenzen zu ziehen.

Es wird also nicht einfach sein, Mißstände, die in der Befragung deutlich werden, zu ignorieren. Schon frühzeitig erfährt
die Agentin des Wandels von diesem Vorhaben. Sie schaltet sich
ein, stellt eine geschlechtsspezifische Auswertung sicher und
placiert einige Fragen, die die Situation der Frauen im Unternehmen beleuchten sollen.

Die Beteiligung ist sehr hoch – 80 %. Jetzt gibt es zum ersten
Mal umfassende Daten zur Situation der weiblichen Mitarbeiter im Unternehmen.

Ohne diese Befragung und ihre Mitwirkung daran würde sie
diese Aussagen zur Lage der Frauen nie erhalten haben. Sie
hätte nie ein Projekt auflegen können, das in diesem Umfang
und mit dieser Flächendeckung Informationen über die Be-
findlichkeit der Mitarbeiterinnen im Unternehmen einholt.

Das Ergebnis ist für ihre Arbeit von unschätzbarem Wert. Sie
kann damit anderen Vorhaben Schubkraft geben. Und sie kann
die Aussagen nutzen, wenn es wieder einmal darum geht,
nachzuweisen, daß das Problem, zu dessen Beseitigung sie eingestellt wurde, tatsächlich existiert.

Beispiel 2

In der Produktion arbeiten Frauen am Band, »an der Linie«, wie
es betriebsintern heißt. Und es arbeiten Männer dort, Einrichter und Techniker, die die Maschinen bewegen und die Linien
technisch aufrüsten. Die Frauen sind am geringsten bezahlt; die
Männer sind etwas besser ausgebildet. In diesem Bereich wird
jetzt rationalisiert. Die Linien sollen umstrukturiert werden mit
dem Ziel: weniger Arbeitsteilung und in der Folge weniger
Personal. Als die Change Agentin davon hört, befürchtet sie
drohende Nachteile für die Frauen. Bisher gab es für die Arbeiterinnen die Möglichkeit, zur Linienführerin aufzusteigen. In
Zukunft, vermutet sie, wird es anders sein. Die Männer, bisher
nicht in der Linie, werden in diese integriert; sie werden dann
besser bezahlt als die Frauen und werden die wenigen Auf-
stiegsmöglichkeiten, die es gibt, für sich okkupieren. Aufgrund
dieser Annahme beginnt sie, das Umfeld zu erkunden. Zunächst wendet sie sich an den obersten Vorgesetzten, in diesem

Fall einen Werksleiter. Er ist zwar an dem Projekt nicht direkt beteiligt, aber so ist sichergestellt, daß keiner sich übergangen fühlen kann. Und, viel wichtiger: sie bindet den obersten Chef ein. Sie bittet ihn nämlich, »ihr Auge« zu sein, an ihrer Stelle darauf zu schauen, daß die Interessen der betroffenen Frauen gewahrt bleiben. Er ist ja viel näher am Geschehen als sie. Der Werksleiter verspricht, sie zu alarmieren, wenn er den Eindruck hat, Fraueninteressen würden beschädigt.

Die Agentin des Wandels möchte gern erreichen, daß die Entwicklungsmöglichkeiten für Frauen in der Linie erhöht statt vermindert werden. In einer Konkurrenzfirma gibt es ein Beispiel dafür. Dort wurden die Frauen für die Übernahme zusätzlicher Aufgaben qualifiziert – und dies mit einigem Erfolg. Es gelingt ihr, die Projektgruppe so weit zu beeinflussen, daß die Situation der betroffenen Frauen ernsthaft diskutiert wird. Die Gruppe entscheidet sich für deren Qualifizierung. Am Ende sind Männer und Frauen gleichermaßen von der Umstrukturierung betroffen, aber den Frauen bleibt zumindest die Möglichkeit, die Führung der Linie zu übernehmen oder zu behalten.

3. Die wichtigsten Entwicklungen – zusammengefaßt

Die Agentin des Wandels verläßt das Terrain, auf dem sie jahrelang vergeblich gekämpft hat, und entdeckt zu ihrer Freude, daß es außerhalb der Unternehmensfunktion Personal interessierte Partner gibt.

Damit verändert sie ihre Zielrichtung, die ja darin bestand, Schlüsselpositionen im Personalbereich für eine Personalpolitik der Chancengleichheit zu gewinnen. Sie gibt ihre Arbeit in diesem Bereich nicht auf, aber sie erweitert ihren Radius.

Dadurch wandeln sich das Kräftefeld, in dem sie sich bewegt, und ihre Bewegung darin. Sie wendet sich nunmehr nicht an die Widersacher mit dem Anliegen, sie zu überzeugen, sondern sie sucht sich willige und interessierte Kooperationspartner aus.

Statt am Widerstand, kann sie nun an der Veränderung arbeiten.

Die Art und Weise, wie sie mit ihrem Thema arbeitet, ist umfassender geworden – in den Dialogveranstaltungen. Zugleich hat sie es in kleine, sehr konkrete Pakete zerlegt, die sich leichter verkaufen lassen.

Mit dem Dialog-Ansatz placiert sie ihr Thema –

»Männer und Frauen haben unterschiedliche Arbeitsbiografien und unterschiedliche Lebensumstände. Wenn sie gleiche Chancen haben sollen, bedürfen die Frauen der besonderen Förderung«

– noch einmal neu und großflächig, dazu auf eine Art, die möglicherweise nachhaltiger ist als die bisherigen Versuche.

Sie stellt fest, daß sich zur Beseitigung von Mißständen leichter Mitstreiter finden lassen als für allgemeine Fördermaßnahmen.

Die Diagnosen werden auf der einen Seite öffentlicher – wenn in den Dialogveranstaltungen die Diskutanten miteinander streiten und dabei natürlich Aussagen zum Status quo in Hülle und Fülle liefern. Sie werden aber auch privater, wenn die Change Agentin ihre eigenen Erkundigungen einzieht, sich ein Bild macht und dieses mit dem zuständigen Vorgesetzten bespricht.

Das Projekt »Chancengleichheit« war isoliert geplant und nicht eingebunden in ein umfassendes Modernisierungsvorhaben, aus dem es hätte Schubkraft beziehen können. Nun schafft sie sich diese Einbindung selbst, indem sie einige ihrer Themen an größere Projekte anbindet und sie mit Hilfe von deren Energie vorantreibt.

Die Ownership für ihre Vorhaben teilt sie nun mit anderen. Es liegt zwar auch in ihrer Verantwortung, ob ein Workshop oder ein Vortrag der Reihe »Dialog« gut läuft, aber nicht mehr allein. Und im Rahmen eines Rationalisierungsprojektes gibt es einige Verantwortliche, die an seiner erfolgreichen Abwicklung engagiert sind. Frau P. hat nur einen kleinen Teil zu verantworten.

Das Leben unserer Heldin wird leichter, denn sie befindet sich nicht mehr in der Schußlinie der Widerständler. Die Dialogveranstaltungen laufen unter »Fortbildung«, werden von der

Change Agentin selbst finanziert und organisiert und sind daher weniger umkämpft. Einmal genehmigt, müssen höchstens die Teilnehmer selbst sich mit ihrem gegenseitigen Abwehren herumschlagen. Die vielen kleinen Veränderungsvorhaben sind bei größeren Projekten untergetaucht, werden im Rahmen wichtigerer Themen mitverhandelt und bieten viel weniger Angriffsfläche.

Die Agentin des Wandels ist ganz zufrieden und findet, sie hat unter den gegebenen Bedingungen viel erreicht. Die Autorin ist derselben Meinung.

4. Perspektivwechsel im Change Management

Merkmal des neuen Vorgehens ist die geringe Sichtbarkeit des Geschehens. Im Vordergrund stehen das »eigentliche« Projekt und dessen Macher. Auf sie richtet sich die Aufmerksamkeit, sie ziehen Anerkennung, Widerstände und Diskussionen auf sich.

Das »angehängte« Vorhaben steht im Schatten, mit allen Vor- und Nachteilen eines Schattenplatzes. So ein Platz ist unauffällig, die Gegner merken vielleicht gar nicht, daß sich etwas tut. Daher kommen die vielen Varianten der Verzögerung, des endlosen Taktierens und Blockierens nicht zum Zuge – sehr kräftesparend für den Change Agent und bekömmlich für seine Projekte.

Die Unauffälligkeit hat aber auch ihren Preis. In einer Kultur des »Sei erfolgreich und rede darüber« stärkt der Change Agent seine Position durch anerkannte Erfolge. Dazu gehören Sichtbarkeit und womöglich ein Lob aus Vorstandsmund. Mit dem neuen Arbeitsansatz verzichtet er auf eigene Lorbeeren und das wohltuende Gefühl persönlichen Erfolgs. Und er verzichtet darauf, seine Stellung als ernstzunehmender Veränderer zu stärken. Denn eine wichtige Quelle innerbetrieblicher Macht ist der von mächtigen Personen anerkannte Erfolg.

In der Entdeckung und Entwicklung dieses Vorgehens besteht beinahe das wichtigste Lernergebnis der Agentin des Wandels. Es stellt keine veränderte Taktik dar, sondern ist ein neues Verständnis und eine neue Sicht ihres Themas. Sie betrachtet das

Kompetenzprofil eines Change Agent
ohne Positionsmacht

– Der Change Agent sollte sich nicht mit Tunnelblick auf sein Vorhaben fixieren, sondern den Blick unternehmensweit schweifen lassen. Nur dann bekommt er überhaupt etwas mit.

– Er braucht außerdem ein gut funktionierendes Kontakt- und Informationsnetz, über das er rechtzeitig von Vorhaben und Plänen erfährt, denn anhängen kann man sich nur in frühen Stadien einer Projektentwicklung. Wenn alles schon fertig und zur Umsetzung bereit ist, ist kein Huckepack mehr möglich.

– Die Projektbeteiligten sind eher bereit, mit ihm zu sprechen, wenn er persönlich geachtet ist und im Unternehmen einen guten Ruf als ehrlicher Makler hat.

– Wenn der Change Agent von einem geeigneten Projekt erfahren hat und wenn er Zugang gefunden hat zu den Projektverantwortlichen, dann muß er sein eigenes Anliegen noch erfolgreich verkaufen. Warum sollte man ihn denn mit seinem Thema mitschleppen? Dafür muß es gute Gründe geben, dafür muß er seine Gesprächspartner gewinnen können.

– Schließlich möchten die Projektverantwortlichen sicher sein, daß es ihrem Vorhaben nicht schadet, wenn er sich mit seinem Thema einklinkt, und daß er ihnen keine Lorbeeren stehlen will und wird.

– Es beruhigt die Verantwortlichen ungemein, wenn sie nicht nur keinen Schaden fürchten müssen, sondern sogar hoffen können, zusätzliche Lorbeeren zu ernten.

– Der Change Agent braucht in besonderem Maße die Kompetenz, andere anzusprechen und die richtigen Allianzpartner einzubinden.

– Je genauer der Change Agent das Problem benennen und je klarer er beschreiben kann, was von seinem Allianzpartner erwartet, desto größer sind seine Chancen, Unterstützung zu bekommen. Vielbeschäftigte Personen befassen sich lieber mit deutlich konturierten Vorhaben als mit vagen Anliegen.

Thema Chancengleichheit nicht mehr isoliert, sondern als Bestandteil aller möglicher Veränderungsthemen. Damit ist sie mit ihrem Auftrag in viele andere Aktivitäten eingebunden. Sie treibt ihre Themen nun voran, indem sie für deren Einbindung in andere Vorhaben sorgt. Darin hat sie großen Erfolg, denn dazu gehört die Ansprache von Personen, die über diese Einbindung entscheiden müssen. Unsere Heldin genießt Wertschätzung und persönliche Achtung. Dieses Ansehen kommt ihr jetzt zugute. Leicht kann sie hochstehende Hierarchen dafür gewinnen, sie und ihr Thema im Rahmen eines anderen Projekts zu fördern.

XV
Veränderungsvorhaben machen erfinderisch

Die Agentin des Wandels hat einen langen Weg hinter sich und ist nun fast an dessen Ende angelangt. Ihre Bemühungen darum, das Unternehmen zu verändern, waren immer auch Bemühungen, Widerstände aus dem Weg zu räumen und Energie für ihren Auftrag freizusetzen. Im Lauf der Jahre hat sie viele Wege beschritten, um Widerstände zu verringern und Energie zu gewinnen.

Veränderungsprojekte machen erfinderisch – die einen sind gefordert, immer neue Wege und Möglichkeiten zu suchen und zu entdecken, ihre Vorhaben voranzutreiben – die anderen befürchten Nachteile und ersinnen Verhinderungsmöglichkeiten ohne Zahl.

1. Veränderungshindernisse

In jeder Organisation ist der Weg zu einer ernsthaften Veränderung, die wirklich gelebt wird, mit Hindernissen reichlich bestückt.

Da gibt es zum einen die *natürliche Trägheit*. In dieser Bezeichnung sind all die Kräfte zusammengefaßt, die als stabilisierende Einflüsse den Status quo erhalten. Wenn wir an Hindernisse bei der Entscheidung für Veränderungen und bei deren Implementierung denken, denken wir an Personen, die behindern. Das Beharrungsvermögen der Organisation gerät nur manchmal ins Blickfeld: Zum Beispiel dann, wenn durch die Einführung neuer Technologien der Datenverarbeitung sich die Freiheitsgrade der Organisation erweitern, diese aber nicht genutzt werden. Warum nicht? Weil Organisationen konservativ und an einmal gefundenen Lösungen festzuhalten geneigt sind. Es gibt eine Fülle von Beispielen dafür, daß

Organisationen nicht in der Lage sind, auf Umweltturbulenzen zu reagieren – und sei es auch um den Preis ihres Untergangs.

Viele Normen und Regeln bestimmen organisationsinterne Strukturen und Abläufe. Diese Normen haben meist eine hohe »Vergangenheitsladung«, organisationsintern sind sie Ausdruck von Erfahrung und zugleich die Grundlage für existierende Einflußbereiche. Solche Regelungen werden teilweise »von außen«, durch die Gesellschaft, gestützt, sie sind durch Gesetze abgesichert und legitimiert. Schon ein kurzer Blick auf eine beliebige Einrichtung zeigt, wie vielfach die Gesellschaft über Gesetze und Regelungen in den Organisationsaufbau, in den Ablauf, in die interne Arbeitsteilung etc. eingreift.[7]

Heintel und Krainz (1993) sprechen von »Systemabwehr« und bezeichnen damit die seltsame – aber häufige – Erscheinung, daß Veränderungsvorhaben auf positives Echo stoßen, beschlossen werden und dennoch nichts geschieht – ohne daß einzelne Verhinderer auszumachen wären. Jedes Projekt, das ernsthaft in Bestehendes eingreifen will – und damit auch jeder Change Agent –, trifft auf ein vielfach determiniertes Beharrungsvermögen, das jenseits einzelner Akteure und Widersacher existiert.

Die *Widersacher* als Personen sind natürlich auch von Bedeutung. Bei den direkt Betroffenen gibt es eine Fülle von Gründen, die geplante Veränderung nicht zu unterstützen: Die Ungewißheit, die mit jeder Veränderung verbunden ist, ängstigt sie. Sie befürchten Nachteile für sich selbst. Sie sorgen sich darüber, daß sie der neuen Situation nicht gewachsen sein könnten. Sie sehen ihre Einflußsphäre tangiert, ihre Macht möglicherweise vermindert. Da sie Nachteile befürchten, legen sie den Vertretern des Veränderungsprojekts allerlei Stolpersteine in den Weg. Offene oder geheime Verweigerung, aktive Sabotage oder passives Aussitzen sind häufige Verhaltensweisen. Vielleicht weckt die Tatsache von Veränderung aber auch »nur« diffuse Ängste, die im einzelnen gar nicht real zu begründen und der Person selbst auch gar nicht bewußt sind. Denn durchaus nicht immer sind Widerstände gegen Veränderung bewußte, geplante Handlungen. Viele fühlen weder ihre Angst noch ihren Widerstand. Sie spüren nur: Sie sind nicht überzeugt, oder sie fühlen sich erschöpft, oder es unterläuft ihnen, daß sie Zugesagtes vergessen.[11]

Auch die *Erscheinungsformen sind vielfältig*: Die Menschen unterscheiden sich und wehren sich daher auf verschiedene Weise, wenn sie etwas nicht wollen oder sich bedroht fühlen. Es ist eine Frage persönlicher Vorlieben und Möglichkeiten. Manche streiten sich gern, manche sind Experten in passiver Verweigerung, andere freuen sich an geheimen Sabotageakten. Manche vergessen, was sie gesagt haben, andere tun sich zusammen und verabreden sich zum Widerstand. Manchen schwindet die Handlungsenergie, oder sie sind so überlastet, daß sie für nichts Zeit haben. Die individuellen Verweigerungsformen sind so verschieden wie die Personen.

Menschen teilen aber auch Erfahrungen miteinander. Sie teilen eine ganz bestimmte berufliche Sozialisation, sie haben gemeinsame Aufgaben, sie arbeiten in einer Organisation mit einem ganz eigenen Stil.

Die *Organisationskultur* kann ähnlich verschiedene Verweigerungsformen produzieren: Im Öffentlichen Dienst sieht Widerstand anders aus als in kirchlichen Einrichtungen oder in Unternehmen, in technischen Berufen anders als in helfenden. Mitarbeiter der öffentlichen Verwaltung werden vielleicht versuchen, alle Regeln zu befolgen und gleichzeitig Neuerungen zu unterlaufen.[12] In sogenannten Tendenzbetrieben, wie zum Beispiel der Kirche, besteht die Neigung, sich in liebenswürdiger Manier erhebliche Scherereien zu machen. In Wirtschaftsunternehmen wird viel mit Zahlen und Nutzenüberlegungen operiert; Vernunft und Sachlogik werden häufig bemüht, um eigene Interessen zu schützen oder zu befördern, gleichzeitig aber zu signalisieren, daß es sich um die Interessen des Unternehmens handele.

Organisationen, bei denen der Kollektivgedanke einen hohen Wert darstellt, verhindern Veränderung, indem sie die Beteiligung immer weiterer Personen und Gruppen an dem Projekt fordern – bis schließlich im Gestrüpp der zu berücksichtigenden Einwände keine Energie für das Handeln mehr übrig bleibt.

In sozialen Einrichtungen ist die offene Vertretung eigener Interessen oft noch stärker tabuisiert. Um diese zu kaschieren,

werden das Klientenwohl, aber auch die eigene Fachlichkeit
bemüht: Wenn sich dies oder jenes ändert, nehmen entweder
die Klienten Schaden, oder die Mitarbeiter sind zu unpro-
fessionellem Verhalten gezwungen. Möglicherweise werden
Beziehungskonflikte thematisiert, anstatt strukturelle Entscheidungen zu treffen. Befindlichkeitsaussagen gehören zur
Routine – die Arbeitsteilung klar zu regeln ist viel heikler.[13]

Das *Veränderungsthema* selbst hat ebenfalls Einfluß darauf,
welche Form der Widerstand annehmen kann. Denn manche
Vorhaben erlauben keine offene Gegnerschaft. Es handelt sich
um sozial erwünschte und gesellschaftlich bejahte Projekte, gegen die öffentliche Einwände nicht zu vernehmen sind. Gegen
das Vorhaben, Arbeitsplätze abzubauen, kann in offener Form,
mit Hilfe der zuständigen Gremien und mit Unterstützung
entsprechender Gesetze gekämpft werden. Jeder wird diesen
Kampf verstehen und akzeptieren. Andere Themen – wie die
Förderung von Chancengleichheit, aber auch andere Initiativen gegen Diskriminierung – können nicht offen bekämpft
werden. Widerstand dagegen ist vorhanden, muß sich aber andere Wege suchen.

Alle Vorhaben, die hochgradig mit gesellschaftlichen Normen belegt sind, machen Widerstände nicht nur indirekter,
sondern auch unbewußter. Sie entziehen sich damit erst einmal
rationaler Bearbeitung.

2. Auch Agenten des Wandels behindern diesen

Ein letztes Veränderungshindernis ist der Change Agent selbst,
in der Regel natürlich, ohne es wahrzunehmen. Manche persönlichen Eigenarten spielen den Widerständlern in die Hände.

Veränderungshindernis: Selbstentwertung

Die Agentin des Wandels verfügt über eine seltene Tugend: Sie
ist selbstkritisch und bereit, zunächst die Fehler im eigenen
Verhalten zu suchen. Diese Fähigkeit kommt den Widersachern
wie gerufen. Sie können ihr ihre Vorschläge und Konzepte

zurückspielen mit kritischen Kommentaren, mit Verweisen auf schlechten Stil, mangelhafte Verfahrenskenntnis, ungenügende Optik. Und sie können sicher sein: Die Change Agentin wird diese Kommentare ernst nehmen, sie wird sich um Veränderung und Verbesserung bemühen. Die Widersacher können sich freuen: Unsere Heldin arbeitet an der Perfektion, sonst geschieht nichts.

Viele – besonders weibliche – Change Agents neigen dazu, gelingende Vorhaben durch Glück, nicht gelingende durch persönliches Versagen zu erklären. Diese Interpretation – und die dazugehörende Verzagtheit – machen es anderen leicht. Die Widerständler können ihr eigenes Tun verborgen halten und ungestört fortsetzen, denn die Agentin des Wandels übernimmt gewohnheitsmäßig die Verantwortung dafür, daß nichts geschieht.

Veränderungshindernis: Geduld

In einem Veränderungsprojekt ist es gar nicht so leicht auszumachen, ob der Change Agent geduldig ist oder konfliktscheu. Es ist auch schwer zu bestimmen, wann Geduld sinnvoll ist und wann eigentlich Kampf und Streit angebracht wären. Unsere Heldin sagt von sich, sie sei geduldig, aber auch harmoniebedürftig. Zum Mittel der Konfrontation oder gar der aggressiven Auseinandersetzung greift sie höchst selten. Da haben Verzögerer ein leichtes Spiel. Sie können sich darauf verlassen, daß sie ihnen nicht auf den Pelz rückt. Sie müssen sie als Gegnerin nicht allzu ernst nehmen.

Veränderungshindernis:
Identifikation mit den Leidtragenden

In vielen Veränderungsprojekten gibt es benachteiligte Betroffene. Mit ihnen mitzufühlen und sich auf ihre Seite zu stellen ist eine Neigung der Change Agentin, die die Widerstände der Mächtigen eher verstärkt als vermindert.

In unserer Geschichte sind es die Frauen, für die etwas geschehen soll und an die sich unsere Heldin wendet. Das ist tröstend und erfrischend – denn sie selbst ist in einer isolierten

Situation und freut sich über ähnlich empfindende Bundesge-
nossinnen. Man ermutigt sich gegenseitig, bestätigt sich die
schwierige Lage und fühlt sich verbunden, daher besser.

Aber diese Verbindung ist hinderlich. Die Frauen sind nicht
die, die etwas bewegen können. Dazu sitzen sie nicht an den
richtigen Stellen.

Und die Verbindung mit den Leidensgenossinnen hindert
die Change Agentin, sich schnell und entschlossen wichtigen
Männern zuzuwenden und ihre Unterstützung zu gewinnen.

Die Gemeinsamkeit der Klage führt zu einer vorwurfsvollen
Haltung. Berechtigte Vorwürfe erzeugen Schuldgefühle. Bei
vielen Menschen führen solche Gefühle nicht zu Einkehr und
Wandel, sondern zu aggressiver Abwehr: Sie wollen den Makel
nicht auf sich sitzen lassen, und sie beseitigen ihn, indem sie die
Anklägerin beschimpfen.

Veränderungshindernis:
Herzblut statt Hirnschmalz

Die Agentin des Wandels erlebt es jeden Tag: Die Frauen im
Unternehmen werden benachteiligt, sie werden hintergangen,
und sie werden ausgebootet. Sie lassen das auch mit sich machen. Unsere Heldin ist darüber aufgebracht, denn die Frauen
leben ihr auch ihr eigenes Leben im Betrieb noch einmal vor.
Betroffenheit und Mangel an Distanz erweisen sich als hinderlich.

Das Herzblut, das immer wieder fließt, ist ein Veränderungshindernis. Es raubt Kraft, und die Agentin des Wandels
wirkt wenig attraktiv, wenn sie gebeugt unter der Last der Un-
gerechtigkeiten dahinschreitet. Nicht nur das. Das vergossene
Herzblut hindert sie daran, listig und mit Einfallsreichtum ihre
Themen in einer Unternehmenswelt voranzubringen, in der
diese Themen von denen, die etwas verändern können, gar
nicht gesehen werden.

Veränderungshindernis:
Es allen recht machen wollen

Die Agentin des Wandels bekommt gute Ratschläge von vielen Seiten. Besonders häufig wird sie darauf hingewiesen, wer bei einem geplanten Vorhaben gehört, beteiligt oder eingebunden sein müsse. Unsere Heldin kämpft um die Akzeptanz ihrer Projekte und möchte niemanden übergehen. Sie bemüht sich daher, all diese Anregungen aufzunehmen und die Genannten im Vorfeld anzusprechen.

Die Bereitschaft, dies zu tun, entpuppt sich als Veränderungshindernis erster Ordnung. Wenn die Change Agentin die Personaler bestimmen läßt, wer wann in welchem Ausmaß informiert und beteiligt werden muß, dann – so stellt sie fest – kommen ihre Projekte nie in Schwung: Immer und immer wieder ist noch jemand Wichtiges vergessen worden – und die Fülle der Bedenken, Anregungen und Ideen verändern und verwässern das Projekt bis zur Unkenntlichkeit. Als sie schließlich merkt, daß die ausufernde Beteiligung aller Bedenkenträger in erster Linie behindert, ist es schon fast zu spät. Die Inhalte sind nicht mehr zu erkennen, und die Energie ist verbraucht.

3. Auf der Suche nach
Veränderungsenergie

Veränderung findet statt, allen Widerständen zum Trotz – aber geplante Veränderung braucht Energie und Schwung, sie braucht Motoren, die stark genug sind, Hindernisse zu überwinden. Sie braucht Schleichwege, die Hindernisse zu umgehen. Sie braucht den Willen einiger Beteiligter.

Unsere Heldin versucht auf ganz unterschiedliche Weise, Energie für ihr Vorhaben zu mobilisieren – aber dieser Stoff erweist sich als knappe Ware. Zudem ist er von flüchtiger Konsistenz und verschwindet rasch bei unsachgemäßer Behandlung.

Überzeugungsarbeit; geteilte Vision

So gut wir auch leben, so angenehm unsere Arbeitsumwelt auch ist, so erfüllend die Tätigkeit, so befruchtend die Zusammenarbeit auch sein mag – es gibt immer wieder Entwürfe einer besseren Welt. Die ganz umfassenden Utopien haben zur Zeit nicht gerade Konjunktur, aber auch im kleinen gibt es Ideen, die begeistern und entzünden können. Begeisterung und der Entschluß, etwas Neues, Besseres und Schöneres zu versuchen, kann Motor für Veränderung sein.

Die Agentin des Wandels hat ein Ideal – und für dieses Ideal versucht sie andere zu gewinnen. Sie will sie begeistern und entzünden, in Unruhe und Bewegung bringen, sie möchte den Aufbruch in eine Unternehmenswelt, in der Männer und Frauen gleichberechtigt, aber unterschiedlich zusammenarbeiten. Diese Unterschiedlichkeit befruchtet und bereichert ihre Arbeit und ihr Leben. Alle gewinnen daraus: die Männer, die Frauen und auch das Unternehmen.

Wenn diese Idee ein gemeinsames Ideal würde, dann könnte aus dieser Quelle Veränderungsenergie für die einzelnen Vorhaben sprudeln.

Ihr Mittel ist das aufklärende und begeisternde Gespräch. Sie macht aber die Erfahrung, daß kein gemeinsames Ideal entsteht, daher auch kein Schwung, der viele ergreift. Besonders in den ersten Jahren ihrer Amtszeit hat sie mit diesem Ansatz fast keine Erfolge. Die meisten Kollegen sind nicht interessiert. Aber sie bleibt dabei, denn persönliche Überzeugung erscheint ihr als der verläßlichste Garant gelebter Veränderung. Und im Laufe der Jahre gewinnt sie einzelne Mitstreiter.

Personen in Schlüsselpositionen sind überzeugt

Es ist mir gelungen, die Wahrnehmung von Menschen zu verändern. Ich habe ihnen Dinge aus einem ganz anderen Blickwinkel präsentiert und dadurch Aha-Erlebnisse und Erkenntnisse produziert. Diese wirken sich aus, denn das sind Menschen, die für die Ausbildung, die Weiterbildung, die Personalstrategien des Unternehmens verantwortlich sind. Ich habe mir diese Menschen ausgesucht und sie gezielt angesprochen, Personen in Schlüsselstellungen. Es gibt jetzt Personen, die stehen dahinter, wenn den Führungskräften Veranstaltungen, z.B. zum Thema »diversity«, angeboten werden. Diversity heißt: Anderssein akzeptieren und fruchtbar machen, das Positive, das Weiterbringende von Andersartigkeit zu erkennen und zu schätzen, es nicht nur zu dulden, sondern es als einen Wert für das Unternehmen und für das eigene Leben zu sehen.

Obwohl der große Aufbruch nicht in Gang kommt, haben ihre kleinen Erfolge doch etwas Tröstliches. Sie ersparen ihr die Enttäuschung darüber, daß nur Druck und Angst etwas in Bewegung bringen können. Vielleicht gibt es noch Hoffnung, daß auch Überzeugungen und Ideale sich im Unternehmensalltag als wirksam erweisen.

Druck

Druck erzeugt Angst, und Angst ist einer der wichtigsten Motoren für eigene und institutionelle Veränderung. Angst ist aber auch ein großes Veränderungshindernis, denn die Veränderung birgt das Ungewisse in sich. Und die Angst vor dem Ungewissen, die Sorge vor möglichen noch nicht erkannten Nachteilen, die Befürchtung, die Kontrolle zu verlieren, sind mächtige Kräfte.[14] Ohne ihre Überzeugungsstrategie aufzugeben, sucht die Change Agentin nach Kräften, die Druck machen könnten – wir haben erfahren, daß diese Suche vergeblich war.

Der *Vorstand* könnte Druck machen – aber er tut das nicht. Die Hierarchen möchten sich keinesfalls für ihr Thema exponieren. Kein Mitarbeiter hat Nachteile zu erwarten, wenn er die Agentin des Wandels nicht unterstützt.

Die *Frauen* könnten Druck machen, wenn sie sich organisieren. Aber sie sind vereinzelt und verstreut, und ihre Gemeinsamkeiten sind nicht ausreichend. Die Frauen, die Karriere machen wollen, möchten sich nicht schaden durch das Etikett »Emanze«.

Die *Friends of Change*, ihre hochrangigen Berater, könnten beim Vorstand Druck ausüben – aber die möchte sie nicht bitten.

Der *Gesetzgeber* könnte durch gesetzliche Regelungen Druck ausüben, die dem Unternehmen beim Thema Chancengleichheit Vorschriften machen – aber solche gesetzlichen Regelungen gibt es nicht. Der Umweltbeauftragte hat es da einfacher – das Unternehmen muß gesetzliche Auflagen erfüllen, und der Zuständige kann darauf pochen.

Die *Öffentlichkeit* könnte Druck ausüben – denn das Unternehmen hat einen Ruf zu verlieren. Dazu müßte die Agentin des Wandels ihre Erlebnisse öffentlich machen; aber sie ist eine loyale Mitarbeiterin.

Die *Probleme* könnten drücken. Ein mächtiger Motor für die meisten Veränderungen in Unternehmen sind Probleme im Betrieb – die Fehlerquoten steigen, die guten Leute bewerben sich woanders hin, die Konkurrenz gewinnt an Boden, die Entwicklungen dauern zu lange. Trotz der menschlichen Neigung zur Verdrängung werden ernsthafte Schwierigkeiten, wenn sie nur schlimm genug sind, früher oder später – nicht immer rechtzeitig – zur Kenntnis genommen. Wenn sie dann auch ernstgenommen werden, können sie als vorwärtstreibende Kräfte für Veränderungsprojekte genutzt werden. Mit solchen Problemen kann die Change Agentin nicht dienen. Den häufig beschworenen Fachkräftemangel, den die Frauen beheben sollten, gibt es nicht. Er zeichnet sich auch nicht am Horizont ab.

Die Agentin des Wandels könnte Druck ausüben. Unsere Heldin macht Druck: durch Wiederholung ihrer Forderungen, durch immer neue Anläufe, durch insistierende Ermahnung, durch Gespräche, durch Vorlagen, zunehmend auch durch Konfrontation, manchmal durch Drohung. Aber ihre Anstrengungen bewirken nicht viel. Denn sie ist ohne Positionsmacht.

Vorteilsstrategien: Nutzen und Tauschen

Der Mensch ist ein selbstzentriertes Wesen. Er meidet gern, was ihm schadet, und tut gern, was ihm nützt. Zwei Strategien versuchen, diese Tatsache als Motor für Veränderung einzusetzen: die Nutzenstrategie und der Tauschhandel. Sie sind ähnlich, aber nicht gleich: Die Nutzenstrategie geht davon aus, daß der Unterstützer ein Vorhaben fördert, weil es in seinem Interesse liegt. Sollte er das nicht tun, ist es die Aufgabe des Change Agent, ihn auf seine wohlverstandenen Interessen hinzuweisen.

Der Tauschhandel operiert auch mit dem Vorteil, aber indirekter: Hier wird die Unterstützung eines eigenen Vorhabens »eingekauft« im Tausch gegen andere Güter. »Wenn du dich für mein Projekt einsetzt, erzähle ich dir dafür etwas, was noch keiner weiß, was für dich aber von Bedeutung ist.« Getauscht werden können vielerlei Güter, es kommt darauf an – und das muß der Change Agent herausfinden –, was der Kunde brauchen und was er selbst bieten kann. Die Agentin des Wandels versucht, mit der Nutzenstrategie zu arbeiten:

»Die Männer müssen doch sehen, daß die Förderung der Chancengleichheit für sie viele Vorteile hat – sie müssen doch merken, daß ihr begrenztes Männerdasein ergänzt und bereichert werden kann durch die Mitwirkung von Frauen, nicht nur zu Hause, auch im Unternehmen. Die Arbeit würde sehr viel mehr Spaß machen, es wäre einfach vollkommener, etwas gemeinsam zu tun.«

Aber die Männer sehen diesen Vorteil nicht. Etwas, was ihnen vorteilhaft erschiene, hat sie in den Augen der männlichen Kollegen nicht zu bieten. Am Ende ihrer Amtszeit, bei ihrer Verabschiedung, vertraut ihr ein hochrangiger Personaler an:

»Ich habe Sie oft bedauert, wie Sie sich da abgearbeitet haben. Warum sollten wir Führungskräfte uns für die Frauenförderung stark machen? Wir haben doch nichts davon – nur mehr Termine und noch mehr zu tun, noch ein weiteres Projekt. Das war doch nie wichtig – ja, wenn der Vorstand dem eine hohe Priorität gegeben hätte, da hätte man noch Lorbeeren ernten können – aber das war nicht der Fall.«

4. Was tun mit den Widerständen?

Ein Projekt mit geringer Bedeutung

Angestrebte Veränderungen in einer Organisation unterscheiden sich sehr nach dem Grad ihrer Wichtigkeit. Ein Projekt ist wichtig, wenn es von wichtigen Personen für bedeutsam erklärt wird, wenn diese Personen häufig darauf hinweisen und wenn deutlich wird: sie setzen sich dafür ein. Jeder Change Agent hält sein Projekt für bedeutsam. Unsere Heldin ist mit ihrem Auftrag hoch identifiziert. Sie setzt voraus, daß der Auftrag dem Vorstand und den Kollegen im Unternehmensbereich Personal auch wichtig ist. Jedoch irrt sie sich darin gewaltig. Das Projekt war nie wichtig und wird nie wichtig sein. Im Laufe der Jahre schwankt nur der Grad seiner Unwichtigkeit.

Als die Stelle geschaffen und besetzt wurde, schien dies dem Vorstand aus innen- und außenpolitischen Gründen opportun. Wichtig war nicht das Thema Chancengleichheit, sondern die Mitteilung über die Einrichtung ihrer Stelle nach außen. Nachdem im Rahmen der innerbetrieblichen Arbeitsteilung eine Verantwortung für das Thema gefunden war, ging es nur noch darum, zu warten (hoffentlich nicht sehr lange) und dann Erfolge der Presse mitzuteilen.

Als die Firma in turbulentes Wetter gerät, wird das unwichtige Projekt noch irrelevanter. Jetzt geht es um wirklich Bedeutsames. Jetzt stehen existentielle Fragen auf dem Spiel. Nachdem die Turbulenzen vorüber sind, müssen alle sich erst mit der veränderten Situation abfinden. Das bindet Energie und Aufmerksamkeit, die deshalb nicht für Themen des Projektes Chancengleichheit zur Verfügung stehen.

Fazit: Chancengleichheit für Männer und Frauen im Unternehmen herzustellen ist unwichtig: Wenn keine Lorbeeren damit zu gewinnen sind, wenn das Engagement in keine Bewertung eingeht – warum sich Mühe machen, sich exponieren, Zeit opfern?

Fazit: Ein unwichtiges Projekt bekommt wenig Unterstützung. Die Unterstützung ist aber zugleich ein Indikator für die Wichtigkeit: Andere sehen, bedeutende Menschen unterstützen dieses Vorhaben nicht. Sie schließen daraus, es sei nicht wichtig, und sie müßten es auch nicht unterstützen.

Fazit: Durch den Mangel an prominenter Unterstützung wird das Projekt noch unwichtiger, es gerät in eine Abwärtsspirale, bis der Change Agent sich noch als einziger dafür engagiert (oder er hat auch schon aufgegeben).

Unwichtige, aber innovative Projekte können ihre Chancen erhöhen, wenn sie in ein Gesamtkonzept eingebunden sind und damit Teil eines größeren Vorhabens werden. Wenn das Projekt Chancengleichheit Bestandteil eines umfassenden Konzepts zur Modernisierung der Personalarbeit im Unternehmen wäre, könnte es daraus Energie und Schwung beziehen. Es würde – auch wenn die Akteure es für nicht so wichtig halten – aus dem Fortschritt des Gesamtprojekts mit versorgt.

Dies ist aber in unserem Beispiel nicht der Fall. Das Vorhaben Chancengleichheit steht unverbunden in der Landschaft, und die Projekte sind isolierte »Frauenprojekte« – das bedeutet, sie zählen nicht für die, die zählen. Erst im letzten Drittel ihrer Amtszeit gewinnen die Vorhaben der Change Agentin mehr Kraft: Sie verbindet von sich aus ihre Vorhaben mit größeren, wichtigeren Projekten und fährt gut damit.

Die Spirale des Bedeutungsverlusts kommt zum Stillstand, denn sie bekommt einen Vorgesetzten, der sie und ihr Thema unterstützt, der nicht so leicht zu übergehen und zu überhören ist und der so dafür sorgt, daß sie wichtiger wird. Dennoch bleibt ihr Thema – unternehmenspolitisch gesehen – ein marginales Vorhaben. Diese Tatsache stärkt die Verhinderer und die Gleichgültigen und schafft für die Widerstandsarbeit der Change Agentin ganz besondere Bedingungen.

Möglichkeiten des persönlichen Umgangs mit Widerständlern

Hier noch einmal im Überblick einige Strategien, um die eigenen Ziele gegen Widerstände voranzutreiben:

1. Mitspielen
Mitspielen bedeutet: Die Widerständler mit ihren eigenen Mitteln zu schlagen oder dies zumindest zu versuchen. Wenn sie

verzögern, ist der Change Agent eben geduldiger; wenn sie nichts tun, ermahnt er immer wieder; wenn sie Entscheidungen verschieben, setzt er unverdrossen neue Sitzungstermine an. »Mehr desselben« nennt Watzlawick (*Anleitung zum Unglücklichsein*, 1983) dieses Vorgehen. Eine Verhaltensweise, die sich in der Vergangenheit bewährt hat, wird in einer neuen Situation unverdrossen angewendet, obwohl sie dort nichts bewirkt. Der Betreffende ist nicht in der Lage, eine andere Antwort als die ihm vertraute auf die Situation zu finden. Es kann sein, daß den Widersachern irgendwann der Atem ausgeht – aber das kann sehr, sehr lange dauern. Deswegen sollte der Change Agent sich fragen, ob er nicht mal etwas anderes versuchen will, wenn er sich wieder bei allzu großer Geduld ertappt.

2. Zuspitzen

Ziel des Zuspitzens ist es, die Beteiligten zu zwingen, Position zu beziehen. Eine erklärte und geklärte Position schafft die Möglichkeit zu weiterer Konfrontation: Wollen sie wirklich, daß sich an dieser Situation nichts ändert, daß die Entwicklung nicht in diese Richtung geht, daß die Gruppe umsonst gearbeitet hat? Zuspitzen heißt auch: sich gegen ein Konzept schleichender Veränderung entscheiden und statt dessen ein Thema, das dem Change Agent zentral erscheint, auswählen, »hochjubeln«, zuspitzen. So können die Absichten der Beteiligten deutlich werden. Allerdings, so argumentiert jedenfalls die Agentin des Wandels, sollte Konfrontation und Zuspitzung sich auf Einzelsituationen beschränken. Wenn das zum Habitus des Change Agent würde, führe es nur dazu, daß die Widerständler kreativer werden.

3. Aushandeln

Ziel dieser Methode ist es, Lösungen zu finden, mit denen alle Beteiligten leben können, weil die Lösungen den unterschiedlichen Interessen und Bedürfnissen genügend Rechnung tragen. Aushandlungsprozesse setzen voraus, daß die Positionen einigermaßen bekannt sind – geheime Widerstände lassen sich nicht verhandeln – oder daß der Change Agent begründete Vorstellungen über sie hat und entsprechende Verhandlungsangebote macht.

Es ist wichtig, sich nicht rasch entmutigen zu lassen, sondern mit Ausdauer und Hartnäckigkeit zu verhandeln. Es gehört auch etwas Aggression dazu, Verhandlungsmöglichkeiten wirklich auszureizen, den Partnern auf den Zahn zu fühlen, ob nicht noch mehr drin ist. Beide Seiten müssen am Ende damit leben können: Der Change Agent will das Veränderungsvorhaben nicht bis zur Unkenntlichkeit verwässert sehen. Die Gegner möchten ihre Interessen wenigstens ansatzweise gewahrt wissen. Wichtig ist: Wegzukommen von den Alles-oder-nichts-Forderungen, die dann häufig zu nichts führen.[15]

4. Entlarven

Geheime Widerstände werden aufgedeckt, gegen den Willen der Geheimhalter. Jemand wird als Widerständler, als Saboteur, als Verhinderer »enttarnt«. Die geheimgehaltenen Absichten werden jemand auf den Kopf zugesagt. Wenn er leugnet (»Ich weiß gar nicht, wovon Sie sprechen, ich habe doch wirklich immer und jederzeit...«), bedarf es eindeutiger Beweise oder gehörigen Drucks. Der Aufdecker braucht Standvermögen. Jemand, dessen Meinung oder Einstellung gegen seinen Willen veröffentlicht wird, verliert sein Gesicht. Für diese Kränkung wird er sich rächen wollen. Das macht ihn zu einem zwar entlarvten, aber weiterhin gefährlichen Gegner.

5. Mehr-Banden-Spiel

In einer Situation, in der die Angesprochenen mauern, verzögern etc., kann es Erfolg versprechen, sich hinzusetzen und sich zu überlegen: In welchen Abhängigkeiten stecken meine Gegner? Wen könnte ich aktivieren, gewinnen dafür, daß er oder sie diese Gegner in Bewegung bringt – da ich es selbst nicht kann? Die Change Agentin könnte z.B. die Mitglieder des FOC darum bitten, sich beim Vorstand für die öffentliche Verkündigung seines Willens zur Frauenförderung einzusetzen. Sie tut es aber nicht.[16]

6. Beim Wort nehmen

Diese Methode ist eine Spezialität unserer Agentin: Sie nimmt ein beiläufiges Angebot, ganz offensichtlich eine Floskel, als ernst gemeinte Zusage, bedankt sich dafür, preist den nun für

ihn selbst überraschend zum Unterstützer der Chancengleichheit Ernannten und beginnt damit zu arbeiten.

7. Vor vollendete Tatsachen stellen
Wenn der Change Agent die Macht und die Möglichkeit hat,
ist es manchmal nicht schlecht, Fakten zu schaffen. Es gibt immer wieder Situationen, in denen die Betroffenen sich mit
Händen und Füßen gegen ein Vorhaben wehren – und wenn es
dann einmal entschieden ist, verschwindet der Widerstand
rasch. Ob dies im konkreten Fall eine Möglichkeit ist, hängt
davon ab, ob der Change Agent diese Fakten schaffen kann.

Perspektivwechsel:
Unterstützer aufsuchen und stärken

Wenn der Druck schwach und die Widerstände groß sind,
wenn die Widerstände sich nicht erforschen lassen, weil sie Ta-
bus unterliegen und daher auch nicht verhandelbar sind, dann
ist es Zeit für einen Perspektivwechsel: Lassen wir die Widersacher! Wo stecken die Unterstützer?

Für die Change Agentin war es eine große Befreiung, als sie
das Personalwesen sich selbst überläßt und unternehmensweit
nach Ansatzpunkten und Koalitionspartnern für ihr Thema
Ausschau hält. Auf der Suche nach interessierten und aufge-
schlossenen Männern mit Einfluß findet sie viel mehr Unterstützer, als sie je erwartet hätte. Mit ihrer Hilfe realisiert sie eine
Reihe kleinerer Projekte, die, weil sie erfolgreich sind, ihr eigenes Ansehen und ihre Position stärken. Allmählich wird sie
nicht mehr gehandelt als die Frau, die immer vergeblich um
Unterstützung nachsucht, sondern als jemand, der erfolgreich
mit angesehenen Hierarchen kooperiert. Wer weiß, vielleicht
ist ja an ihrem Thema doch mehr dran? Die Balance der Kräfte
verschiebt sich in ihre Richtung.

Unsichtbare Projekte

Nicht nur Personen, auch Projekte unterscheiden sich in ihrer
Sichtbarkeit. Eine Möglichkeit, Veränderungen zu betreiben,
besteht darin, schon in der Projektanlage Widerstände zu mini-

mieren. Die Frauengruppen der frühen Jahre, die recht isoliert ihre Projekte bearbeiteten, waren ein gefundenes Fressen für Widersacher. Denn sie waren nicht eingebunden, sie exponierten sich mit Forderungen, und sie bereiteten anderen Leuten Arbeit.

Im Laufe der Jahre wird die Agentin des Wandels immer listiger. Sie betreibt ihre Themen immer vielfältiger. Einerseits lädt sie offen zu Streit und Auseinandersetzung ein – aber nicht mit ihr, sondern zwischen Männern und Frauen aus dem Unternehmen. Andererseits hängt sie sich mit kleinen, punktuellen Veränderungsvorhaben an große Projekte an. Dort ist sie wenig sichtbar. Die Rationalisierungsvorhaben zum Beispiel haben natürlich mit Widerständen zu kämpfen, aber sie muß sich nicht damit befassen, das können andere tun, die mit mehr Macht ausgestattet sind und ganz andere Möglichkeiten haben, Druck auszuüben. Auf diese Weise erreicht sie konkrete Veränderungen, ohne in die Schußlinie zu geraten.

XVI
Das Ende einer Amtszeit

1. Ein ehrenvoller Abschied

In den letzten Monaten ihrer fünfjährigen Amtszeit erlebt die Agentin des Wandels eine späte Genugtuung. Sie hat beschlossen, ihren Vertrag nicht zu verlängern, und erfährt nun, daß ihre Stelle beibehalten werden soll und daß sie doch, bitte, noch einige Jahre zugeben möge.

Der Wind hat sich gedreht. Immer mehr Kolleginnen und Kollegen sagen: »Von diesem Referat ist wirklich Wichtiges und Innovatives ausgegangen.« Je mehr Menschen das sagen, desto mehr glauben es und sagen es ihrerseits. Plötzlich hat die Change Agentin eine interne Reputation, wie sie nicht besser sein könnte. Der Vorstand ist begeistert. Er hält es für ausgeschlossen, daß es im Unternehmen einen Ersatz für sie gibt, der auch nur halbwegs gleichwertig ist. Ihre letzte Präsentation, bei der sie auch mit Kritik nicht hinterm Berg hält, wird ein voller Erfolg. Nach Jahren der Belehrung und des Nachhilfeunterrichts sind sich jetzt fast alle einig: Man muß wirklich lange überlegen, bis einem ein Vortrag einfällt, der so klar gegliedert und so gut strukturiert war, so erstklassig und persönlich, so glaubwürdig vorgetragen wurde wie ihrer.

Jahrelang ließ der Vorstand verlauten: Na ja, sie ist sehr nett, aber sie setzt sich nicht so recht durch. Diese Charakterisierung wurde ein Selbstläufer. Auch bei den Leuten, die sie gar nicht kannten, hieß es: persönlich sehr angenehm, aber doch zuwenig Biß.

Jetzt ist es genauso, mit umgekehrtem Vorzeichen: Plötzlich ist sie ein Hit: Denn wenn der Vorstand sagt: »Sie war einfach toll«, dann sickert diese Botschaft schnell durch die Ränge abwärts – und im Nu sagt alle Welt – abgesehen von einigen wenigen definierten Feinden:

»Unsere Agentin des Wandels war einfach großartig – wirklich zu schade, daß sie gehen will. Diese schwierige Arbeit – und unter so widrigen Umständen! Ich persönlich habe sie natürlich unterstützt ...«

Einige Kritiker aus dem Gremium der Leitenden Angestellten wünschen sich ihre Nachfolgerin kämpferischer. Sie werden sofort zum Schweigen gebracht durch den Vorstand:

»Wissen Sie, es wird uns nicht möglich sein, jemanden zu finden, die in irgendeiner Form die Sache besser anfaßt als Frau P. Sie war die ideale Wahl. Wir können nur hoffen, daß wir jemanden finden, der annähernd so gut ist!«

Das Unternehmen bietet ihr mehr Geld und die Möglichkeit, weniger Stunden zu arbeiten, wenn sie es möchte – aber sie möchte nicht. Sie geht. 25 Jahre Firmenzugehörigkeit, davon fünf Jahre als Agentin in Sachen Chancengleichheit, sind genug. So wird sie denn verabschiedet, mit einer Urkunde und einem Bonus, mit einem Handschreiben des Vorstands und mit allen Zeichen äußersten Bedauerns. Sie verläßt die Firma auf dem Zenit ihres Erfolges und ihres Ansehens.

Und sie lehrt andere Change Agents – Kollegen und Kolleginnen –, daß sie für den Erfolg ihrer Arbeit eigene Kriterien entwickeln müssen. Denn die öffentliche Meinung im Unternehmen ist wetterwendisch. Die Einschätzung der Arbeit durch hohe Entscheidungsträger unterliegt Einflüssen, über die man nur spekulieren kann und die wenig mit der Arbeit des Change Agents zu tun haben.

2. Die Nachfolgeregelung

Zunächst scheint es, als solle das Referat nun doch abgeschafft werden. Überall wird gestrichen und gespart, das Personal ist schon durch Verkauf, Fusion und Rationalisierung um ein Drittel verringert, da gibt es Wichtigeres als Chancengleichheit.

Die Abschaffung zu beschließen ist allerdings innenpolitisch

nicht ganz einfach: In der großen Mitarbeiterbefragung der
letzten Monate haben 35% der Frauen die Vermutung ge-
äußert, sie würden benachteiligt oder ungerecht behandelt. Das
ist eine eindrucksvolle Zahl, die sich nicht übergehen läßt. Die
Frauen meinen, sie würden wahrscheinlich schlechter bezahlt
und ganz bestimmt schlechter entwickelt als die Männer.

Die Personalleiter berichten, in den verschiedenen Auswer-
tungsgruppen zur Mitarbeiterbefragung gehe es gerade zu diesem Thema hoch her. Und nun soll – antizyklisch dazu – das
Referat Chancengleichheit abgeschafft werden. Das paßt doch
vorn und hinten nicht.

Nach langem Hin und Her fällt die Entscheidung, die Stelle
zu verlängern. Eine Nominierungskommission wird eingesetzt, in der Arbeitgeber- und Arbeitnehmerseite vertreten
sind, in der auch die bisherige Stelleninhaberin mitwirkt. Interne Kandidatinnen werden interviewt, eine Viererliste wird
dem Vorstand eingereicht.

Plötzlich schwappt wieder eine neue Sparwelle durchs Unternehmen: Die Vorgesetzten müssen in Windeseile neue Zahlen auf den Tisch legen – und auch das Referat Chancengleichheit wackelt wieder.

Schließlich geht das Hin und Her folgendermaßen aus: Ihre
Mitarbeiterin muß sich verändern. Die Stelle wird gestrichen.
In Zukunft wird die Change Agentin keine Mitarbeiterin mehr
haben, sondern nur noch das Sekretariat der Abteilung Personalpolitik anteilig nutzen können. Ihr Budget geht im Ab-
teilungsbudget auf. Sie hat in Zukunft nicht mehr die Möglichkeit, nach eigenem Ermessen in bescheidenem Rahmen
Trainings oder Workshops durchzuführen, Referentinnen einzuladen, Bewirtung zu organisieren, Broschüren zu drucken.
Sie benötigt dazu jetzt stets die Genehmigung der Abteilungsleitung Personalpolitik.

Denn die Stelle selbst wird zu einem Referat in dieser Abteilung. Sie wird also statusniedriger. Eine junge Frau aus dem
Hause wird berufen. Eine Einarbeitungszeit unter Mitwirkung
der bisherigen Stelleninhaberin ist nicht vorgesehen.

XVII
Erfolg und Mißerfolg

Jetzt ist also ihre Zeit vorbei. Eine Nachfolgerin wird manches anders machen, einiges vielleicht fortführen. Unsere Heldin ist nicht mehr beteiligt.

Wie ist zu bewerten, was sie getan und erreicht hat? Die Meinung des Vorstands kennen wir schon. Auf das Projekt Chancengleichheit sind viele Sichtweisen möglich. Wir können das, was geschehen ist, als Mißerfolg betrachten – oder auch als Erfolg. Entscheidend sind die Bewertungskriterien und die Ziele. Beides unterliegt Veränderungen im Laufe eines so langen Prozesses. Beides wechselt mit Interessenlage und Perspektive derjenigen, die bewerten.

1. Das Projekt Chancengleichheit – die Geschichte eines Mißerfolgs

Nach vielem Hin und Her bleibt die Stelle der Agentin des Wandels zwar erhalten – wird aber in ihren Gestaltungsmöglichkeiten weiter reduziert. Es gibt keine Mitarbeiterin mehr. In finanzellen Entscheidungen braucht sie die Zustimmung der Abteilungsleitung. Die Stelleninhaberin ist nun in ihrer Bewegungsfreiheit noch weiter eingeschränkt. Sie kann nur noch Projekte in die Wege leiten, die ohne Zuarbeit zu bewältigen sind.

Trotz aller Lobpreisungen der letzten Wochen ist das Ende niederschmetternd. Wenn man die schönen Worte vergißt und auf die Substanz schaut, dann hat die Agentin des Wandels auf Grund der letzten Entscheidungen wirklich keinen Grund zum Jubeln. Diese Entscheidungen sind eine Aussage des Vorstands über die Bedeutung, die er dem Thema und ihrem Amt zuerkennt. Und diese Aussage lautet: Das Thema ist unwichtig.

Die Nachfolgerin wird auf Grund der veränderten Bedingungen wohl nicht einmal in der Lage sein, das Erreichte zu pflegen, geschweige denn, neue Vorhaben zu verwirklichen. Unsere Heldin befürchtet daher, daß die geringen Fortschritte verlorengehen und die begonnenen Initiativen versanden werden. Am Ende ihrer Amtszeit hat sie das Gefühl: Fünf Jahre umsonst geschuftet.

Schon der Beginn stand unter einem schlechten Stern: Sie wurde ausgewählt, und die langjährig engagierte Mitbewerberin aus dem Betriebsrat wurde abgelehnt. Sehr sinnvoll aus der Vorstandsperspektive, sinnvoll und richtig für alle die, die es gern friedlich hätten und die meinen, die Arbeit an der Chancengleichheit sei gut und schön und sicher wichtig – aber sie sollte erstens keine Unruhe ins Haus bringen und zweitens keine Mühe machen.

Diese Personalentscheidung hat die Rivalität begründet und hat dazu geführt, daß die beiden Frauen ihre Kräfte nicht bündelten. Sie haben keinen Weg zueinander gefunden. So hatte es den Anschein, als gäbe es ein betriebsrätliches Engagement für die Chancengleichheit und ein Engagement des Vorstands via Change Agentin zum gleichen Thema. Diese Spaltung hat ganz erheblich dazu beigetragen, daß beide Seiten an Einfluß verloren haben. Energie richtete sich auf Verhinderung, anstatt gemeinsam ein Projekt voranzutreiben. Und alle Mitarbeiter und Mitarbeiterinnen fanden sich vor die Frage gestellt: Wen unterstützen wir denn nun?

Aus dem Sekretärinnenprojekt ist nichts geworden. Die Zukunft des Dialog-Ansatzes ist offen. Die so mühselig erkämpfte Beteiligung von Frauen am Potential Assessment wird – so steht zu befürchten – schnell wieder ausgehebelt, wenn die Agentin des Wandels nicht mit Argusaugen darüber wacht.

Im Projekt Reorganisation in der Produktion können Frauen zwar theoretisch zur Linienführerin aufsteigen, aber wenn erst die Techniker und die Einrichter sich auch darum bewerben, haben die Frauen praktisch keine Chance mehr. Es bleiben nur Kleinigkeiten hier und da. Und es bleibt das Seminar »Meine berufliche Laufbahn«. Aber der Kurs war schon in der Vergangenheit oft nicht vollbesetzt. Wer weiß, wie ihm die geplante Öffnung für Männer bekommt.

Sie hat nur einen Bruchteil dessen erreicht, was sie erreichen

wollte, und das Erreichte erscheint ihr zuwenig gesichert. Ganz
gewiß hat sie nicht ihren Auftrag erfüllt, nämlich im Unternehmen Chancengleichheit für Männer und Frauen herzustellen. Der Vorstand mag sie noch so loben und preisen – gerade
das macht sie mißtrauisch. Denn eigentlich heißt diese Zu-
friedenheit des Vorstands, daß sie ihr Amt nicht – in ihrem
Sinne – erfolgreich ausgeübt hat. Sie hat zuwenig Unruhe ins
Unternehmen gebracht, zuviel Frieden gehalten. Das gefällt
natürlich den Hierarchen. Aber nur Unruhe und Konflikt
schaffen Bewegung.

Sie hat vielleicht nicht direkt versagt, aber erfolgreich würde
sie sich wirklich nicht nennen. Die Anforderungen, die die
Aufgabe stellt, treffen auf eine persönliche Schwäche: Als
Change Agent muß sie sich unbeliebt machen, sie muß sich
streiten und sich anlegen, Differenzen zuspitzen, so daß die
Mitarbeiter erkennen können: Wird entschieden oder wird
verschleppt? Und wenn entschieden wurde: Ist die Entscheidung im Sinne der Frauen oder nicht. Sie hat durch Mangel an
Streit- und Konfrontationslust selbst zum Verschleppen und zur
Unklarheit beigetragen. Sie war zu geduldig. Sie mag keine
Spannungen und keine harten Worte. Wie oft hat sie dagesses-
sen in Besprechungen und innerlich gewußt, daß die Entscheidung längst gefallen war! Statt einzugreifen, hat sie es laufen
lassen mit dem Ergebnis, daß wieder nichts deutlich wurde,
daß wieder Zeit verging, wieder bei den wenigen Engagierten
der Schwung abnahm.

Alles längst gelaufen

Es gibt Situationen in wichtigen Gremien, wo lange vorbereitete Themen zur Entscheidung kommen. Die sind vorher schon
ewig durchgeknautscht, mit verschiedenen Partnern. Dort
wurden auch einige meiner Projekte entschieden. Nehmen wir
das Sekretärinnenprojekt. Das war unendlich oft besprochen,
durchgerechnet, wieder verschoben, noch mal verschoben –
wenn das dann in diesen Ausschuß kommt, dort entschieden
werden soll und wieder verschoben wird – das wäre dann eine
Situation, in der ich sagen müßte: Alles liegt auf dem Tisch, alles ist diskutiert und berechnet und bedacht. Entweder Sie ent-

scheiden sich jetzt und heute dafür, oder wir lassen es. Denn eigentlich ist die Entscheidung schon klar. Das Ergebnis wird nur nicht aufgedeckt. Die Leute graulen sich davor, eine Absage zu geben. Manche graulen sich auch als Mann, eine nette Frau zu enttäuschen. Das mögen sie auch nicht so gern, die Kollegen, sie haben es auch gern ein bißchen nett. Aber im Grunde interessiert es sie nicht, und sie haben schon längst gesagt: Nein, das wird nichts. Das habe ich oft nicht rechtzeitig als Widerstand oder als Feigheit erkannt – und manchmal habe ich es geahnt und trotzdem mitgespielt.

Zu lange, viel zu lange hat sie gebraucht, um zu entdecken, daß der Vorstand nicht interessiert ist. Wie oft hat sie versucht, mit ihm zu sprechen und ein Echo auf ihre Vorlagen zu bekommen. Wie sehr hat sie auf seine Unterstützung ihrer Projekte gesetzt! Von dieser Hoffnung konnte sie nicht lassen: Er war es doch, der ihre Stelle einrichtete und der sie ausgewählt hatte; er hatte sich doch für die Schaffung des Amtes exponiert. Warum nur wollte er sie nicht gegen die Widerständler und Verzögerer aus dem Personalbereich unterstützen? Diese Fixierung auf den Vorstand hat sie lange daran gehindert, sich abzukoppeln und neue Wege und Fürsprecher zu suchen.

Eines ihrer Dauerprobleme war: Woher verschaffe ich mir den nötigen Druck, die nötige Energie, um ein Vorhaben voranzubringen? Wenn der Change Agent selbst machtlos ist, wenn die Mächtigen, die ihn beauftragt haben, sich nicht für ihn stark machen – dann tun es vielleicht die Betroffenen. Die Agentin des Wandels hat lange gebraucht, bis sie sich eingestehen konnte, daß es »die Frauen« im Betrieb nicht gibt, daß sie sich nicht als Machtfaktor organisieren und als Promotoren nutzen lassen. Natürlich haben sich viele mit ihren Anliegen an sie gewandt, aber es ist nicht gelungen, sie mit einer Stimme sprechen zu lassen; die betroffenen Frauen erwiesen sich als unzuverlässige Bündnispartnerinnen, die Verabredungen nicht einhielten, die nicht willig oder nicht in der Lage waren, gemeinsame Positionen zu formulieren. Manchmal haben sie unsere Heldin in arge Verlegenheit gebracht: etwa, wenn sich herausstellte, daß ihren Forderungen falsche Daten zugrunde

lagen, oder wenn sie an einer mühsam und aufwendig durch-
gekämpften Arbeitsgruppe dann gar nicht teilnahmen.

Als Mißerfolg zu verbuchen ist auch die Besetzung der ersten Projektgruppen allein mit Frauen – vor allem des Sekretä-
rinnenprojektes und des Projektes »Mehr Frauen in die Führung«. Die Change Agentin hat leider nach den Absagen der
betroffenen Bereiche vermutet, nur Frauen würden sich überhaupt bereit finden, zu diesen Themen zu arbeiten. Mögliche
männliche Promotoren sind nicht dabei; beim Sekretärinnen-
Vorhaben sind nicht einmal die direkt betroffenen Männer beteiligt.

Über lange Zeit hat die Agentin des Wandels sich hauptsächlich auf engagierte Frauen gestützt, hat sich nur an diese gewandt und sie zur Kooperation eingeladen.

Zur Erfolglosigkeit hat auch ihre Tendenz, alles allein zu machen, beigetragen. Dieses Muster ist aus ihrer Lebensgeschichte
heraus gut verständlich – aber sinnvoll und nützlich ist es nicht.
Der unternehmensinterne Change Agent – ohne Hausmacht
und ohne hierarchische Macht irgendwo als Stabsstelle angesiedelt – bedarf wie kein anderer der Fähigkeit und Neigung, vielfältige Koalitionen und Allianzen einzugehen, um seine Vorhaben voranzutreiben. Dieses hat unsere Heldin erst sehr spät
entdeckt und dann auch praktiziert.

Kurzum: Aufwand und Ertrag stehen in keinem vertretbaren
Verhältnis. Sie hat die in sie gesetzten Erwartungen und Hoff-
nungen enttäuscht. Sie hat ihren Auftrag nicht erfüllt.

2. Das Projekt Chancengleichheit –
eine Erfolgsstory

Rufen wir uns noch einmal die Ausgangslage ins Gedächtnis.
Die Firma führt keine einzige Statistik nach Männern und
Frauen sortiert. Es gibt überhaupt nur zwei weibliche Berufsbezeichnungen: Sekretärin und Raumpflegerin. Selbst die Erzieherinnen – obwohl alle Frauen – sind Erzieher. Es ist nie jemand auf die Idee gekommen, bei einem beliebigen Thema
darauf zu achten, ob sich Männer und Frauen im Unternehmen
in dieser Angelegenheit unterscheiden. Die Abwesenheit von

Daten ist nicht zufällig, sondern konsequent: Erst wenn Einrichter und/oder Nutzer einer Statistik der Meinung sind, Geschlechtszugehörigkeit sei – betrieblich gesehen – von Bedeutung, kommen Menschen überhaupt darauf, auf Unterschiede aufmerksam zu werden. Solange die Geschlechtszugehörigkeit in Arbeitsverhältnissen als bedeutungslos gesehen wird, wird es auch keine entsprechende Statistik geben. Erst wenn es ein Interesse gibt und wenn Vermutungen bestehen, wird nach Daten gesucht. Nun gibt es dieses Interesse. Während der Amtszeit unserer Heldin sind für eine ganze Reihe von Fragestellungen nach Geschlechtern getrennte Statistiken entwickelt worden. In den meisten Fällen mußten nur vorhandene Daten neu geordnet werden. Manchmal wurden auch neue Daten erhoben. Das herausragende Beispiel in diesem Zusammenhang ist die Mitarbeiterbefragung, die sich erstmals in der Geschichte des Unternehmens auch an Frauen wendet, sie nach ihrer Einschätzung der Situation fragt und in der sich Aussagen von Männern und Aussagen von Frauen unterscheiden lassen. Erstmals gibt es einen Vergleich von Gehältern zwischen Männern und Frauen mit Führungsaufgaben, und es gibt Aussagen über ihre Verweildauer auf einzelnen Hierarchiestufen. Erstmals gibt es Daten über die Inanspruchnahme von Teilzeit und flexiblen Arbeitszeiten, die zwischen Männern und Frauen unterscheiden.

Die Folgen sind spürbar: Daten und Fakten stärken die Change Agentin. Sie kann nun argumentieren, wenn ihr Gegenüber in seinen Überzeugungen fest, aber ahnungslos ist. Sie kann spezifische Mißstände benennen und belegen, und diese lassen sich erfolgreicher verkaufen.

Die Erfolge auf einer anderen Ebene sind vielleicht noch wichtiger: die Agentin des Wandels hat ja nicht nur bestimmte Statistiken in Auftrag gegeben, sondern auch durchgesetzt, daß viele in Zukunft nach Geschlechtern getrennt geführt werden. Damit ist amtlich, daß die Möglichkeit einer Ungleichbehandlung von Männern und Frauen besteht. Eventuelle Unterschiede in Lebensumständen und Arbeitsbiografie können dokumentiert werden.

Damit vollbringt das Unternehmen eine neue Leistung. Unterschiedliche Themen, wie Bezahlung, Arbeitszeit, Entwicklung, Verhältnis zu Vorgesetzten, werden mit dem Faktor Geschlecht verknüpft. Nun wird es denkbar und auch legitim zu fragen: Welche Bedeutung hat der Faktor Geschlecht in unserem Unternehmen für die Situation und die Möglichkeiten der Beschäftigten. Die Change Agentin muß nicht immer noch beweisen, daß das Problem – nämlich die Ungleichbehandlung von Männern und Frauen durch ihren Arbeitgeber – tatsächlich existiert. Das entlastet.

Und das Unternehmen öffnet sich an diesem Punkt der Veränderung: Es erklärt sich nämlich bereit, etwas Neues über sich selbst zu lernen und zur Kenntnis zu nehmen. Dieses Neue kann es lernen durch die Verknüpfung von bisher Unverknüpftem.

Die Agentin des Wandels kann es als einen großen Erfolg verbuchen, daß ihr Amt weiterbesteht. Sie ist zwar der Meinung, daß vieles durch die Verstümmelung und Reduzierung ihrer Stelle vernichtet und zerschlagen wird. Aber in den Kontext der Unternehmensentwicklung gestellt, sieht die Sache anders aus. In einer Zeit, in der die Firma sich drastisch verkleinert, in der eine neue Geschäftspolitik geplant und umgesetzt wurde, in der überall enormer Spar- und Rationalisierungsdruck herrscht, ist das Referat Chancengleichheit erhalten worden. Wie leicht hätte es dem Rotstift zum Opfer fallen können, denn die Zahl derer, die meinen, es sei unnötig und verursache nur Kosten, ist Legion. Offenbar gibt es genügend – auch mächtige – Fürsprecher.

Es ist ihr gelungen, das Thema zu etablieren. Man kann es nicht umstandslos wieder in der Versenkung verschwinden lassen. Bei einigen Kollegen und bei einigen Hierarchen hat sie ihr wichtigstes Ziel erreicht: Sie hat ihre Wahrnehmung verändert. Sie hat ihnen Teile der Wirklichkeit einmal aus einem ganz anderen Blickwinkel präsentiert und hat Erstaunen und Aha-Erlebnisse produziert. Einige von ihnen sind Männer in Schlüsselpositionen, die für Ausbildung, für Weiterbildung, für die Philosophie und die Entwicklungsstrategien des Unternehmens verantwortlich sind. Sie haben dafür gesorgt, daß der Gedanke »Chancengleichheit« Eingang gefunden hat in die neu formulierte Personalstrategie. Das Anderssein nicht nur zu tolerieren, sondern die Unterschiedlichkeit von Menschen zu schätzen und zu nutzen ist ein offizieller Wert im Unternehmen geworden. Ihr Thema ist etabliert – und zwar ohne Polarisierung. Vielleicht ist ihre oft kritisierte Neigung zu Verbindlichkeit und Kompromiß für den Erhalt der Stelle und für die Etablierung des Themas sehr nützlich gewesen. Es gibt viele Männer, die streiten sich nicht gern, Konflikte und Spannungen sind ihnen ein Greuel – wirkliche Kämpfe natürlich nicht. Zu Beginn ihrer Amtszeit fürchteten viele, daß die Agentin des Wandels das Unternehmen mit zänkisch-aggressiven Forderungen überziehen werde. Das ist nicht eingetreten. Das Thema kann besprochen werden ohne große Erregung und ohne Schuldgefühle. Das öffnet die Herzen und die Augen für Neues, auch Unbequemes. Diejenigen der Hierarchen, die sie gewonnen hat – und das sind etliche –, hat sie durch beständige, freundliche Überzeugungsarbeit gewonnen.

Wenn es um Aufstiegs- und Entwicklungsmöglichkeiten von Frauen geht, ist unabdingbare Voraussetzung, daß Vorgesetzte ihre weiblichen Mitarbeiter überhaupt unter dem Gesichtspunkt: förderungswürdig ja oder nein betrachten. Dazu sind ihre Einstellungen entscheidend. Aber die persönliche Aufgeschlossenheit reicht nicht aus. Wenn auch die Frauen zum Aufstieg empfohlen werden – sie müssen das Nadelöhr Potential Assessment passieren. Und dort sitzen nun von Amts wegen die Referentin für Chancengleichheit ohne das Recht auf Bewertung und eine zweite Frau mit diesem Recht. So kommen weibliche Sichtweise und weibliche Entscheidungskriterien, auch problematisierende Fragen, in diesem Gremium in Zukunft vor. Und den beurteilenden Männern bleibt es nicht erspart, daß ihr Gleichklang durch abweichende Meinungen gestört wird. Positiv gewendet: Wir können davon ausgehen, daß nicht alle Bewerter eingefleischte Frauenhasser sind, sondern daß sie wie alle Menschen eine eingeschränkte, gefühls- und interessengesteuerte Wahrnehmung haben, subjektiv aber von der Korrektheit und Objektivität ihrer Beurteilung überzeugt sind. Diese Sicherheit wird in Zukunft durch andere Meinungen irritiert. Die Diskussionen werden differenzierter, neue Argumente und Einschätzungen können einfließen.

Durch die Arbeit der AG »Mehr Frauen in die Führung!«

sind erstmals die Aufstiegswege transparenter geworden: Es ist jetzt bekannt, wo welche Personalentscheidungen getroffen werden – oder vielleicht sollten wir einschränkend sagen: Die Grauzonen haben sich verringert. Denn natürlich werden nach wie vor interessante Kandidaten außerhalb der dafür vorgesehenen Gremien, zwischen Tür und Angel oder auch zwischen Suppe und Dessert verhandelt. Aber im Unternehmen existiert jetzt ein öffentliches und veröffentlichtes Wissen davon, wie die Firma vielversprechende Nachwuchskräfte entdeckt und entwickelt und wie dabei Männer und Frauen behandelt werden.

Zu diesem Wissen gehören auch Zahlen: Es gibt eine seit vier Jahren geführte Statistik über Frauen in Führungspositionen einschließlich ihrer Verweildauer auf den einzelnen Ebenen. Es gibt Zahlen darüber, wie viele Frauen überhaupt zur Potentialeinschätzungsrunde eingeladen wurden. Und für die Zukunft hat die Agentin des Wandels Zahlen- und Zielvorgaben formuliert, an denen die Arbeit der Potentialeinschätzer gemessen werden kann.

Es existieren verschiedene Arten von Netzen, in denen Informationen fließen. Da sind einmal die vielen Frauen, die sich in den »Laufbahn«-Seminaren kennengelernt haben; da sind die Treffen der Abteilungsleiterinnen, die ihnen die Scheu davor genommen haben, sich als Frauen mit manchmal anderen Interessen und Bedürfnissen zu outen; da sind die Mitglieder der verschiedenen Projektgruppen, die Frauen, die die Ausstellung vorbereitet, die das Frauenfest organisiert, die bei den Vorträgen miteinander diskutiert haben. Unabhängig vom Ergebnis der jeweiligen Initiative haben sie alle eines bewirkt: Sie haben Frauen miteinander in Kontakt gebracht, die sich vorher nicht kannten oder nichts miteinander zu tun hatten. Aus diesen Kontakten und Begegnungen ist ein Beziehungsnetz entstanden. Das ist nicht ständig aktiv, die wenigsten sind einander in Freundschaft verbunden – aber es ist ein Netz, in dem Informationen fließen und abgerufen werden können. Es ist zum Vorteil der Frauen im Unternehmen, daß ein solches Netz existiert.

Ein anderes Netz kann die Referentin für Chancengleichheit ihrer Nachfolgerin zur Pflege und Erweiterung übergeben. Es ist das Netz ihrer Allianzpartner und Verbündeten. Über unsichtbare Fäden des persönlichen Respekts, der gemeinsamen Erfahrungen und durchgestandenen Kämpfe ist sie mit einer ganzen Reihe von wichtigen Hierarchen verbunden. Diese kann sie bei Bedarf in ihrem jeweiligen Bereich aktivieren, ihr Augenmerk auf die besondere Situation der Frauen zu richten. Dazu muß der Vorgesetzte sie sehen, er muß zur Kenntnis nehmen, daß die Situation dieser Gruppe sich vom gewöhnlichen Mitarbeiter – dem Mann – möglicherweise unterscheidet und daher auch besonders berücksichtigt werden muß. Und er muß sich möglicherweise für sie einsetzen.

Ein drittes Netz ist das Meldesystem der Agentin des Wandels: Sie braucht Zuträger und Informanten aller Art, um zu erfahren, was sich im Unternehmen tut und welche Maßnahmen und Pläne ihr Thema berühren könnten. Denn nur, wenn sie beizeiten davon erfährt, kann sie sich einschalten oder ihre Verbündeten aktivieren. Dieses Informationsnetz ist wunderbar entwickelt; es schließt Männer und Frauen ein; es geht quer über alle Ebenen der Hierarchie – von der Schreibkraft bis zum Bereichsleiter. Ihre langjährige Firmenzugehörigkeit, ihre persönliche Freundlichkeit, aber auch ihr Engagement und ihre geduldige Überzeugungsarbeit tragen Früchte.

Sie sieht die Jahre ihrer Amtszeit als wichtige persönliche Entwicklungsjahre. Sie hat sehr viel erfahren und sehr viel gelernt: beispielsweise, daß es nicht ihre Schuld sein muß, wenn etwas nicht gelingt. Von diesem Minderwertigkeitsgefühl – das zugleich eine bestimmte Sorte Größenwahn ist – haben die Jahre in ihrem Amt sie geheilt. Sie weiß nun: Es gibt auch andere Gründe für Mißerfolg als ihr persönliches Versagen. Es gibt auch andere Täter. Sie hat gelernt, das zu sehen, und sie hat gelernt, nicht gleich in die Knie zu gehen, sondern sich zu wehren, wenn andere sie beschuldigen.

Neue Spielregeln

Jeder, der mit Veränderung beauftragt wird, hat Mißerfolge. Entscheidend ist aber, daß ich nicht ständig nur nach meinen eigenen Defiziten schaue. Wenn man sich einigermaßen kennt, weiß man ja: Du hast starke Seiten, und du hast Schwachstellen. Es bringt gar nichts, sich ständig mit der Betrachtung der eige-

nen Schwachstellen aufzuhalten: Da hast du nun wieder versagt, und das war ja wieder völlig daneben. Statt dessen ist es
wichtig, die Schwachstellen bei anderen zu sehen und denen
zurückzuspielen. Alle Leute machen ununterbrochen Fehler
und tun irgendwelche falschen Schritte. In den vielen Gremien
praktiziere ich das jetzt ganz bewußt. Natürlich habe ich meine
Schwächen, und es gibt bestimmte Fallen, in die tappe ich immer wieder – aber das werde ich dort nicht zu erkennen geben.
Wenn da Vorwürfe kommen, was ich schon wieder alles falsch
gemacht habe, dann gebe ich das jetzt sofort zurück und sage:
Wie bitte? Denken Sie lieber mal daran, was Sie alles nicht gemacht haben. Also: Viel offensiver damit umgehen.

Sie hat gelernt, sich von ihrer Aufgabe etwas zu distanzieren.
Das Veränderungsgeschäft ist ein politisches Geschäft, und es
geht darum, dieses Geschäft erfolgreich zu betreiben. Das bedeutet auch: ein Stück Distanz zwischen sich selbst und das Geschehen auf der Unternehmensbühne zu legen. Natürlich ist
das schwer bei einem Thema, das sie ganz direkt selbst betrifft.
Aber sie hat gelernt, nicht ständig Herzblut zu vergießen, wenn
irgendwo wieder mal eine Frau benachteiligt wird. Es hat mehr
Erfolg, etwas distanziert die politischen Stränge zu ziehen –
durchaus mit Engagement und Interesse, aber eher mit dem
Kopf als mit dem Herzen.

Zur politischen Arbeit gehört auch, sich die richtigen Koalitionspartner zu suchen – da ist Betroffenheit nur hinderlich. Sie
hat gelernt, diese Koalitionsarbeit mutiger zu betreiben; nicht
immer davon auszugehen, daß diese mächtigen Männer alle
gleich denken und daß die benachteiligten Frauen alle gleich
denken, sondern daß die Vielfalt, für deren Anerkennung im
Unternehmen sie steht und wirbt, auch unter den Männern
und unter den Frauen anzutreffen ist.

Der größte Erfolg

Mein größter und wichtigster Erfolg ist es, mit interessierten und wichtigen Männern Koalitionen eingegangen zu sein. Ich bin hingegangen und habe gesagt: »Die Situation ist die und die, meine Vorstellung ist folgende, und ich brauche Sie und Ihre Einflußmöglichkeiten.« Das finde ich zukunftsweisend. Natürlich klingt es komisch. Kann so etwas wirklich ein Erfolg sein, ausgerechnet in der Frauenarbeit? Ich finde, das ist ein Erfolg. Natürlich sind engagierte Frauen in ihrem Denken viel weiter. Und auch Frauen, die nicht engagiert sind, sind weiter, weil ihnen keiner die Situation von Frauen erklären muß. Also, Frauen habe ich nicht in Mengen »umgedreht«. Aber ich habe eine ganze Reihe von wirklich guten Männern gewonnen, mit Hilfe meiner Arbeit, der vielen Gespräche und Workshops. Jetzt sehen sie vieles klarer als vorher und vieles anders. Sie fühlen sich engagiert. Und sie sitzen an wichtigen Stellen. Nun sind sie daran interessiert, gesellschaftspolitisch im Unternehmen was zu bewirken. Das ist mein größter Erfolg.

Zu der politischen Arbeit gehört auch das Verhandeln, das zähe und harte Verhandeln. Sie mußte erst lernen, Verhandlungsmöglichkeiten wirklich auszureizen und Spielräume auszuloten. Sie hat gelernt, sich für ein Vorhaben die notwendigen Koalitionspartner zusammenzusuchen und diese weichzuklopfen; dabei herauszufinden, was geht und was nicht geht und ob sie mit dem Kompromiß, der ihr angeboten wird, leben kann – und ob die anderen mit dem, was sie fordert, auch leben können.

Dazu gehört Einfühlungsvermögen – darüber verfügt sie in großem Maße. Zum Einfühlen kommt das Verkaufen: der Wille, überhaupt eine Verkaufsanstrengung zu machen, und das Geschick. Der Wille hat ihr zu Beginn gefehlt, denn sie war überzeugt, jeder würde für die Chancengleichheit eintreten. Wozu da noch verkaufen? Aber wenn doch alle dafür sind – warum findet sie dann keine Abnehmer für ihre Ideen? Seit ihr klar ist, daß zum politischen Geschäft auch das Verkaufen gehört, findet sie es ganz einfach, ihr Verkaufsgeschick zu entwickeln.

3. Was ist ein erfolgreiches Projekt?

Es gehört zu den eisernen Regeln des Change Management, mit dem Auftraggeber Ziele zu vereinbaren. Diese Ziele sollen möglichst Kriterien liefern, mit Hilfe derer am Ende des Prozesses der Erfolg zu messen ist.

Erfolgskriterien für die Agentin des Wandels lassen sich ihrem ursprünglichen Auftrag entnehmen.

Sie sollte:
- Konzepte zur Verwirklichung der beruflichen Chancengleichheit entwickeln – hat sie getan.
- Maßnahmen zur Umsetzung dieser Konzepte entwickeln – hat sie getan.
- Die Personalabteilungen in Fragen der beruflichen Gleichstellung beraten – hat sie getan.
- Die Fachvorgesetzten zum gleichen Thema beraten – hat sie getan.
- Innerhalb und außerhalb des Unternehmens zum Thema Gleichstellung informieren – hat sie getan.

Erfolg ist eine Frage der Perspektive

Daseinszweck und Hauptziel ihrer Stelle ist es, im Unternehmen Chancengleichheit herzustellen. Das hat sie sicher nicht erreicht. Trotzdem ist der Vorstand im Augenblick hochzufrieden. Lange Zeit war er es nicht. Der Betriebsrat – und hier vor allem die Frauenliste – ist sehr unzufrieden. Die Frauen selbst geben einmal wieder kein einheitliches Bild ab – manche sind zufrieden, andere nicht. Die Personaler haben sich in Freunde, Feinde und Neutrale sortiert und betrachten ihre Arbeit entsprechend. Unter den Fachvorgesetzten gibt es eine ganze Reihe, zu denen sie eine gute Beratungsbeziehung aufgebaut hat. Aber sehen die deswegen ihre Tätigkeit als Erfolg? Wahrscheinlich befassen sie sich gar nicht mit dieser Frage, sie interessiert nicht. Die Firmenumwelt dagegen findet die Frauenpolitik des Unternehmens vorbildlich. Frauengruppen in anderen Institutionen befassen sich sehr mit ihrer Arbeit und loben sie.

Die Bewertung der Erfolge eines Change Agent unterscheidet sich je nach Standpunkt und Perspektive des Bewerters.

Denn das Veränderungsvorhaben findet in einem Geflecht unterschiedlicher Interessen statt und bedient diese Interessen unterschiedlich gut. Immer gibt es auch Gruppen, die nur dann zufrieden sind, wenn alles beim alten bleibt.

Wenn alles in Bewegung ist, dürfen die Ziele nicht starr bleiben

Die Erfolgsbestimmung eines Veränderungsvorhabens wirft einige Probleme auf. Natürlich müssen Ziele bestimmt werden, denn sonst segelt das Veränderungsschiffchen orientierungslos durch die Gegend. Aber wenn die Zeit verstreicht, verändert sich die Bedeutung des Vorhabens – mal ist es wichtiger, mal weniger wichtig, mal uninteressant, dann wieder ganz bedeutsam. Und es verändern sich die Erwartungen, die an das Vorhaben geknüpft sind. So kann es durchaus sein, daß die Ziele klar formuliert und auch noch gültig sind, aber niemanden mehr interessieren. Das Veränderungsprojekt bewegt sich auf dem mal ruhigen, mal wilden Meer der Gesamtlage des Unternehmens. Und im Unterschied zu den Gezeiten, die vorhersagbar und zuverlässig sind, hängen Turbulenzen in einem Unternehmen nicht vom Mond ab und sind daher auch nicht ähnlich vorhersehbar.

Nicht nur die Gesamtlage des Unternehmens beeinflußt die Bedeutung des Projekts und seiner Ziele. Ziele verändern sich auch, wenn die Beteiligten mehr wissen über das Veränderungsvorhaben. Wenn die Diagnosen genauer gestellt und die Probleme schärfer benannt werden können, müssen auch die Ziele nachgesteuert werden. Und wenn im Zuge der Planung und Umsetzung Sackgassen deutlich und neue Wege begangen werden, verändern sich wiederum Vorhaben und Ziele.

Marketing ist die Mutter des Erfolgs

Erfolg besteht ja nicht nur in getreulicher Pflichterfüllung, sondern braucht Sichtbarkeit, eine Bühne und Anerkennung. Die Leistung muß als Erfolg verkauft werden. Am besten natürlich durch andere, notfalls auch durch den Change Agent selbst. Unsere Heldin hat den Verkauf ihrer Arbeit lange Zeit vernachlässigt. Sie hat ein gemeinsames Anliegen unterstellt, das es nicht gab. Häufig ist sie in die Rolle der Mahnerin geraten, die ihrer gesamten Umgebung Schuldgefühle gemacht hat. Wenn sie Verkaufsanstrengungen unternommen hat, dann für ihre Ideen, nicht für ihre Leistung. Schließlich übernimmt der Vorstand den »Verkauf« und macht sie zum Star.

Offizielle und informelle Ziele und Erwartungen

Neben dem Wortlaut des Auftrags und neben offiziell vereinbarten Zielen gibt es noch eine andere Ebene. Schon bei der Auswahl des Change Agent wurde deutlich, daß er nicht nur für die Aufgabe geeignet sein muß, sondern er muß den Entscheidern auch ins Konzept passen. Er muß durch seine Eigenschaften »versprechen«, die Aufgabe so zu erfüllen, wie sie es sich wünschen. Wenn mehrere Personen über die Einstellung zu entscheiden haben, sind diese Wünsche oft sehr unterschiedlich, manchmal gegensätzlich. Die einen möchten, daß er viel bewegen soll, die anderen möchten jemanden, der möglichst wenig Unruhe bringt. Nicht alle Erwartungen an den Change Agent sind offizielle Erwartungen – viele werden nie offen ausgesprochen, sondern höchstens angedeutet. Trotzdem wird am Ende der Change Agent auch daran gemessen, ob er die inoffiziellen Erwartungen erfüllt hat. Dem Vorstand war sicher wichtig, daß unsere Heldin keine Unruhe stiftet. Viele Männer hatten Sorge, Nachteile zu erleiden. Die Betriebsratsfrau hingegen hätte gern eine Mitkämpferin gegen die Vorstandsebene gewonnen.

Wie sieht sie es selbst?

Die Agentin des Wandels geht naiv an ihre Aufgabe heran. Lange Zeit glaubt sie dem Auftrag, und sie glaubt den Auftraggebern. Sie kann sich schwer damit abfinden, daß sie im Dschungel der unternehmensinternen Einflußkämpfe ausgesetzt wurde und nun zeigen muß, ob sie mit ihrer Aufgabe überlebt oder nicht. Zunächst hat sie keine eigene Position zu ihrem Auftrag, sondern nimmt die formulierten Erwartungen und die Wünsche, die an sie herangetragen werden, ernst. Dabei stellt sie fest, daß die Einrichtung ihrer Stelle als großer Erfolg gefeiert wird, daß aber ihre Arbeit die wenigsten interessiert. Diese Armee der Gleichgültigen, die nur ein Ziel haben – sie möchten in ihrer gewohnten Arbeit nicht durch die Ideen der Change Agentin gestört werden –, zwingen sie, eigene Erfolgskriterien zu entwickeln.

Mit ihrem persönlichen Lernergebnis ist sie sehr zufrieden, sie hat vieles ausprobiert, was ihr schwerfällt, und sie ist neue Wege gegangen. Als das wichtigste Ziel ihrer Arbeit betrachtet sie es, das Vorhaben »Chancengleichheit« im Denken wichtiger und einflußreicher Männer zu verankern. Das ist ihr gelungen.

XVIII
Change Management und das Bild der Organisation

Wir haben die Agentin des Wandels durch die Ereignisse und Fährnisse ihres Alltags begleitet. Wir haben mit ihr gelitten und mit ihr gelernt. Wir haben erfahren, womit sie gescheitert ist und was sie erreicht hat. Gemeinsam mit ihr haben wir darüber nachgedacht, welche Strategien sie verfolgen könnte, welche Möglichkeiten der Einflußnahme sie vielleicht übersehen hat.

Unmerklich haben sich mit ihren Erfahrungen die Vorgehensweisen verändert. Zugleich hat sich auch ihr Bild der Organisation gewandelt. Denn die Annahmen darüber, wie Veränderung zu bewerkstelligen sei, fußen auf einer Vorstellung davon, wie die Organisation »funktioniert«. Wer darüber nachdenkt, wie ein Unternehmen zu verändern sei, tut dies immer – manchmal ohne sich dessen bewußt zu sein – vor dem Hintergrund seines Bildes von Organisation.

Was ist eine Organisation? Sie kann als vielerlei gesehen werden, je nachdem, wer sie mit welchen Annahmen im Kopf betrachtet. Historisch gesehen, waren einige Betrachtungsweisen erfolgreicher als andere. Sie haben sich im Laufe der Zeit durchgesetzt und zu Bildern von der Wirklichkeit verfestigt, die zur scheinbar objektiven Grundlage für Entscheidungen und Handeln in Organisationen wurden. Wir erklären unser Denkmodell zur Wirklichkeit. Allerdings sind die Modelle selbst der Veränderung unterworfen – neue Bilder werden erfolgreich und bestimmen für eine Weile unser Denken. Manche existieren auch gleichzeitig.

Das jeweilige Bild der Organisation, vor dessen Hintergrund der Change Manager handelt, bestimmt sein Vorgehen und sein Veränderungskonzept. Es rückt einige Themen in den Vordergrund – denen dann auch im Veränderungskonzept besondere Beachtung geschenkt wird. Andere erscheinen peripher oder tauchen gar nicht auf. Wenn das Bild der Organisation wechselt oder sich verändert, verschieben sich auch die wahrgenommenen Probleme, die das Veränderungskonzept berücksichtigen sollte.

Die Agentin des Wandels hat ihr Veränderungshandwerk im Laufe der Jahre auf unterschiedliche Weise betrieben. Bei genauer Betrachtung gibt ihr Vorgehen Auskunft über die Organisationsmodelle, die ihm zugrunde lagen.

1. Die Organisation
als kybernetisches System

Ein Unternehmen, das nicht in der Lage ist, auf eine sich verändernde Umwelt zu reagieren, muß sterben. Damit eine Organisation sich anpassen kann, muß sie lernen. Sie muß Informationen aufnehmen, verarbeiten und daraus Schlußfolgerungen ziehen. Ein frühes Modell der lernenden Organisation ist das kybernetische. Zentrales Prinzip dieses Modells ist die Fähigkeit zum »negativen Feedback«: Wenn die Sensoren feststellen, daß, bezogen auf eine definierte Norm, der Ist-Wert vom Soll-Wert abweicht, setzt eine korrigierende Steuerungsmaßnahme ein. Damit dieser Selbstregulierungsprozeß erfolgreich verlaufen kann, bedarf es verschiedener Fähigkeiten der Organisation:
- Die Organisation muß die Fähigkeit haben, bedeutsame Aspekte ihrer Umwelt zu erfassen, zu überwachen und zu überprüfen.
- Sie muß diese Informationen in Beziehung zu den Normen setzen, die das Organisationsverhalten leiten.
- Die Organisation muß Abweichungen von dieser Norm erkennen können, und
- sie muß in der Lage sein, Korrekturmaßnahmen einzuleiten, wenn Diskrepanzen festgestellt werden (in Anlehnung an Morgan 1997, S. 121).

Natürlich kann dieser Informationsaustausch nur für diejenigen Soll-Werte funktionieren, die definiert sind. Diese begrenzen die Handlungs- und Lernfähigkeit der Organisation. Der Prozeß, in dem eine Steuerungsnorm verändert oder neu gesetzt wird, wird in diesem Modell nicht diskutiert.

Die Agentin des Wandels geht davon aus, daß mit der Entscheidung des Vorstands, das Referat Chancengleichheit einzurichten, eine neue Norm gesetzt sei: In Zukunft wird das Geschehen im Unternehmen auch danach beurteilt werden, ob es Chancengleichheit ermöglicht oder die Ungleichheit stabilisiert. Sie sieht ihre Aufgabe darin, die Bereiche darüber zu informieren, ob sie gegen diese neue Norm verstoßen und ob daher korrigierende Maßnahmen notwendig sind. Außerdem ist sie dazu da, Ideen zu entwickeln, wie solche Maßnahmen aussehen könnten.

Folgerichtig sieht sie zunächst ihre wichtigste Aufgabe darin, Bedarf zu ermitteln, das heißt, Bereiche herauszufinden, in denen der Ist-Wert vom Soll-Wert deutlich abweicht. Alsdann muß sie Informationen über Art und Umfang der Abweichung beschaffen und an das System weitergeben – möglichst verbunden mit Ideen dazu, wie eine Kurskorrektur aussehen könnte. Dann, so ihre Erwartung innerhalb dieses Denkmodells, müßte im System ein Veränderungsimpuls entstehen, der darauf zielt, den Ist-Wert in Richtung Soll-Wert (Chancengleichheit) zu verändern, das heißt nachzusteuern.

Aber sie macht eine andere Erfahrung: Die Informationen, die sie liefert, werden nicht aufgenommen. Ihre Kunden leben – trotz vorliegender Beweise – gar nicht in dem Gefühl, einen Soll-Wert nicht zu erreichen. Die vom Vorstand verkündete neue Norm ist mit ihrer Verkündigung noch keineswegs gesetzt. Sie wird von den Normsetzern nicht mit Nachdruck vertreten. Sie ist keine Größe, die das Organisationsverhalten steuert. Alles bleibt beim alten. Die Frage, wie denn eigentlich Soll-Werte verändert werden können, wie neue Normen erfolgreich festgelegt werden können, kommen in diesem Denkmodell zunächst einmal nicht vor. An Widerstand als Begleiterscheinung von Veränderungsprozessen wird nicht gedacht. Die Betonung liegt auf der relevanten Information, aus der der Veränderungsimpuls erwächst. Wenn dieser nicht entsteht, dann lenkt das Modell das Augenmerk in erster Linie auf die Information selbst und den Informationsgeber. Folgerichtig fühlt sich die Change Agentin in der Verantwortung. Sie muß sich fragen, was sie falsch gemacht hat.

2. Das mechanistische Modell

Der Vorstand hat auf diese Frage eine Antwort: Das Projekt ist nicht sauber geplant, und die Ergebnisse sind nicht ordentlich dargestellt.

Die Hierarchen hängen einem anderen Organisationsmodell an, das sie der Agentin des Wandels nahelegen.

Die mechanistische – oder auch: bürokratische – Organisation funktioniert arbeitsteilig, nach einem klaren, festen Aufbau. Genauen Vorgaben folgend, arbeitet jeder an seinem Ort mit der größtmöglichen Geschwindigkeit und Präzision. Abläufe sind formalisiert; allen Mitarbeitern sind klare Ziele gesetzt. Alle Handlungen sind geplant, geordnet, und alle werden kontrolliert. Die Kontrolle liegt in den Händen der dafür eingesetzten Hierarchie; die Zuständigkeit ist für jede Stufe ebenfalls genau geregelt. Von den Menschen wird erwartet, daß sie sich weitestgehend an die Erfordernisse der Organisation anpassen.

Diesem Bild der Organisation als einer gut geölten, präzise funktionierenden Maschine folgt auch das Konzept des Change Management: Entscheidend ist für Veränderungsvorhaben, daß sie in einer vorgegebenen Schrittfolge und nach festen Regeln »angefertigt« werden. Die bereits existierenden Handbücher der Arbeitsausführung werden ergänzt um eines oder mehrere neue Handbücher des Projektmanagements. Nach diesen wird das Veränderungsvorhaben angegangen: Das Problem wird definiert; Ziele werden gesetzt, die Zuständigkeit wird geregelt. Eine Projektgruppe wird Vorschläge erarbeiten und diese in einer ebenfalls vorgegebenen Weise darstellen. Auch die Wege der Umsetzung dieser Vorschläge sind genauestens auszuarbeiten. Das Ergebnis wird von den zuständigen Vorgesetzten geprüft, und die für gut befundenen Neuerungen werden in Auftrag gegeben und umgesetzt. So werden aus Projektgruppen, die einmal erdacht waren, um Probleme anzugehen, die sich innerhalb des Hierarchiemodells nicht lösen ließen, die innovative Störfaktoren sein sollten (s.a. Heintel und Krainz, 1990), ordentliche, aber zahllose Bestandteile einer Organisationsmaschinerie.

Die Agentin des Wandels, die mit ihren Projektgruppen diesen Weg beschreitet, stößt auf entscheidende Mängel des Maschinenmodells: Die beste Projektmechanik kann den Willen zur Veränderung weder herbeizaubern noch ersetzen. In dem Technik-Modell der Organistionsveränderung gibt es keine Machtfrage, denn diese ist durch die Existenz der Hierarchie geklärt. Widerstandsphänomene können gar nicht gedacht werden und tauchen daher nicht auf. Wenn irgend etwas nicht funktioniert, kann es nur an schlechter Planung liegen (oder an mangelhafter Präsentation!). Auch Konflikte können in dem Modell nur als Störungen wahrgenommen und durch Verbesserung der Abläufe behoben werden. Das kreative, korrigierende und bereichernde Potential von Konflikten hat in dem Modell keinen Platz. Und da die Machtfrage als geklärt postuliert wird, bedarf es keiner Aushandlungsprozesse.

Das Veränderungsvorhaben, genau wie die nach diesem Denkmuster gedachte Organisation, können auf Unwägbarkeiten aller Art sehr schlecht reagieren; sie sind nicht gerüstet für »den Faktor Mensch« und seine Unwägbarkeiten, und sie setzen voraus, daß die Inhaber der hierarchischen Macht die Veränderung wollen.

Die Change Agentin erlebt: Keine Form des Projektmanagements nach den Vorstellungen der Hierarchen kann den fehlenden Willen ersetzen. Die Präsentation kann noch so perfekt vorbereitet und ausgeführt sein – sie bewegt nichts. Die Beteiligung aller Zuständigen im Vorfeld, die ihr abverlangt wird und die sie sorgfältig ausführt, zeitigt keinen Fortschritt, sondern saugt die Energie aus jedem Vorhaben. Die sorgfältige Ausarbeitung der Maßnahmen bis zur Umsetzungsreife führt – Auftrag hin oder her – nicht zu irgendwelchen Handlungen, wenn die große Mehrheit nicht betroffen ist und wenn die Mächtigen nicht wollen.

3. Organisationsinnenpolitik

Mit diesem Veränderungsmodell und dieser Vorstellung von Organisation kommt die Agentin des Wandels nicht weiter. Sie muß politischer werden. Was heißt das? In erster Linie bedeutet es, daß sie ihre Meinung darüber, welchen Gesetzen das

Geschehen in Organisationen gehorcht, wiederum revidieren
muß. Und es bedeutet auch verändertes Handeln. Denn nicht
die Themen, sondern die Methoden des Handelns kennzeichnen das Feld des Politischen. Sie sucht und findet neue Wege
der Beeinflussung.

»Eine Organisation ist politisch in dem Sinne, daß ein Weg
gefunden werden muß, um Ordnung und Richtung zwischen
Menschen mit möglicherweise unterschiedlichen und konkur-
rierenden Interessen zu schaffen« (Morgan, 1997, S. 202).

In diesem Bild der Organisation als eines »Systems politischer Aktivität« geraten Konzepte wie Interesse, Macht und
Konflikt ins Zentrum der Aufmerksamkeit. Die Sachlichkeit
von Entscheidungen wird bezweifelt und durch die Vorstellung
ersetzt, daß die Protagonisten ihre Interessen verfolgen und
daran arbeiten, für diese Interessen Koalitionspartner zu finden
und so die Kräfteverhältnisse im Sinne ihrer Vorhaben zu beeinflussen.

Das ist natürlich eine ganz andere Vorstellung als die, daß im
Unternehmen sachlogisch und zweckrational entschieden wird
und daß die Angehörigen der Organisation gemeinsame Ziele
verfolgen.

Die Interessen der Beteiligten müssen nicht egoistisch sein.
Es wird nur die Rationalität von Entscheidungen in Frage gestellt. Das Bild unterstellt, daß Macht und Vernunft nicht immer in eins fallen und daß das, was tatsächlich im Unternehmen
geschieht, anders zustande kommt als durch die der Sachlogik
und den Vorschriften folgenden Entscheidungen der Hierarchen.

Diese Ordnung wird durch eine andere Vorstellung ersetzt.
Organisationen sind danach keine einheitlichen Gebilde, sondern, jenseits ihres formalen Aufbaus, Verbundsysteme von
Teilbereichen und von Einzelpersonen, die koalieren, kooperieren oder auch streiten, jedenfalls in wechselnden Beziehungen
zusammenleben. Damit werden die Verhältnisse unsicherer,
weniger stabil und für jeden potentiell beeinflußbar. Wichtiger
als die Struktur und die formalisierten Abläufe, wichtiger auch
als die formale Hierarchie wird die Untersuchung – und die
Gestaltung – von Interaktionsprozessen.[17]

Denn jede geplante Veränderung in einer Organisation bedarf der Macht. Ohne Menschen, die über Macht verfügen – aus welcher Quelle sie auch stammen mag – und die bereit sind, diese für die erwünschte Veränderung einzusetzen, bewegt sich nichts. Die Existenz von Machtpromotoren ist eine notwendige, wenn auch keine zureichende Bedingung für Veränderung.

Interessen können verfolgt, Themen bewegt und Entscheidungen vorangetrieben werden mit Hilfe geeigneter Promotoren und mit Hilfe der Kunst, sich deren Unterstützung zu sichern. Woher diese Promotoren ihrerseits ihre Macht beziehen, ist zweitrangig. In einem Unternehmen ist die Positionsmacht nur eine von vielen möglichen Quellen.

Als die Change Agentin beginnt, Entscheidungen in ihrer Firma als Ausdruck der internen Kräfteverhältnisse zu verstehen, eröffnen sich ihr neue Handlungsmöglichkeiten. In diesem Spiel kann sie nämlich mitmachen, auch ohne Positionsmacht und ohne Unterstützung der Hierarchie. Sie definiert sich als Politikerin, die zur Verwirklichung eines definierten Vorhabens auf Stimmensuche geht. Suchen kann sie überall – sie kann ansprechen, wen sie will und wen sie für wichtig und betroffen hält.

Ihr Bild der Organisation ist unordentlicher geworden. Sie sieht jetzt die vielfältigen, gemischten Interessenlagen, die Subkulturen und die Zweckbündnisse. Warum sollte sie in dieser Vielfalt nicht auch Bündnispartner für ihre Vorhaben finden? Sie ist befreit von der Systematik der ihr vorgegebenen Projektabwicklung und vom Warten auf die anderen. Die Unterschiedlichkeit der Interessen ermutigt sie, die Personen anzusprechen, die sie braucht. Denn warum sollte es nicht möglich sein, sie zu gewinnen? Und die Erfahrungen, die sie macht, stärken sie weiter.

Sie verzichtet auf umfassende Programmatik, statt dessen sucht sie Unterstützer zur Beseitigung punktueller, definierter Mißstände. Sie erkundet das Terrain; sie sucht sich ihre Koalitionspartner genau aus. Sie verkauft ihr Vorhaben, sie lädt zur Beteiligung und zum gemeinsamen Überlegen ein, und sie zeigt ihren Verbündeten, wie auch sie profitieren können.

Sie lernt den »bewußten, taktischen Umgang mit Macht zur Durchsetzung ihrer Interessen«. Sie lernt und praktiziert »taktische Rationalität«[18]. Sie wahrt innere Distanz, hütet sich vor Überengagement, überlegt sich ihr Vorgehen genau und setzt es in die Tat um. Sie hat gelernt, erfolgreich die »Strippen zu ziehen«, wie sie selbst es nennt.

XIX
Reif für die Insel!

Nun heißt es Abschied nehmen! Unsere Heldin verlängert ihren Vertrag nicht. Zum geplanten Zeitpunkt verläßt sie die Firma und tritt in den Vorruhestand. Nicht mehr als Agentin des Wandels, sondern als Frau P. beginnt sie auf einer freundlichen Insel einen weiteren Lebensabschnitt. Die neue Referentin für Chancengleichheit arbeitet sich ein, behält manches bei, führt einiges fort und entwickelt im Laufe der Zeit ihre eigenen Vorstellungen. Über einige Projekte sind inzwischen Veröffentlichungen erschienen. Von ihrer Insel aus verfolgt Frau P. das Schicksal des Referats und ihrer Nachfolgerin, manchmal ganz einverstanden, ein andermal kritisch – insgesamt mit zunehmender Distanz. Natürlich unterhält sie noch zahlreiche Kontakte zur Chemie AG, und auch die Werkszeitung bekommt sie regelmäßig. Dort kann sie im Januar 1997 folgende Mitteilung lesen:

Notiz in der Werkszeitung vom 3. Januar 1997
AUSZEICHNUNG

Unsere Firma wird, zusammen mit 6 anderen großen und mittelständischen Unternehmen, für den Prozeß einer an der Chancengleichheit orientierten Personalarbeit mit einem Prädikat ausgezeichnet. Die Preisverleihung findet am 30. Januar 1997 statt.

Anmerkungen

1 Der Personalbereich eines Unternehmens wird von vielen Autorinnen als Schlüsselbereich zur Förderung von Chancengleichheit angesehen. Getraude Krell (1997) gibt einen sehr anregenden Überblick über Möglichkeiten der Personalpolitik, Frauen zu fördern.

2 Vgl. Neuberger 1995, S. 24 ff.

3 »Statistische Diskriminierung«, vgl. Hadler, 1995, S. 21 f.

4 Gerade wieder bestätigt durch eine Untersuchung von S. Quack über die Führungskräfte in europäischen Banken, Quack 1998. Eine frühe, ausführliche Darstellung bei Kanter, 1977.

5 Hintergründe und Erscheinungsformen dieser Herstellung von Gleichartigkeit im Management sind geschildert bei Kanter, 1977.

6 Zum Beispiel bei Wetterer, 1992, 1994; Bourdieu u.a., 1978, Kirsch-Auwärter, 1992.

7 Ein Netzwerk, so sagen Boos, Exner und Heitger, 1992 S. 58, ist ein personenbezogenes Beziehungsgeflecht, welches auf einem gemeinsamen Basisinteresse beruht und durch aktuelle Anlässe aktiviert und (eventuell) sichtbar wird.

8 Gareth Morgan widmet der Organisation als System politischer Aktivität in seinem Buch »Bilder der Organisation« (deutsch 1997) ein ganzes, sehr lesenswertes Kapitel.

9 Bradford und Cohen, 1990, beschreiben sehr genau und mit vielen Beispielen, wie man aus einer Position ohne formale Macht, mit Hilfe von Allianzen und Tauschgeschäften, seine Ziele in der Organisation verfolgen kann.

10 Detaillierte Beispiele bei Child, Ganter und Kieser, 1987, oder Hannan und Freeman, 1984.

11 Vertiefung bei Schein, 1995; Überblick bei Watson, 1969.

12 Dazu mehr bei Bosetzky und Heinrich, 1994, S. 319 ff.

13 Zuerst geschildert in dem immer noch sehr spannend zu lesenden Aufsatz von Doppler und Voigt, 1981.

14 Schein, 1995, hat der Frage, wie denn die Angst vor Veränderung für die Veränderung zu gewinnen sei, einen wichtigen Artikel gewidmet. Er unterscheidet zwischen verschiedenen Arten von Angst: die Angst erster Ordnung ist die vor den Gefahren der Veränderung, die uns festhält und lähmt. Die Angst zweiter Ordnung ist die vor den Gefahren des Stillstands. Die Angst davor, daß nichts geschieht und daß dies schlimme Folgen hätte. Diese Angst taugt als Motor für Veränderung.

15 Über Verhandlungsstrategien gibt es Bücher; ein Klassiker ist das von Fisher, R. und Ury, W.L., 1990.

16 Eine Spezialform dieser indirekten Beeinflussung beschreiben Sel-
   vini-Palazzoli u. a. in dem Abschnitt »Die verleugnete Koalition«
   in *Hinter den Kulissen der Organisation*, 1984.

17 »Will man die Dynamik politischer Prozesse verstehen, so kommt
   man nicht umhin, die Interaktionen zu betrachten, in denen
   Macht erworben, erhalten, dargestellt, verloren oder transformiert
   wird« (Sofsky und Paris 1991, S. 14).

18 Christiane Jüngling, 1995, S. 25.

Literaturhinweise

Autenrieth, Christine; Karin Chemnitzer, Michael Domsch (1993):
Personalauswahl und -entwicklung von weiblichen Führungskräften.
Campus Verlag, Frankfurt/M.

Bednarz-Braun, Iris und Kirsten Bruhns (1997): *Personalpolitik und
Frauenförderung im Öffentlichen Dienst.* Juventa Verlag, München

Boos, Frank; Alexander Exner und Barbara Heitger (1992): Soziale
Netzwerke sind anders. *Organisationsentwicklung* Heft 1, S. 54–62

Bosetzky, Horst und Heinrich, Paul (5. Aufl. 1994): *Mensch und Organisation*, Kohlhammer Verlag, Köln

Bourdieu, Pierre et. al. (1981): *Titel und Stelle. Über die Reproduktion sozialer Macht.* Europäische Verlagsanstalt, Frankfurt/M.

Bradford, Allan R. und David L.Cohen (1990): *Influence without Au-
thority.* Wiley, New York

Brumlop, Eva (1992): Frauen im Management: Innovationspotential
der Zukunft? »Neue Unternehmenskultur« und Geschlechterpoli-
tik. In: *Neue Gesellschaft/Frankfurter Hefte* 39,1, S. 54–63

Bundesanstalt für Arbeit (1997): Mitteilungen

Child, John; Hans-Dieter Ganter und Alfred Kieser (1987): Technolo-
gical Innovation and Organizational Conservatism. In: Pennings,
Johannes M. und Arend Buitendam (Hrsg.): *New Technology as Organizational Innovation*, Wiley, New York, S. 87–115

Diergarten, Dagmar (1996): Veränderungsmanagement – Herausfor-
derungen für Führungskräfte, eine Zwischenbilanz. In: *Personal-
führung* 12, S. 1094–1097

Doppler, Klaus und Bert Voigt (1981): Gruppendynamik und der institutionelle Faktor. In: C.H. Bachmann (Hrsg.): *Kritik der Gruppendynamik. Grenzen und Möglichkeiten sozialen Lernens.* Suhrkamp
Verlag, Frankfurt am Main. S. 340–362

Fisher, Robert und Ury, William L.(9. Aufl. 1990): *Das Harvard-Konzept. Sachgerecht verhandeln – erfolgreich verhandeln.* Campus Verlag, Frankfurt/M.

Hadler, Antje (1995): *Frauen und Führungspositionen. Prognosen bis zum Jahr 2000.* Peter Lang Verlag, Frankfurt/M.

Hannan, Michael T. und John Freeman (1984): Structural Inertia and Organizational Change. In: *American Sociological Review*, 49, S. 149–164

Heintel, Peter und Ewald Krainz (2. Aufl. 1990): *Projektmanagement. Eine Antwort auf die Hierarchiekrise?* Gabler Verlag, Wiesbaden

Heintel, Peter und Ewald Krainz (1993): Was bedeutet »Systemabwehr«? In: Klaus Goetz (Hrsg.): *Theoretische Zumutungen*, C. Auer Verlag, Heidelberg, S. 160–193

Hofstätter, Peter R. (4. Aufl. 1962): *Gruppendynamik.* Rowohlt Verlag, Reinbek

Jüngling, Christiane (1995): *Politik, Macht und Entscheidungen in Projektgruppen.* Waxmann Verlag, Münster/New York

Kanter, Rosabeth Moss (1977): *Men and Women of the Corporation.* Basic Books, Harper, New York

Kirsch-Auwärter, Edith (1992): Überidentifikation und Unterbezahlung. Strukturbedingungen weiblicher Professionalisierung im Hochschulsystem. *Forum Wissenschaft* 4/1992, S. 28–32

Krell, Gertraude (Hrsg.) (1997): *Chancengleichheit durch Personalpolitik.* Gabler Verlag, Wiesbaden

Morgan, Gareth (1997): *Bilder der Organisation.* Klett-Cotta Verlag, Stuttgart

Neuberger, Oswald (1995): *Mikropolitik.* Enke Verlag, Stuttgart

Quack, Sigrid (1998): Karrieren im Glaspalast – weibliche Führungskräfte in europäischen Banken. In: *Der Tagesspiegel* am 1.3.1998

Schein, Edgar (1995): Wie können Organisationen schneller lernen? In: *Organisationsentwicklung* Heft 3, S. 4–13

Selvini Palazoli, M. et al. (1984): *Hinter den Kulissen der Organisation.* Klett-Cotta Verlag, Stuttgart

Sofsky, Wolfgang und Rainer Paris (1991): *Figurationen sozialer Macht – Autorität, Stellvertretung, Koalition.* Leske und Budrich Verlag, Opladen

Ury, William L.; Jeanne M. Brett, Stephen B. Goldberg (1991): *Konfliktmanagement. Wirksame Strategien für den sachgerechten Interessenausgleich.* Campus Verlag Frankfurt/M.

Watson, Goodwin (1969): Resistance to Change. In: W.G. Bennis, K.D. Benne und R. Chin (Hrsg.): *The Planning of Change,* S. 488–498. Holt, Rinehard and Winston, New York

Watzlawick, Paul (6. Aufl. 1983): *Anleitung zum Unglücklichsein.* Piper Verlag, München/Zürich

Wetterer, Angelika (Hrsg.) (1992): *Profession und Geschlecht. Über die Marginalität von Frauen in hochqualifizierten Berufen.* Campus Verlag, Frankfurt/M.

Wetterer, Angelika (1994): Rhetorische Präsenz, faktische Marginalität. Zur Situation von Wissenschaftlerinnen in Zeiten der Frauenförderung. *Zeitschrift für Frauenforschung* 1, S. 93–109

Danksagung

Es hat lange gedauert, bis dieses Buch fertig war. Sicher wäre es nicht gelungen ohne die Unterstützung und Mithilfe von Kollegen, Freundinnen und meiner Familie. Ihnen danke ich:

Wolfgang Kraus, der das Kind mit aus der Taufe gehoben hat, für seine guten Ideen und seine Ermutigung; Irene Unland-Schlebes für ihren Wunsch nach mehr Pädagogik; Ute Bychowski dafür, daß sie wirklich alles gelesen und aus ihrer Meinung keinen Hehl gemacht hat; Dörte Doering für ihre Begeisterung im richtigen Moment; Friedrich Edding für seinen Vorschlag, tüchtig zu streichen; Tom Strauss für seine Geduld mit meiner schlechten Laune.

Und schließlich bin ich Christel Tulborg und Günter Schmidt verpflichtet für ihr Entgegenkommen und ihre Genauigkeit.

Klaushagen, im November 1999   Cornelia Edding